U0043312

1898
福爾摩沙踏查

STREIFZÜGE DURCH FORMOSA

Adolf Fischer

德國旅人 **阿道夫·費實** 的

臺灣漫遊手記

阿道夫·費實 原著

財團法人台灣研究基金會——策劃

林欣宜、莫克莉（Christine Moll-Murata）——導讀

張新——譯

目次

1900 年珍本的擁有與分享

陳耀昌

醫師／作家

　　2020 年 2 月，我買了一本保羅・巴克萊（Paul D. Barclay）著，原名 *Outcasts of Empire* 的書，臺大出版中心譯為《帝國棄民》，我意外地在書中看到兩張卑南女王陳達達的照片。一張是與日軍通譯官中村雄助合影，另一張是與卑南或阿美族戰士們的合影，非常清晰生動。我大為興奮，因為在這之前，我從未見過陳達達的照片。一看，是摘自一本阿道夫・費實（Adolf Fischer）著的 *Streifzüge durch Formosa*。我印象中臺灣似乎沒有這本書，於是上網去查。真是機緣湊巧，正好有德國書店打廣告出售本書在 1900 年的原版。我大喜過望，決心非買到不可。藉由我在德國的臺灣友人協助，兩個月後，這本 1900 年珍本終於到了我的手上，讓我喜出望外。

　　有關本書作者阿道夫・費實的生平、與臺灣的淵源，以及寫這本書的動機經過，臺灣師範大學林欣宜教授與德國波鴻魯

爾大學莫克莉教授已在另一文介紹得很詳細，我不再班門弄斧。

這本書最吸引我的，首先是 1897 年日本出版的臺灣地圖，上面標示的德文顯然是自漢字日文發音翻譯過來。

其次是書的扉頁。我注意到，除了 Adolf Fischer 之名外，上有一個名字 Eisaku Wada，似乎是個日本人名，果然有德文小字介紹是「美工設計：日本藝術家」。一查之下，非同小可，原來這位「和田英作」大有來頭，是日本第一代西畫家，在 1932 至 1936 年擔任過東京美術學校校長。顏水龍正是 1933 年到此校深造，成為和田英作的學生。和田英作生於 1874 年牡丹社事件那年，而且還是西鄉從道的同鄉鹿兒島人，在 1888 年 14 歲時搬到東京。

我查這位和田先生的資料。1895 年，他的油畫開始受到注目。1896 年，他在日本與費實夫婦結緣。在費實的介紹之下，1899 年他到歐洲留學，先到柏林，住在費實家半年後，領到了法國的獎學金，才轉往法國，拜拉斐爾·柯林（Raphaël Collins）為師。回日本後，一舉成名。

因為費實與和田英作這個密切的淵源，和田在這本書每一頁的上緣，都畫了類似插畫的美編設計，這是過去書籍所未曾有的特色。至於本書正文的照片與繪圖，則是費實本人的作品。在這本書 1900 年出版的 120 年後的 2020 年，我有幸能夠

珍藏它，真是三生有幸。

本書特點，除了我看不懂的全島遊歷的文字，照片尤其珍貴。我相信這是 19 世紀的西洋人來福爾摩沙臺灣旅遊中，留下照片最多，也最多元、最清晰者。因為作者費實是 1898 年，19 世紀最後第 2 年才來臺的。最難能可貴的是，他在東部原住民地區的遊歷與文字，顯然有日本官方的配合，所以有火燒島（綠島）兒童團體照、陳達達與卑南勇士的合照等等，都是彌足珍貴的福爾摩沙紀錄。

費實 1898 年的臺灣踏查，正好與鳥居龍藏來臺灣的時間差不多。鳥居在 1896 年的夏天來到臺灣，此後 5 年內四度來臺調查。當然費實不是人類學家，他的成果不能與鳥居相比。但費實留下的文字與照片，見證了臺灣被日本統治的第 3 年，涵蓋臺灣的社會面、生活面與原住民記載，也彌足珍貴。

然而費實這本書並非第一本 19 世紀德國人的福爾摩沙紀遊。比費實更早的是 1880 年的德國民族學者威廉・約斯特（Wilhelm Joest）的臺灣之旅，他也留下相當詳細的文學及文物的蒐集。他的觀察紀錄，包括日記、1882 年發表的論文、1895 年出版的遊記，後來政治大學德文系姚紹基教授綜合起來，寫成《1880 年德國民族學者 Wilhelm Joest 的臺灣之旅：導讀・文物目錄及遊記譯註》一書，2018 年 10 月由臺灣歷史

博物館出版。

我自德國購買了這本 1900 年出版的德國人遊記之後，覺得有必要將這本有價值的書介紹給臺灣學界及民眾知道。非常感謝黃煌雄先生的台灣研究基金會願意支持將這本書翻譯成中文，義美高志明先生慨然出資，交由張隆志館長幫忙請人翻譯，並委託聯經出版公司出版。

文字翻譯之初，我捨不得將這冊珍本交出，因此又自 Amazon 購買翻印版本交給譯者，因此封面內頁與原書不相同。翻譯完成之後，因為 Amazon 版本的翻印照片遠不如原書，涂豐恩總編輯向我商借原書去翻拍。這本書的精華盡在照片，我也樂於與讀者分享，立表同意。因此這本書的照片來自原版，品質應該相當不錯；而原書中和田英作先生的插畫，亦收錄於翻譯本，完整重現這冊百年珍本。

ADOLF FISCHER

STREIFZÜGE

DURCH

FORMOSA.

Mit einer Karte und über hundert Abbildungen nach
Naturaufnahmen des Verfassers.

Buchschmuck

von dem japanischen Künstler

EISAKU WADA.

BERLIN 1900.

B. BEHR's VERLAG (E. BOCK)

Steglitzerstr. 4.

《福爾摩沙踏查》原書扉頁。

推薦序二

1898 年跨文化交流的嶄新洞見

費德廉（Douglas L. Fix）
美國奧勒岡州里德學院（Reed College）歷史系榮譽教授

2002 年夏天，為了替我經營的外國人來臺文獻數位圖書館
——「福爾摩沙：19 世紀的圖像」（Formosa: Ninteenth Century
Images）—— 蒐集內容，我委託我在美國里德學院的一位高
材生蒂娜・施奈德（Tina Schneider）調查幾份歐洲的文獻目
錄，查找 19 世紀德文著作。在這個過程中，蒂娜找到一份有
關 1898 年阿道夫・費實訪臺行的丹麥文評述，並以附上摘要
的形式收錄於其整理的臺灣史德文文獻目錄中。現在，有了由
張新翻譯、阿道夫・費實 1900 年於柏林出版的遊記《1898・
福爾摩沙踏查》中文全譯本，我們終於能夠透過作者的第一手
文字、影像和插畫，一窺這位德國旅行家與臺灣人事地物的邂
逅。

　　1898 年春，阿道夫・費實從日本乘汽船抵臺，他對臺灣
理解不深，也必須仰賴通譯才能與在地人溝通 —— 有時甚至需

要好幾層的轉譯。與那些定居臺灣或頻繁來臺的外國宣教士、外交官和商賈不同，他僅短暫來臺一次，而且至多只待了三個月。儘管如此，他的遊記中仍記錄了一些有趣的事件和邂逅，且描寫和見解也與 19 世紀末期的其他歐美和日本人士多有相通。要藉由這次的新譯本同時掌握這兩個面向並不容易，這種複雜的作品特色必然會帶來許多閱讀上的挑戰。

費實在形成對臺灣的見解時，主要仰賴他的個人觀察，以及其他在臺人士的專業和印象，如德國外交官和商人、不同職等的日本殖民官員，以及不同宗教背景的傳教士。他在書中援引了鳥居龍藏、喬治・泰勒（George Taylor）、甘為霖等知名「臺灣通」的研究和作品，也搬出德國史學家里斯（Riess）為其針對早期荷蘭、葡萄牙、中國及日本與原住民接觸史的個人見解背書。同時，費實也引用了貿易報告數據、契約港新聞報導和其他學術作品，來補充從在地人身上獲得的第一手資訊。可惜我們無法確知這些文獻是他在 1898 年春短暫來臺前或離臺後閱讀的。

相較於其他 19 世紀外籍人士的旅遊文學和調查報告，費實的《福爾摩沙踏查》一書有幾個明顯的特徵。與 1867 至 1872 年間多次走訪西臺灣和南臺灣的李仙得不同，費實於 1898 年深入中臺灣和東臺灣，去了埔里、日月潭和卑南，並

曾搭汽船途經蘭嶼。費實走訪臺灣各大城市和港口，也曾短暫遊覽澎湖，這些都是當時外國遊客常去的景點。大多數歐美人士的文字和圖像紀錄都聚焦在臺灣原住民及其物質文化，甚少關注漢人和漢人為主的城鎮。費實的這本遊記則有所不同，記錄了作者在三個月的遊歷期間，於各地邂逅的、來自不同社會背景的漢人，以及和中臺灣、南臺灣許多原住民社群的互動交流。作者以巨細靡遺的手法記錄下這些相遇，並附上親手製作的照片和插畫。倘若能抱持對作者個人偏見和時代集體偏見的敏銳覺察，細心分析這些文字和影像紀錄，便很有機會形成對1898 年這次跨文化交流的嶄新洞見。

　　費實的興趣相當廣泛。他和甘為霖、達飛聲（James Davidson）一樣，著迷於荷治時期臺灣史，也對日本當時的治臺方針極為好奇，因此花了許多篇幅談論這兩個主題。他善於描摹自然和人為景觀，生動地勾勒出叢林、春夜、中式庭園、廟宇、農莊、百年老木等景致的神韻。我們也應當注意作者如何將地方上的陌生景物和家鄉的意象連結，譬如日月潭的獨木舟，或是東港以南的海岸線。和同時代的人一樣，費實也著迷於原住民的生理特徵，但他也將目光投射在原住民社會的其他面向（在地作物、民俗療法、命名習慣或在地建築），顯示他有意突破某些種族主義和帝國主義的視野框架。儘管作者對日

本殖民政府及其施政的評價比對清廷要高，但他也不吝於將殘暴不仁的屠殺、成效不彰的宣教活動，以及貪腐行為，歸咎於日本政府的治理無能。深信自身的民族優越性，費實在書中也對漢人和原住民的社會、經濟和文化給予正面或負面評價。雖然如此，也許正是這種觀察入微、描寫生動，卻又恣意臧否的寫作風格，才讓本書鮮明地捕捉到 1890 年代末期潛在的合作和衝突。

　　遊歷臺灣期間，相較於蒐集文物，費實似乎更熱衷攝影。如同本書的原文副標題所示，《福爾摩沙踏查》共收錄了「一百多張的圖像」，包含 80 張相片和 26 幅插畫。大部分的相片都是肖像和建築，但也有一些風景、器具和船隻的照片。絕大多數的圖像似乎都是費實親自拍攝或繪製的，但我們恐怕必須與日治時期前五年的上百張相片和插畫詳加比較，才能驗證這個說法。或許受限於 1900 年的印刷技術，無法忠實地在書籍和刊物中重製圖片，本書中的圖片畫質並不理想（我們只能期待有一天費實的原版照片能重見天日，讓我們做更深入的分析）。話雖如此，幾張主題為南臺灣和東臺灣原住民的全頁圖像，仍然提供充足的素材，進行民族學和建築學的分析，如中文版第 300、307、333、337、356、373、384 和 406 頁的相片。不同於鳥居拍攝的原住民相片，費實拍攝的大多不是

「典型」原住民的「樣板」照（除了如第 384 頁的卑南少女圖），而是原住民的群像照，尤其是臺灣南部和東南部一帶的原住民聚落。費實的風景照有些拍得差強人意，可見其攝影技巧不佳，但他的拍攝主題遠比如早一輩的約翰・湯姆生（John Thomson）、聖朱利安・愛德華（St. Julian H. Edwards）等歐美旅行家來得更加廣泛。

　　閱讀費實這本圖文並茂的旅遊日記時，不該忘記幾個 1898 年的重要時代背景；無論是 19 世紀末的環球旅行文化，或是德國勢力在東亞的持續擴張，這些脈絡都深深影響費實如何描寫在臺灣的種種遭遇。日本殖民官員既協助也監控費實在臺期間的各項活動；而歐美精英旅人能夠享有拜訪中國和日本前線駐在所的特權，或許也能夠說明費實對帝國主義的諸多偏好。

費德廉 Douglas L. Fix
2023 年於美國奧勒岡州，波特蘭市

第一部

導讀

導讀

藝術與殖民之糾葛

阿道夫・費實的臺灣

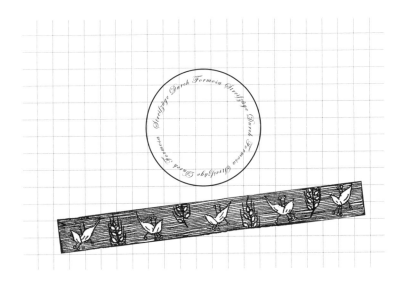

林欣宜
國立臺灣師範大學歷史學系副教授

莫克莉（Christine Moll-Murata）
德國魯爾波鴻大學東亞系教授
（Faculty of East Asian Studies, Ruhr Universität Bochum, Germany）

久聞有一本 1900 年出版、名為《福爾摩沙踏查》（*Streifzüge durch Formosa*）的遊記，作者阿道夫・費實（Adolf Fischer, 1856-1914）曾在日治初期到臺灣，又是重要東亞藝術文物收藏家，與德國科隆東亞藝術博物館關係深厚。近期有機會到該館一遊，展示十分精緻高雅且獨樹一格，但未見任何臺灣文物。藉著深入本書中費實夫婦的人生經歷，終於得知其中緣由與此間之曲折。

2022 年 6 月 23 日林欣宜攝於科隆。

　　關於本書及其作者，國內認識仍少。歐獻文（Harold M. Otness）曾簡要說明其為「德國籍人類學家，發表數篇研究及

一本重要著作，即本書《福爾摩沙踏查》，包含超過百幀插圖和一張地圖。」[1] 蔣凱杰〈百年前的德語臺灣遊記：初探阿道夫·費實的《福爾摩沙漫遊》〉則是國內迄今為止對此書最詳細的說明。[2] 費德廉（Douglas L. Fix）教授特別提醒此書數量眾多的日治初期珍貴照片，值得多加關注。[3] 在本書之前，阿道夫·費實曾在 1897 年出版其遊日紀錄《日本諸像》（*Bilder aus Japan*）。該書日文譯者之一的安藤勉，尤其對費實夫婦

1　Harold M. Otness, *One Thousand Westerners in Taiwan, To 1945: A Biographical and Bibliographical Dictionary* (Taipei: Institute of Taiwan History, Preparatory Office, Academia Sinica, 1999), pp. 51-52. 作者也提到原書 1889 年由 E. Bock 出版於柏林，現今較常被利用的 1900 年版為其第二版，但由其內容開宗明義便由日本領臺講起，1889 年出版應為誤解。

2　蔣凱杰，〈百年前的德語臺灣遊記：初探阿道夫·費實的《福爾摩沙漫遊》〉，《歷史臺灣：國立臺灣歷史博物館館刊》18（2019.11），頁 157-176。

3　在費德廉建置之「十九世紀福爾摩沙」網站中亦收錄一篇阿道夫同年出版的文章〈福爾摩沙〉（Formosa）附有和 Tina Schneider 一起合編的書目資訊及摘要，原由 *Westermanns Monatsheft* (Westermann's [geographical] monthly review) 重印。原文為丹麥語文章，分兩期刊登：Adolf Fischer, "Formosa," *Kringsjaa* 15 (Feb./Mar. 1900), pp. 241-249/401-407. 見 Douglas Fix comp., with summaries by Tina Schneider, "Annotated bibliography of 19th Century German articles concerning Taiwan (Formosa),"（19 世紀德文臺灣〔福爾摩沙〕相關文獻編註書目）https://rdc.reed.edu/i/cd2b9906-f086-4c08-b812-eef09dfb2a48, pp. 19-21, accessed Dec. 14, 2022. 上文較本書稍早一些出版，但初步比對其摘要，似差異不大。

在日本的足跡、費實夫人芙里姐（Frieda Fischer, née Bartdorff, 1874-1945）之後出版日記、與兩人如何與日本畫壇交往等，做了十分詳盡的研究；漢學家施黛莉（Adele Schlombs）則是德國方面對費實夫婦生平及其創建歐洲第一座東亞藝術博物館的過程與影響，有特別深入研究的一位。[4] 但他們不管對 1898 年阿道夫‧費實的臺灣行，抑或曾在 1900 年出版《福爾摩沙踏查》一書，皆無特別深入說明。

　　為協助讀者理解此書，本文將由阿道夫‧費實的生平、構成本書的臺灣之行，以及夫婦兩人的東亞藝術觀之發展與科隆東亞藝術博物館的創建三方面來談。

4　安藤勉，〈訳者あとがき（二）〉，アドルフ・フィッシャー（Adolf Fischer）；金森誠也、安藤勉譯，《100 年前的日本文化 —— オーストリア芸術史家の見た明治中期の日本》（東京：中央公論社，1994），頁 420。安藤勉只提到日本畫家和田英作裝幀《福爾摩沙踏查》一書，他譯為《臺灣彷徨》；另外因阿道夫生於維也納，安藤勉視其為奧地利人，但 1918 年解體以前，此地仍屬奧匈帝國，阿道夫成年後主要都居住在德國，1870 年普法戰爭後德意志國成立，因此阿道夫也見證了 19 世紀中葉起歐洲中部複雜而多變的國家變化；Adele Schlombs, *The Dawn of a New Era: The Foundation of the Museum für Ostasiatische Kunst in Cologne* (Cologne: Museum für Ostasiatische Kunst in Köln, 2009). 施黛莉長期擔任科隆東亞藝術博物館館長（1991-2022），曾參考館內所存費實個人珍貴履歷等文件，對費實夫婦生平有深入研究。

一、阿道夫・費實生平

$\sim$

　　阿道夫・費實於 1856 年生於維也納，乃一肥皂製造工業鉅子的次男，工廠後來擴展成奧匈帝國境內最大蠟燭、肥皂和食用油脂公司之一，甚至在 1928 年催生了全球知名的日用消費品巨擘聯合利華企業（Unilever corporation）。阿道夫在蘇黎世完成寄宿學校學業後，加入父親事業，被送到布魯塞爾和漢堡受訓。但他自年少便喜好演劇等藝術與表演，甚至 8 歲時即曾登臺演出，在 1883 至 1886 年間一償夙願擔任劇院經理，卻發現自己並不合適。熱衷旅行的他在 1887 年前往美國和埃及，之後也在義大利待了幾年，最後在慕尼黑和柏林定居，籌備進行一次環球之旅。他最初到東亞旅行，是在 1892 年 37 歲時首次踏上日本領土，自此時起便深深為日本藝術著迷；第二次到日本則是在 1895 至 1896 年間，和維也納畫家弗朗茲・霍恩貝格（Franz Hohenberger, 1867-1941）一起，1897 年阿道夫・費實出版的第一本關於日本的遊記《日本諸像》（*Bilder aus Japan*）中就有不少他的插畫作品。[5]

5　Adele Schlombs, *The Dawn of a New Era*, pp. 9, 13.

1897 年 3 月 1 日，41 歲的阿道夫和時年 23 歲剛踏入東亞美術研究領域的芙里妲，在初識不久後結婚，新婚旅行就在當年 9 月經維也納到日本，一待就是兩年，到 1900 年才歸國。[6]阿道夫的臺灣之旅便在此行期間。1901 年阿道夫將東亞旅行的成果及美術品寄贈柏林，獲德國教育部頒「教授」稱號；1904 至 1907 三年間在北京德國大使館為德國博物館收購文物藝術品，並確立其創建一座東亞藝術館之職志。1913 年科隆的東亞藝術博物館開館，是歐洲第一座有體系的東亞藝術博物館。[7]不幸費實於次年過世，由芙里妲繼任館長。該館在 1944 年二次大戰期間受轟炸破壞，次年芙里妲也去世，一直要到 1977 年才重建。[8]

　　由於芙里妲後來分別出版了 1898 年元旦起至 1913 年間她在日本及之後中國的紀錄，因依日期條列記下，被稱為「日記」。從 1897 年夫婦兩人一起待在京都，直到 1913 年科隆東亞藝術博物館開館為止的紀錄，便得以藉由芙里妲的日記相

6　Adele Schlombs, *The Dawn of a New Era*, p. 17.
7　安藤勉，〈訳者あとがき（二）〉，アドルフ・フィッシャー（Adolf Fischer）；金森誠也、安藤勉訳，《100 年前の日本文化 ── オーストリア芸術史家の見た明治中期の日本》，頁 419。
8　Adele Schlombs 著、横内一実訳，〈「東洋美術館」について・ケルン市立東洋美術館長アドルフ・フィッシャー教授夫人〉，《日独文化交流史研究》通巻第 9 號（2006、2007），頁 130-131。

互參照。[9]芙里姐的中國日記在目錄前插頁便寫下大大的「費實」[10]兩字，顯見為其在中國時使用之譯名，是以採之，其他譯名則依蔣凱杰譯法。費實夫婦念茲在茲的東亞藝術博物館，意在收藏並展示他們多年來在中國、日本、韓國等地蒐集歐洲以外國家之珍貴遺產，但此博物館之定位實引人注目。[11]至少芙里姐自己早在 1902 年的日記裡便記下，他們當時接觸、研究、欣賞、收藏日本美術和藝術品，最終想做的是建立一座對東亞美術有貢獻的專門美術館，而非民族學博物館。[12]

阿道夫前半生興趣廣泛、身分多元，參與的事業與工作眾多，但志向及專業領域的確立，大概是他到了東亞（尤其日本），後來更和太太一起全心投入藝術專業以後之事。隨

9　Frieda Fischer, *Japanisches Tagebuch. Lehr- und Wanderjahre* (München: Bruckmann, 1938). 日文譯本為：フリーダ・フィッシャー、安藤勉訳，《明治日本美術紀行 —— ドイツ人女性美術史家の日記》（東京：講談社，2002）。Frieda 也在 1942 年出版了中國部分的日記：Frieda Fischer, *Chinesisches Tagebuch. Lehr- und Wanderjahre* (München: Bruckmann, 1942)，但迄今未見中文或日文翻譯。

10　Frieda Fischer, *Chinesisches Tagebuch*. 維也納大學線上版，https://goobi-viewer.univie.ac.at/viewer/fullscreen/AC04633993/6/，2023 年 2 月 10 日瀏覽。

11　Adele Schlombs 著、橫內一実譯，〈旧ケルン東洋美術館を通して見る日独文化交流〉，《日独文化交流史研究》通卷第 8 號（2005），頁 95-110。

12　フリーダ・フィッシャー、安藤勉訳，《明治日本美術紀行 —— ドイツ人女性美術史家の日記》，頁 89。

著知識領域的擴展，延伸至東亞藝術之研究、收藏暨評論。這期間他的主要出版，除了 1897 年的《日本諸像》外，還有 1900 年出版的《福爾摩沙踏查》（即本書）與 *Wandlungen in Kunstleben Japans* (Berlin: B. Behr's Verlag, 1900)（日本藝術生活之變遷）。在後書中他提到，在 1897 年和太太一起以蜜月名義抵達日本，停留期間前往臺灣，1898 年 5 月由臺灣回日之後，和 1895 年時便認識的日本分離派畫家的指導者黑田清輝（1866-1924）有密切交往，多待在這群人避暑地的逗子（在神奈川縣）海邊，進行深刻的藝術交流。1871 年成為黑田清綱子爵之養嗣子的黑田清輝，乃薩摩出身，是日本藝壇重要領導人，曾於 1884 年前往巴黎習畫，1893 年歸國。1895 年日清戰爭赴第二師團戰場威海衛，以素描家身分活動。後來成為分離派的領袖，主張日本畫和西洋畫分離，創立白馬會。[13] 也就是說，阿道夫前往臺灣之旅，夾雜在夫婦兩人 1898 年與黑田等重要日本畫派開創者的交往日益密切的期間。

13　本書分三次譯於《近代画説：明治美術學會誌》第 1 至 3 期（1992-1994，東京：明治美術學會）。提到臺灣的部分在第 2 期：アドルフ・フィッシャー；松井隆夫翻譯，〈変容する日本美術界（二）〉，《近代画説：明治美術學會誌》第 2 号（1993.12，東京：明治美術學會），頁 75、88-89。

二、關於《福爾摩沙踏查》

本書以阿道夫自 1898 年 2 月啟程至 5 月回日之間 3 個月在臺見聞為主軸，以夾敘夾議的方式描述其旅程，因此，只要掌握其旅遊行程，便不難理解此書結構。除來臺上岸及旅程之安排與交涉外，整理後總的來說有兩大段行程：一是自臺北向南到新竹、苗栗（Bioretsu）、臺中、埔里、集集一帶，然後返回北部；二是自基隆搭船至澎湖、再坐船到南臺灣的臺南，接著一路向南，往高雄，最後至卑南。可惜的是，除了啟程之時外，阿道夫並未具體記錄各段旅程的時間，只能約略察知各段旅程先後順序。本書出版時將行程切開，分成諸多章節，但仍依時序描述，並不影響閱讀。

啟程準備

他的臺灣行去了臺北、臺南等主要城市，也去了像大湖、枋寮等鄉間，甚至到苗栗內山及島嶼南端的屏東、臺東一帶，

見到原住民，但略過了西部臺灣中部至臺南一帶及臺灣東部。但阿道夫並未具體提及何以如此選擇，或出自誰的建議。或許，可以大膽地說阿道夫的行程並非事前基於某種對臺認識而為。據其說明，他來臺目的是為了「親眼去見識這個日本的戰利品」。之所以有此期望，在本書一開頭他便提及，當時日本對於領臺耗費過多，有悔不當初的聲音，而且對臺種種疑問的答案，仍「無法透過目前多所闕漏的福爾摩沙相關著作文獻得到解決」。當然，比對前揭〈19世紀德文臺灣〔福爾摩沙〕相關文獻編註書目〉，便可知雖然未能稱得上大量，但至少也有十數篇是阿道夫來臺之前便可得見的德文文章。更遑論還有上百篇數量更多、流通更廣的英語及其他外語文獻或書籍。

他是從日本來臺一事，或許說明了他是在日期間臨時起意，並非蓄積來臺已久、有充足地搜尋參考文獻的準備時間。即便如此，從書中他具體提到的參考文獻：路德維希・里斯的《福爾摩沙島史》、1897年度《臺灣外國貿易年表》（*Annual Return of the Foreign Trade of Formosa*）、馬偕《福爾摩沙紀事》、耶穌會資料、日本政府提供報告書、荷蘭人資料、《中國、日本及菲律賓年鑑名錄》（*Chronicle and Directory for China, Japan & the Philippines*）、1898年5月21日《日本每日先鋒報》（*Japan Daily Herald*）一篇報導、鳥居龍藏對東

部阿美族的研究、貝紐夫斯基的東部探險故事、喬治‧泰勒（George Taylor）的著作等等，可以猜測，大部分資料可能是行前在日本蒐集，或者來臺後，透過殖民政府協助取得，在旅行途中參考閱讀。

不管如何，他說：「我因此決定順從內心熱切的渴望，親自去見識這個日本的戰利品，並了解當地的社會民情，對一個像我一樣無黨無派的人會留下什麼樣的印象，以及在可見的未來內，當地的經濟形勢會有何種發展變化。」這段話清楚地鋪陳了其自稱客觀的來臺動機，他並非打算搜尋更多文獻，因為他斷定現有資料不足，親眼見聞反倒是更好的辦法，而他則自詡將是不帶偏見的報導者；此外，他雖看似未做太多行前準備及功課，但或許他在出發前，便有撰寫臺灣遊記出書的想法，並為此攜帶厚重相機，賣點自然在於：取得殖民地是日本的大事，而且此際國際間對日本新殖民地臺灣的狀況所知不多，因而具有時效性。因此，這本書及阿道夫之行對於後世而言，最珍貴的或許便是他在沒有太多準備的情況下，以其當時在臺見聞的第一手直接而平鋪直述，甚至不少毫無遮掩的情緒性直觀表達，為 1898 年的臺灣留下了寶貴記載。

行程規劃及安排

　　沒有準備的一介外國人該如何來臺旅行，並成功上路、參觀，與地方官員、警察，甚至與原住民有所往來？阿道夫清楚地描寫他如何在來臺後安排臺灣旅程。方法是先到大稻埕的德國領事館尋求幫助，請其提供到臺各地參訪必要之介紹信，以便遞交各地官員及警察當局，並希望在那裡能「遇見幾位可以指點我如何在福爾摩沙旅行的歐洲僑民」；接著到淡水拜訪英國領事及馬偕，「在淡水看完景點，蒐集過旅遊資訊，並做好旅遊規劃後，我在萊因斯朵夫（Felix Reinsdorff）領事的陪同下，前去拜訪福爾摩沙的更高層政府單位，希望能夠取得福爾摩沙的當地護照，以及給各級地方首長和其他行政機關的介紹信」。因此，可以確認他在來臺之前，並沒有先在日本和與臺灣有關的殖民官員有過往來，而是來到臺灣再想辦法，諮詢島上極少數和他身分、文化、思考接近的西方人士，向他們請教旅遊建議，並取得給官員的推薦信或介紹信，而其旅行目的地是在淡水之行結束後決定的。

　　姚紹基認為婚後夫婦兩人在日本時一同造訪福爾摩沙。[14]

14　姚紹基等人主持臺史博委託「德國庋藏臺灣關係文物調查研究暨文物資訊建置整理計畫」期末報告（2020.10），頁 41。

但芙里姐的日記正好略過 1898 年 1 月至 5 月，阿道夫則直到本書末，描述在卑南等船北返時才提到：「濃濃的愁情會湧上我的心頭，讓我不禁思念起遠方的親友與愛人。」想來他應該是獨自赴臺，才會萌生思念。佳人雖不在身旁，從其遊記中明確知道陪伴阿道夫此行者，不計沿路官員警憲外，至少有漢人僕役林阿古、多名為阿道夫與日本當局及蕃人交涉之通譯。另外，在進入大湖樟腦產區的路上，雇了 3 名生蕃護衛入山。其中林阿古（Lin-ah-ku）是他提到篇幅最多的人，來自福州，是他在艋舺找到的幫手，原從事茶葉批發，但因經濟不景氣不得不轉換跑道。雇用漢人僕役在西方來臺旅遊者之間，雖非罕見，但此處仍與其他人經驗有些許不同，他是自行找尋並僱傭，不若其他人或許透過日本政府或相關人士介紹。

他之後的經驗也與日治初期諸多來臺西方人記錄下的情境大致類似：「我把介紹信交給了地方首長，被他鉅細靡遺地盤問我的旅行動機，這是到了每個地方的例行公事⋯⋯。地方首長人很好，向我保證他會全力支持我。他問我明天打算幾點動身，接著下令使者立刻出發，去苗栗通報我的到來。他還安排兩位武裝警察，供我明天一早使喚，並安排了一位年輕職員，帶我在新竹市區四處走走逛逛。」每每到了地方，在各地，交換名片是開始建立關係的方式，費實抱怨日本人對此事熱衷，

導致名片一早就發完。但這似乎並非表示他多麼受到歡迎，而更是在暗示，在當時他經常被視作間諜的狀況下，在臺灣各地警憲官員等掌握其行蹤的工作確實在進行著。

在他初抵臺北時，大概還不太清楚該去哪裡。但在見過德國領事、幾名歐美人士，以及拜訪北臺灣最大外國人社群所在的淡水之後，已有屬意地點。不過，隨著當時各地狀況不同，在與日本高層官員會面並要求協助時，時有被勸阻前往的狀況：「當我拿著地圖向他們指出我想去的地點時，他們有時會跟我說：這裡去不了，因為有叛賊在當地作亂。」並非所有他想去的地方都能前往，比如他希望進入臺灣山區，但當時埔里、集集、嘉義一帶的抗日事件，使日人展開大規模鎮壓圍捕，東部的花蓮也是一樣，官方也不希望他前往。在日本人同意的目的地確定後，他從日本政府高層手上拿到給各地方政府及撫墾署的介紹信，才正式規劃後續旅程。

他並非沿著臺灣西部舊時南北縱貫向官驛道行走，而是分成兩大段旅程，跳過了臺灣中部至臺南一帶，由當時情境來看，顯然是為了使其避開 1896 年中之後糾纏多年的雲林事件的治安重點區域。同時，考慮到鐵道旅遊對新興旅遊業的影響在此時尚未展開，日治時期外國人經常造訪的嘉義阿里山等地景點未獲安排，或許也是意料中事。在安排旅程時不但明白告

知，也先行聯絡一路上的日本行政機關，並由官員、警察或憲兵等以護送、迎接的名義，確保阿道夫一行在監控中。此例並非個案，在諸多外國人旅臺遊記中皆曾提及來到日治下的臺灣時，總督府方面名為「協助」、實為監控，透過協助安排遊覽行程，達到控制的目的。

在他一路上碰到的人之中，正因在臺歐美人士是他的資訊提供者，在各地旅行的紀錄中，他也經常不忘仔細描述其生活、身分、娛樂方式等。他也具體提到不少他親自拜訪或與其有過討論之人物，其中有些甚至具有歐洲經驗，包括日本到臺航程中的幾位船長、德國領事萊因斯朵夫、大稻埕俱樂部（Twatutia-Club）、英國領事伯納（Henry A. C. Bonar）、馬偕、臺北的未署名日本高層官員、鳳山縣知事木下周一（曾留學德國，會說德語，獲其對接下來由枋寮往巴塱衛進蕃地的旅遊行程之建議）、東勢角撫墾署越智元雄署長、林朝棟、埔里社撫墾署長長野義虎、澎湖廳長富田禎二郎、安平居住 20 年德國商人（提供安平住處）、代理臺東廳的書記官中村雄助、臺東國語傳習所教諭黑葛原藤太郎、臺東撫墾署、卑南的軍隊指揮官、卑南的西本願寺住持、臺南縣知事（1898 年當時應為磯貝靜藏）等。

正因為他事前閱讀不多，功課也似乎做得不夠，有些地方

的記載或許來自道聽途說，出現明顯錯誤，例如他提到荷蘭時代荷蘭人和排灣族接觸，傳教士的聖經翻譯只留下一些語彙在虎尾壠語中，他指的可能是 17 世紀荷蘭傳教士編纂的《虎尾壠語語典》，但將臺灣中部平埔原住民誤附為南部的排灣族。諸如此類似是而非的錯誤，在書中經常可以看到。但與其他同時期西方人留下的遊臺紀錄相比，他途中遭遇的人士數量較多，這些珍貴的相遇紀錄，突顯本書與其他類似著作的不同。

兩段主要行程

以下借用蔣凱杰繪製「費實在臺灣旅程的路線圖」表示此兩段行程大致路線：

資料來源：蔣凱杰，〈百年前的德語臺灣遊記：初探阿道夫·費實的《福爾摩沙漫遊》〉，頁 165 圖 5。

第一段：中部樟腦產區之旅（臺北－新竹－苗栗－大湖－罩蘭－東勢－臺中－霧峰－埔里社－水社－頭社）

這一段旅程由臺北搭火車出發到新竹，目的是為了前往苗栗一帶往南的樟腦地區，觀察有生蕃活動居住的大湖內山的樟樹林和樟腦寮，最後回到大稻埕。這段旅程分成兩個章節，可能是作者考量篇幅均衡之故。

第二段：南臺灣之旅（基隆－澎湖－安平－臺南－打狗－東港－枋寮－力里社－浸水營－姑仔崙社－巴塱衛－太麻里－卑南－南岬－安平－基隆）

第一段旅程結束回到臺北待了 8 天後，他應該是和臺灣總督府外事課的杉村濬及囑託三好重彥有不少交涉，選擇搭船前往澎湖再往臺灣南部旅行。此次改道，想必與總督府希望他避開抗日事件頻仍的臺灣中部有關，當時全島鐵路仍未建成，因而有此迂迴之旅。此段旅行在本書中分成澎湖到枋寮、枋寮到卑南、從卑南乘船返回基隆三個章節描述，和第一段為探訪樟腦產區目的明確不同，在南臺灣像是走到哪看到哪，但因 19 世紀末葉以來發生日軍攻臺、南岬燈塔設立等等諸多歷史事件，阿道夫的描述充分提供事件後此地狀況、地方原住民（排灣族力里社等）文化傳統，甚至地方記憶與政治的描述。最後他由卑南搭船輾轉返回北部基隆，隨即搭乘往日本的大型輪船

「臺南州」號返日。

語言、地圖與照片

　　由其對臺灣人、事、地記載的方法，可了解他在臺灣使用的語言及記錄方式。本書附有一幅地圖，但阿道夫只記下大地名，並未將行經地點皆鉅細靡遺記在圖上，不但諸多地名難以辨識，對臺灣事物或旅途之聽聞，在沒有查證確認的狀況下，錯誤不少；人地名的拼音既有日語拼法，有時也使用地方語言的拼音，並不一致。由於阿道夫自 1892 年起有豐富日本行經驗，在對臺地名之記錄中，多使用日文音譯。他對於日本慣習及文化已有相當認識，應歸功於他長年以來合作的翻譯和夥伴和田英作（Wada Eisaku）。[15] 除了向和田學習日語外，費實夫婦在 1905 年以後也開始正式學習中文。[16] 但在臺期間，他主要使用英語，不管是和僕役小林或在臺日本官員、軍人等皆是如此。同時，有些記法顯然是以其聽到的語言拼讀而成，拼法並不一致，也有不少錯誤，全文上下甚至有不少找不出現可對

15　中村憲治，〈和田英作とドイツ〉，《日独文化交流史研究》2003 年号（通卷第 6 號），頁 92。

16　Adele Schlombs, *The Dawn of a New Era*, pp. 41, 43.

照地點的拼音，也可能出於出版疏漏與校對錯誤而有誤植，有幾個例子可說明：如 Rio-Ko-Kai-Kau 應為兩廣會館，日文音讀為 Ryou-Kou-Kai-Kan，可能在出版時把 Kan 誤植為 Kau；彰化寫成 Sonka，應是誤植自日文音讀 Shoka；Han-te-biio-Temple 應該是指關帝廟福佬話拼音 Kwan-te-bio，因後面提到拜祭關羽，但誤植或誤聽為 Han；使用福佬話拼音的場合也有不少，如小琉球島 Sho-Loo-Choo-To（Klein-Liukiu），還有澎湖島 Pin-wo 等。

此時語言混雜的狀況並非阿道夫一人的經驗，但到原住民部落時，情況更加複雜，他需要至少 3 名通譯的協助。在排灣族原住民部落時，他帶著日文翻譯，再加上當地的蕃語通譯（是名漢人通事），另外再雇用一名通中日文之漢人翻譯。此外，他也會說法文，在卑南等船回基隆時，受此地一名曾在德、法各待過一年的軍隊指揮官，邀至軍官俱樂部暢談。

同時，此書珍貴之處，在於收藏百幅以上圖片，費德廉教授與音恩雅（Ian Keller）特別整理出來，一共有 80 張照片以及諸多素描等影像，列在書末之〈附錄〉。[17] 阿道夫曾在書中提到一次拍攝時的細節：當他帶相機進山，想拍攝泰雅族蕃

17　2022 年 12 月 14 日通訊紀錄，費德廉及音恩雅曾製作本書照片之列表。

人，但忘了帶高速快門，因此需要眾人靜止以便拍成，結果拍壞了十多張，乃因頭目特別「不聽話」之故。在全書所附這些照片中，有多少是阿道夫自己拍攝不得而知，但從書中具體提到的線索來看，至少「夜宿浸水營」、卑南少女 Lana 和 Iwa 照片是他拍的。但想必有些照片是向他人取得的，例如「三十年前的古熱蘭遮城」便是在《李仙得臺灣紀行》也收錄的照片。

除了照片外，本書也有不少珍貴插畫。這些畫作在當時即由著名畫家和田英作進行美術設計。和田英作（1874-1959）生於鹿兒島，習畫頗受好評。1896 年 22 歲時，在黑田清輝創設的東京美術學校西洋畫科擔任助教授，旋辭。1898 年他 24 歲時，在黑田清輝介紹下，為研究日本美術來日的費實夫妻導覽近畿、九州、北陸等地達半年，建立深厚情誼，是以 1899 年 5 月費實委託其將蒐集的日本美術作品製作目錄，由神戶搭船前往柏林達半年之久。這之後和田轉往巴黎留學習畫，也學習裝幀藝術。1903 年回國任東京美術學校教授，1932 年擔任校長。[18] 培育了不少臺灣重要西畫家。[19]

18　中村憲治，〈和田英作とドイツ〉，《日独文化交流史研究》2003 年號（通卷第 6 號），頁 90。
19　可參考羅淑慧，〈日治時期的臺灣留日美術家 —— 以東京美術學校為研究中心〉，國立中央大學歷史研究所碩士論文，2009 年。

粗鄙無文的臺灣對比進步精緻的日本

阿道夫在書中有不少針對臺灣島民負面情緒性的文字，他的臺灣行中唯一博得他好評的是「它那結合溫帶和熱帶花卉、中歐闊葉林和純熱帶植被的美麗森林」，但尤其是針對一般島民的漢人，在這本書中並無太多正面看法，阿道夫說他們狡詐、反覆無常、討人厭、不衛生、環境充斥各種味道、「辮子留得很長、啤酒品味卻毫無長進的民族」等等。但他對原住民的看法沒有好到哪去，他有機會看到的是北部的泰雅族和南部的排灣族，對他們的印象則是更像野獸，而非人類，未經教化、殘暴貪婪等，他甚至認為撫墾署優遇蕃人的策略不妥，日本政府應該更激進地教育他們，使其遠離野性，更有人性。阿道夫似乎付出很少努力去理解他們，對原住民的看法是在旅遊中聽聞的基礎上誕生，或許正因為他既有先備知識不足，來臺的衝擊就更大。

雖然他曾多次提到臺灣的抗日事件有理，也為被日本人懷疑為間諜（因當時俄德法干涉還遼、占領膠州灣、破壞日本取得華北利權的威脅，使德日關係陷入緊張[20]）感到不平，但

---

20 費實的觀察也大致符合研究者的看法，日德關係的黃金年代大概是明治維新後的西化，尤其是向德國學習的陸軍軍事組織、教育、施設制度

是，由書中提到日治初期臺灣富人被壓榨不得不離開，雖評論說是少數無良日本官員敲詐勒索，而且日治初期官僚素質不佳所致，但「我毫不懷疑，無論當時還是現在，日本政府都秉持著最高、最誠懇的原則行事，這個印象在我旅行福爾摩沙的期間，也再三得到印證；他們缺的只是能夠落實此番好意的可靠行政機構」，即便在譴責日本人虐政同時，又轉而對臺灣環境使然及日本成為文明國家時間尚短、未能善用西方能人志士酸言酸語；此外，他留意到不管在臺北或南臺灣的歐洲人，都對日治初期殖民政府過度干預及濫捕濫殺施政頗不以為然，但他選擇性地挑選「重視衛生有利無害」為日本政府維護，更說沒有人會歡迎征服者的來到，所以當漢人跟歐洲人因日本到來利益受損，實非中立評語的說法，亦為明顯偏頗。除此之外，他對此時許多日本公司的服務有諸多不滿，例如不準點的大阪商船會社及留宿的日本人旅店，但對於維新後的明治政府評價較高。

也就是說，雖然隱諱，但他站在日本統治者的殖民立場來

等合作所致，時間大概到 19 世紀末的 1895 年左右；之後便是摩擦與不合。スヴェン・サーラ（Sven Saaler），〈日独関係の「黃金時代」〉，日独交流史編集委員會編集，《日独交流 150 年の軌跡》（東京：雄松堂書店，2013），頁 56-57。

看待臺灣，是非常明顯的現象。更精確而言，他認為作為國家的日本，在維新政府領導下，會帶領日本人民精益求精、不斷進步；若有些許治理的瑕疵，也是底下人所為。簡言之，此時臺灣島上的住民，被他視為日本人帶領的新國家需要費力治理的對象。基於上述看法，我們實不能十分同意他對臺日兩地看法為秉公持平、不帶偏見。

讀者

前面已提及阿道夫對臺灣藝術的表現及人種評價不高，臺灣讀者看完本書，雖可能稍感難受，但這一本書預設的讀者並非臺灣人，它以德語寫成，在德國發行、銷售，對象很清楚地是德國人。

從本書封面頁（下頁左圖）來看，訴求吸引的對象，很顯然應該是會對臺灣原住民有興趣的讀者，右圖是同年發行的 Adolf Fischer (au.), Wada Eisaku (illu.), *Wandlungen im Kunstleben Japans*（日本藝術生活的變遷）(Berlin: B. Behr's Verlag, 1900)。兩圖對照可以清楚看出，封面設計採用類似模板，很有可能是同為兩書插畫並裝幀的和田英作設計，構圖十分類似。右圖以日本的風景代表的楓槭和銀杏構成、左圖則是臺灣代表的椰子

說明：左圖即為本書封面，此版本出自 Internet Archives 數位化加州
　　　大學柏克萊校區圖書館館藏，網址：https://archive.org/details/
　　　fischer-streifzuge-durch-formosa.-full-view，2022 年 12 月 1 日
　　　瀏覽；右圖封面圖像出自東京ドイツ日本研究所図書室收藏原
　　　書，2022 年 12 月 12 日拍攝，感謝館員堀越葉子協助。

樹和蓮花池，中間斜向以書名貫串。《福爾摩沙踏查》一書封
面稍微複雜，還包括了最上方的三幅臺灣原住民肖像，以及下
方條柱狀的原住民圖騰。顯然，和日本以代表景色相較，臺灣
的特色被擺在原住民文化上。

　　這一特色，是否在阿道夫啟程之時便已決定，目前沒有線
索可以確知。但從《日本藝術生活的變遷》（右書）書末附左
書之廣告可以察知，此書的訴求在於：1898 年作者在日本政

府保護下到該島最具多樣化的地區進行考察，可以理解野蠻獵頭原住民的活動、佛教僧侶的企圖及日本人殖民的努力，是第一部用德語寫的全面性福爾摩沙作品。此外，《福爾摩沙踏查》原書出版時是獻給當時漢堡藝術設計博物館（Direktor des Hamburgischen Museums für Kunst und Gewerbe）的館長布林克曼博士（Justus Brinckmann, 1843-1915）亦可充分說明。

也可以說，此書反映的主要是對臺一無所悉的人會感興趣之處。以下這個例子十分傳神，值得稍加說明：在新竹廟宇裡，阿道夫提到「祭司」手持扁長形的書向專注聽眾比劃朗讀，以此吸引讀者有如施魔法之情境，但實情極有可能為道士在廟內向虔誠信眾執疏文、讀科儀、做法事。有趣的是，當阿道夫問僕役林阿古他在講什麼，對方只說了：「大家都要當乖小孩（All men must be good boy）。」這句話是特別用英語寫的，顯示他們以英語交談。此語目的顯然是勸人為善的儀式的最終訴求，林阿古應該是省略了中間一大半過程，只簡要地講了猶如套語的結論，阿道夫想知道的是儀式的內容，但我們很容易想像到一幅畫面：林阿古或許覺得太難翻譯而選擇全部忽略，甚至覺得即使講了阿道夫也不會懂。此例足以顯示身為雇員的林阿古也有語言的轉譯及選擇性表達的權力。

以阿道夫最在意的藝術來說，在看過臺北最大漢人市鎮艋

岬後，他觀察到藝術品多來自廈門商人，說道：

> 東方〔orientalisch，按：指近東〕藝術對於中國藝術的
> 影響想必非常深遠，但我經常在歐洲的文物館和東亞地
> 區，注意到這些水器、銅壺和瓷瓶，在造型與花紋上有著
> 不容置疑的摩爾式特徵。……在福爾摩沙，那些數量稀少
> 的奢侈品和藝術品都是中國製品；這裡至今仍未發展出具
> 有特色的文化產業。那些蕃人民族為自己而做的原始藝術
> 品還不夠可觀，稱不上是一個文化產業。……這裡找不到
> 像日本京都或橫濱的陶器店裡一樣的可愛陶器，不過居住
> 在福爾摩沙的漢人們，生活中壓根缺乏像日本人那樣可愛
> 迷人，時而逗趣，卻總是討人歡喜，很符合我們品味的元
> 素；這裡無論是自然環境，還是生活方式，都看不到能讓
> 人感到絲毫親近的東西。

這段話很值得拿來評量並推測阿道夫・費實對臺灣的定
位，首先是他認為在臺常見的中國人及相關事物並非臺灣特
色，對歐美人來說，中國的代表特色不需要在臺灣找，是自然
的道理；足以代表臺灣的是原住民特色，但在其眼中仍未蔚為
大觀。這一番話語，無疑是在他將臺灣與日本做比較後之心

得。他對日本的好感，已充分表現在 1897 及 1900 年出版的兩本關於日本的書中。

　　1898 年阿道夫來臺之時，若置於當時費實夫婦東亞之旅的脈絡中，便會產生更鮮明之對比。如前述，阿道夫來臺是在 1897 年與芙里姐結婚後往日本長達兩年的蜜月旅行中的一段插曲。在赴臺之前，1898 年初芙里姐便記載著在京都的禮俗及見聞，和巨勢小石、竹內栖鳳、望月玉泉、和田英作等畫家之來往，以及 5 月在逗子和黑田清輝之白馬派一群人往來。[21] 費實夫妻在日本交好的群體，最初與此時無疑是以黑田清輝、和田英作為首的藝術家，若由芙里姐日記中記載 1898 至 1913 年間他們在日本交往的對象團體來看，以日本美術界為軸心，明顯有逐漸由畫家、至藏畫之博物館和美術館、再到重要政治人物（如 1905 年有栖川宮夫妻、井上馨等人、1910 年住友吉左衛門男爵）一路擴展的跡象。阿道夫在日本的藝術鑑賞生活中插入臺灣旅行，對其而言不啻像是走到藝術文明兩端，他在書中所提的臺灣的表面而動機明顯的話語，是在與日本比較下而生，是藝術文明的表現與國家殖民開化的「文明 vs. 野蠻」

21　フリーダ・フィッシャー、安藤勉訳，《明治日本美術紀行──ドイツ人女性美術史家の日記》，頁 38。

糾結的結果。

　　對臺灣讀者及臺灣歷史來說，他在日本統治的三年後到來，仍見到不少殖民初期日本對臺治理的混亂與起步。某種程度來說，也保留了清末最後階段臺灣的歷史樣貌，比如，他留下了搭乘清代劉銘傳所建臺北到新竹的鐵路個人體驗；又由當時仍在臺的非常少數外國人反映的心態與氣氛來看，介在清日之間的磨合，也能相當程度地反映過渡之階段性。多處提到的「臺灣」，則是另一個例子，這裡他指的是清末預定設為省會的臺中，這個稱呼流行的時間沒有多長，因此讀者可能感到疑惑。在日本時代稍後開始都市計畫建設後，即以「臺中」為人所知。他對所見聞之事的詳細描述，仍然十分重要，例如，此書便是現有資料中少有提到淡水河運與安平港船運、對馬偕的認識、日治初期臺北城、安平、府城及其他漢人市街樣貌、貿易如何進行，又例如在臺灣中部見到原住民時對其習慣的描述、和林朝棟會面之描述、在新竹寺廟裡看到法師儀式活動與廟前商業活動並行不悖等等的觀察，也可反過來提醒觀者，在我們日常生活及熟悉之文本外，對外國人而言感到有趣、違和，抑或矛盾之處為何。

三、費實夫婦東亞藝術觀的開展及科隆東亞藝術博物館的催生

在當代德國，比起人類學者或民族學家，阿道夫・費實以東亞藝術的仲介和收藏家身分，更廣為人知。或許自年少時期在維也納接觸到日本藝術後，他便一直對此著迷。隨著最初 1892 年首次訪日的旅程，他結識不少日本當代藝術家，開始有系統地學習日本、中國和韓國的藝術。自 1897 年起的旅行，以及後來在 1905 至 1907 年間擔任德國駐北京公使館學術專員（academic attaché）期間的長期停留，[22] 讓夫婦兩人得以更深入日本及中國藝術。

此時仍是戰前期，因而也是一段帝國主義高漲的年代。從一方面來說，費實夫婦很早開始便認定東亞藝術足以與西方藝術匹敵。[23] 由另一方面來看，阿道夫也思索古代近東巴比倫藝

22　Frieda Fischer, *Chinesisches Tagebuch*, pp. 24, 169.

23　Adele Schlombs, *The Dawn of a New Era*, p. 32; Frieda Fischer, *Chinesisches Tagebuch*, p. 209.

術和佛教傳入前的中國藝術之間的相互關聯，[24] 強調佛像雕塑乃衍生自犍陀羅（Gandhara）藝術，因而假定藝術的推動乃由西方傳往東方。更甚者，他對中國木雕像的品質有所懷疑，也對源自 19 世紀末、20 世紀初在中國「偉大藝術」復興的看法存疑。[25] 在其看法中，「偉大文明民族」的藝術特質，必須與其民族學特色有所區隔。如阿道夫在 1904 年以前某篇未出版備忘錄上所寫的，此等藝術已經「成為所有『藝術愛好者』的『共同遺產』。」[26] 以殖民國家的角度來說，在東亞進行收藏活動的正當性，建立在對其文化存在（cultural presence）的肯認，以及取得可被帶回德國的知識和文物上，[27] 而阿道夫的角

24　Adolf Fischer, "Erfahrungen auf dem Gebiete der Kunst und sonstige Beobachtungen in Ostasien"（關於在東亞藝術領域及其他觀察的一些經驗）, *Zeitschrift für Ethnologie*（社會與文化人類學雜誌）41:1 (1909), p. 16 f. 這是一篇 1908 年 12 月 19 日給柏林民族學、人類學和史前史學會（Berliner Gesellschaft für Anthropologie, Ethnologie und Urgeschichte）的演講稿。

25　Adolf Fischer, "Erfahrungen auf dem Gebiete der Kunst und sonstige Beobachtungen in Ostasien," p. 15. 犍陀羅在印度西北，以希臘化佛像藝術起源地聞名。

26　Adele Schlombs, *The Dawn of a New Era*, p. 33.

27　Frieda Fischer, *Chinesisches Tagebuch*, p. 23. 此處引用了德國帝國總理（German imperial Chancellor）在 1904 年 11 月 30 日給阿道夫的學術專員派任書（letter of appointment to academic attaché），內容相應地提到：「為了要能更深入地了解東亞地區有文化人們的精神生活，並將其古代

度則是去搶救並保存注定因腐朽消失的文物。[28]

　　在當時，阿道夫和民族學博物館之間可以同時被定位為既合作又競爭的關係。1901 年當他把東亞藝術收藏賣給柏林民族學博物館後，費實夫婦透過大量旅行、與日本和中國藝術的鑑賞家及骨董藝術商的諮詢討論，以及對新興東亞藝術史學術領域裡專門著作的密集研究，建立起其知識體系。隨著時間流逝，費實夫婦愈來愈深信有建立一座東亞藝術的博物館之必要，而非僅是陳列日常生活物件和文物的民族學博物館。在試著與柏林和德國北部城市基爾（Kiel）接觸後，最後選定科隆作為歐洲首座專門典藏與保存東亞藝術藏品的博物館。科隆東亞藝術博物館在 1913 年開館。在艱困時局下，芙里妲持續向公眾傳達他們在日本和中國進行收藏、最後得以在博物館展示或在庫房保存的文物之故事。1914 年當阿道夫在奧義邊境提

　　文學、藝術和工藝產業的作品帶到德國收藏，基於此等需要，而且是從未有過的龐大規模……你的任務將會是：首先，依東亞國家分別項下，特別是中國、日本和韓國，有學術與藝術價值的文物，使其廣為人知；其次，協助德國的博物館獲得此類品項。」

28　Frieda Fischer, *Chinesisches Tagebuch*, illustration 125, inlet page between pp. 192-193. 此插圖展示 1911 年 1 月 24 日博物館創建文件，展現博物館希望成為關注科隆與普魯士國家（Prussian state）的藝術與科學之一處空間，「有著為後代子孫保存從稍縱即逝的偉大文明所取得的藝術文物之高超目標」。

洛爾（Tyrol）南部的旅遊意外中風過世後，芙里妲接管了博物館，決定其政策方向。她持續組織並描述該館之收藏如何作為學術研究與公共展示寶庫的課題。

　　1921 年芙里妲與維魯佐斯基（Alfred Ludwig Wieruszowski, 1857-1945）再婚，他是科隆大學（University of Cologne）的法律教授，也在科隆高等地方法院（Cologne Higher Regional Court）擔任法官，是猶太人後裔。1933 年納粹政府掌權之後，猶太人被排斥，其配偶無論是否為猶太裔，亦須一體承受此差別對待。結果，1937 年芙里妲・費實－維魯佐斯基（此時名字是 Frieda Fischer-Wieruszowski）從博物館館長（Director）的職位上被驅逐了。夫婦兩人從科隆的家被趕出去，幾乎就要被驅逐至集中營。[29] 因此，以「芙里妲・費實」（Frieda Fischer）之名，分別在 1938 年和 1942 年出版關於在日本和中

29　Paul Duschner, "Vom Sammeln und Ausstellen ostasiatischer Kunst: das Beispiel des Ehepaars Adolf und Frieda Fischer"（收藏和展示東亞藝術：費實夫婦的例子）, *Paderborner Historische Mitteilungen*（帕德博恩歷史通訊）32 (2019.3), p. 123; Berit Hempel, "Kein Leben wie im Märchen. Frieda Fischer und ihr Museum für Ostasiatische Kunst"（不是童話故事的人生。芙里妲・費實和她的東亞藝術博物館）, radio podcast 14-11-2021, WDR 3 (West German Broadcasting), https://www1.wdr.de/mediathek/audio/wdr3/wdr3-kulturfeature/audio-kein-leben-wie-im-maerchen---frieda-fischer-und-ihr-museum-fuer-ostasiatische-kunst-100.html, accessed Jan. 28, 2023.

國的旅遊及藝術收藏的紀錄（值得留意的是，此時她使用的名字並非加上她第二任丈夫的姓），對於世紀之交日本和中國藝術品交易的情況，留下了親身經歷之珍貴訊息，也為阿道夫‧費實的福爾摩沙之旅提供了有趣的補充紀錄。然而，應謹記在心的是，它們皆是在受威迫的艱困情況下出版的，必須考慮其在高度政治敏感的環境下通過納粹的國家社會主義者（national socialist）的仔細審閱。[30]

　　芙里妲‧費實的紀錄的時代已和帝制德國晚期的不同，阿道夫‧費實堅持藝術的品質至關緊要，例如他對佛教和基督教藝術的看法，看似有明顯反對 19 世紀末、20 世紀初強烈的沙文主義之傾向。但阿道夫‧費實真的支持「藝術的歸藝術嗎」（art for art's sake）？一如 Paul Duschner 的敏銳批判所指，博

30　出版芙里妲‧費實的日本及中國回憶（reminiscences）的慕尼黑出版社 Bruckmann 的社長 Hugo Bruckmann (1863–1941) 和他的太太 Elsa (1865-1946) 是國家社會主義（national socialism）的早期支持者，特別是對阿道夫‧希特勒（Adolf Hitler）。但根據歷史學家 Jürgen Kühnert 的討論，在 Bruckmann 出版品的範圍中，也包括了藝術書籍，以便滿足較保守（也較非極端種族主義者）的中產階級讀者。Jürgen Kühnert, "Bruckmann Verlag", *Historisches Lexikon Bayerns*（巴伐利亞歷史辭典）, https://www.historisches-lexikon-bayerns.de/Lexikon/Bruckmann_Verlag, published Jun. 23, 2022, accessed Feb. 5, 2023. 這或許可以解釋為何仍可在 1938 和 1942 年出版兩書。

物館創建者視其收藏主要用作西方藝術家和工藝創作者的靈感來源。[31] 即使如此，在芙里姐 1922 年提出的關於博物館目標的懇切聲明中，儘管她一方面強調「純粹的藝術」與工藝產品有巨大分野，並合理化她自成一套對藝術的專業處置方法。費實－維魯佐斯基（芙里姐此時的姓）也視東亞脈絡下藝術和手工藝品的相容性和等質齊觀，宛若理所當然：

> 東亞的人不會去分一幅畫或茶碗裡的圖案有何差別。精緻的茶碗等同於絕美的繪畫。兩者都是真實的藝術表現，重點在於寓於物的精神。一名卓越有成的陶藝家，遠比一名中庸的畫家來得被珍視。[32]

　　總的來說，費實夫婦對東亞藝術的評估，可視為既開放、也具鑑別力，表現出享有文化優勢（cultural supremacy）的特質，或至少呈現出清楚差別，如同在《福爾摩沙踏查》中字裡行間透露的一樣，有不少輕蔑的話語，特別是對最為古老的福

31　Paul Duschner, "Vom Sammeln und Ausstellen ostasiatischer Kunst," p. 132.

32　Frieda Fischer-Wieruszowski, "Das Museum für ostasiatische Kunst der Stadt Köln"（科隆的東亞藝術博物館）, *Deutsche Kunst und Dekoration*（德國藝術與裝飾月刊）51 (1922/23), p. 39.

爾摩沙藝術，即原住民文化。[33] 在第一次世界大戰期間及之前
的沙文主義時代脈絡，以及在 1933 至 1945 年間壓迫性的納粹
文化政策期間，費實夫婦皆持續堅持東亞和歐洲的精緻藝術是
平等的，其努力值得讚賞，而他們推廣與促進東亞藝術史的知
識和學術研究的願景也是一樣。

　　若依博物館創建者的宏願，或更寬泛來看，對其時代
國際藝術品的掌握，特別是對原先由來源國獲得之工藝品
（artefacts）的搬運，以及它們在博物館環境中的去脈絡化現
象，依現代全球世界遺產保存的觀點，是有問題的，但至少，
這些藝術物品現仍對全球大眾公開，可供欣賞和研究。[34] 阿道
夫《福爾摩沙踏查》中提到的諸多可大加反駁的、全然種族主
義式的發言，從某個角度而言，也表現在他對工藝品的看法
上，但這些紀錄仍有可貴之處，即在其帶有個人珍貴經驗價值
的一手觀察，並非隨處可及。

33　見前述《福爾摩沙踏查》中否定原住民為家庭日常使用所製作的物品可
　　被視為藝術品之討論。

34　舉例來說，藝術專家 Susan Moore 便提到該館和日本的東京文化財研究
　　所長期合作，為國際上致力於文物保護者和學生組織藝術品修復的工
　　作坊。Susan Moore, "The prescient pair who created Europe's first museum
　　of East Asian art," *Apollo. International art magazine* 189 (Feb. 2019), pp.
　　46-51, https://www.apollo-magazine.com/museum-ostasiatische-kunst-east-
　　asian-art-cologne/, accessed Feb. 5, 2023.

四、結語

　　可以說，這本書最珍貴的地方是在於其史料價值，而其對當時見聞的描述，則是在他的日本經驗、西方文明國家出身的背景下，不斷進行比較得來的。儘管相較於費實日後的名聲及其對東亞藝術收藏的貢獻，他的臺灣之行鮮少被認為有值得特別著墨之處，但在他充滿個人主觀想法的旅遊紀錄中，卻也十分詳細地記載了 1898 年臺灣之旅的見聞，以外人眼光來評判日本初期的殖民統治下一般島民及原住民的文化及其處境，對於有興趣了解百餘年前臺灣社會狀況的讀者而言，食衣住行育樂的描寫皆不缺，乃十分珍貴的一手旅遊書寫紀錄。以他最有意思的南臺灣之行來看，他對枋寮一路至卑南的描述，便相當詳盡地把個人見聞，加上當時可見的喬治・泰勒及鳥居龍藏等人的調查加入議論。[35] 然而，他畢竟不是人類學者，能達到的

35　諸如鳥居龍藏等日本統治初期人類學家對臺灣東部原住民調查，可見笠原政治著、陳文玲譯註，《日治時代臺灣原住民族研究史：先行者及其臺灣踏查》（臺北：臺灣大學出版中心，2020），頁 104-118。笠原

分析效果有限。但他即使只能從表面上就其觀察提出看法，也可以帶給我們對於當時以一介帝國之眼關注議題的有趣見解，例如他認為日本來臺佛教的失敗，對比在臺長老教會的成功，便在於宗教狂熱及宣道士們愈挫愈勇的熱情；另外，臺灣東部狀況的一手報導在當時尤其是許多人仍難得知者。

　　最後，回到一開頭所云關於科隆東亞藝術博物館中的臺灣收藏。在書中阿道夫具體提到他取得的物品包括一把在卑南的撫墾署向來拜訪的蕃人取得的蕃刀，以及向卑南蕃女取得的銀皮菸斗等等。但是，除了在科隆東亞藝術博物館並未見到任何臺灣相關藏品之展示外，參閱阿道夫所撰館內東亞收藏圖錄，也未見到臺灣相關藏品。[36] 但姚紹基等人的調查發現，費實的臺灣文物至少有 16 件捐贈至柏林民族學博物館（Ethnologisches Museum zu Berlin）。[37] 因此可以推斷阿道夫

提到鳥居調查背後有田代安定的影子，而且先前喬治·泰勒任職南岬燈塔時對南臺灣原住民調查的文章，在當時便特別引起日本人類學者的注意。

36　Adolf Fischer, *Führer durch das Museum für Ostasiatische Kunst der Stadt Cöln* (Köln: Museum für Ostasiatische Kunst der Stadt Cöln, 1913).

37　姚紹基的清查顯示，臺灣相關文物自 1870 年代至 1980 年代都持續有物件入藏，而原住民相關臺灣文物應該都是在費實這趟旅程中採集的。其中費實的收藏註明在 1912 年，共 16 件，編號 IC 38256-38258、38920-38932，均未標明採集地點；照片方面來源不明的有 34 張。未知是否有

個人在臺收藏文物，在其創建的科隆東亞藝術博物館中，原本大概就沒有準備展示，顯然，費實夫婦的東亞藝術觀中臺灣文物並未被定位為藝術品，而是民族學的見證。

　　若從與德國柏林民族學博物館相關臺灣藏品入藏脈絡來看，根據姚紹基等人的調查，可以更加清楚看見其意義。德國與臺灣的關係主要在 1860 年代中期東亞探險艦隊等零星來臺的船隻水手、60 年代中期起臺灣開港後德人來臺增加，以 70 至 80 年代入藏數量達到高峰，主要是民族學者、探險家及德籍海關職員及德國駐廈門領事經手，接著才是日治時期迄至 1980 年代。也就是說，在費實到來時，德語報導與收藏臺灣文物的高峰已經過了。即便如此，1897 年 11 月派駐大稻埕的德意志帝國駐福爾摩沙領事館（Kaiserlich Deutsches Konsulat für Formosa in Twatutia）的穆勒博士（Dr. Wilhelm Müller, 1871-1936），其任期至 1900 年 6 月，當時職位為實習翻譯員，曾在 1897 年間短暫接管領務，之後調派日本，1901 年 7 月至 1902 年 5 月再接署理大稻埕領務，其在臺期間便採集超過百餘件物

費實原始照片。但推測應不止於此，費實藏品入館時間為 1912 年，距離訪臺已有 14 年，約莫是在科隆東亞藝術博物館緊鑼密鼓籌備期間，但是否因費實夫婦對手上藏品進行全面整理，是以捐出臺灣文物，則仍屬未知。見其「德國庋藏臺灣關係文物調查研究暨文物資訊建置整理計畫」期末報告書，頁 5 及頁 6-7 整理表格。

件及照片，後售予柏林民族學博物館。[38] 差不多與費實同時在臺灣的穆勒，已身負來自柏林民族學博物館蒐集臺灣原住民文物的委託，因此，即便阿道夫仍有些收藏，其重要性、整體性與代表性，大概比不上穆勒。

　　離臺四年後的 1902 年，當費實夫婦開始籌謀建立博物館計畫時，最重要的原則便是專注在東亞藝術，不以民族學為目的。在眾多藝術領域中，此主張建立在東亞藝術有其自成一格之價值，且面臨時代變遷，東亞傳統文化之保存研究更顯急迫，但臺灣藝術及其物件，在其東亞藝術知識拼圖中並不占一席之地，即使有，也多是中國藝術品，不需自臺灣取得。是以施黛莉評論其主張與其他赤裸裸根基於帝國主義的看法不同之處，便在於藉學術論述加以正當化。[39] 如果不了解費實夫婦如何發展其對東亞藝術的理解、將成立歐洲第一座東亞藝術博物館視為終身職志，以及後續在艱困政治環境下經營維持之過程、最後是德意志帝國發展過程與東亞殖民的關係，勢難理解其中看來格格不入的臺灣插曲。

38　姚紹基主持臺史博委託「德國庋藏臺灣關係文物調查研究暨文物資訊建置整理計畫」期末報告（2020.10），頁 35。

39　Adele Schlombs, *The Dawn of a New Era*, pp. 27, 33.

五、費實夫婦大事紀

———— ❧ ————

年代	重要紀事
1856	阿道夫・費實生於維也納
1874	芙里姐出生
1892	阿道夫・費實首次赴日
1895	阿道夫日本旅行
1897	・3月1日阿道夫與芙里姐結婚，前往日本蜜月，停留兩年 ・9月起新婚旅行經維也納到阿默達巴德、香港到日本，再由日本去福爾摩沙回日本 ・同年刊行：Adolf Fischer, *Bilder aus Japan* (Berlin: Georg Bondi, 1897). 日文譯本：アドルフ・フィッシャー（Adolf Fischer）；金森誠也、安藤勉譯，《明治日本印象記 ── オーストリア人の見た百年前の日本》（東京：中央公論社，1994）
1898	・2月從神戶登船，兩次折返後，由門司改搭橫濱丸前往基隆。見過基隆、臺北、淡水、艋舺後，3月初開始旅程

	・ 5 月由基隆搭船返日
1899	5 月費實夫妻回柏林
1900	阿道夫本年出版：

1. *Wandlungen im Kunstleben Japans* (Berlin: B. Behr's Verlag, 1900)。後分三回日譯出版於《近代画説：明治美術學會誌》第 1 至 3 期（1992-1994，東京：明治美術學會）

2. *Streifzüge durch Formosa* (Berlin: B. Behr´s Verlag, 1900)

1901	・ 蒐集品寄贈柏林民族學博物館
	・ 教育部長（The Minister of Intellectual Affairs and Education）授予教授銜
1902	日本旅行，1903 年歸國
1904	本年 11 月起至 1907 年奉派擔任北京及東京帝國大使館（Imperial Embassy）學術專員（Academic Expert），協助德意志博物館取得收藏
1905	日本旅行，至 1908 年歸國
1909	・ 日本旅行
	・ 和科隆市簽訂東亞藝術博物館設立契約
1911	日本旅行，至 1912 年
1913	10 月 25 日科隆東亞藝術博物館開館

1914	費實過世，芙里姐接續主持科隆東亞藝術博物館，擔任館長
1921	芙里姐再婚
1937	芙里姐自館長一職解任
1938	芙里姐出版 *Japanisches Tagebuch. Lehr-und Wanderjahre* (München: Bruckmann, 1938). 日文譯本為：フリーダ・フィッシャー、安藤勉訳，《明治日本美術紀行──ドイツ人女性美術史家の日記》（東京、講談社，2002）
1942	芙里姐出版 *Chinesisches Tagebuch*（《中國日記》）(München: Bruckmann, 1942)
1944	原科隆東亞藝術博物館遭空襲破壞
1945	芙里姐過世，享年 71 歲
1977	新科隆東亞藝術博物館於現在所在地重建

六、參考書目

———〜———

Duschner, Paul. "Vom Sammeln und Ausstellen ostasiatischer Kunst: das Beispiel des Ehepaars Adolf und Frieda Fischer," *Paderborner Historische Mitteilungen* 32 (2019), pp. 116-136.

Fischer, Adolf. *Bilder aus Japan.* Berlin: Georg Bondi, 1897.

Fischer, Adolf. "Erfahrungen auf dem Gebiete der Kunst und sonstige Beobachtungen in Ostasien," *Zeitschrift für Ethnologie* 41:1 (1909), pp. 1-21.

Fischer, Adolf. "Formosa," *Kringsjaa* 15 (Feb./Mar. 1900), pp. 241-249/401-407.

Fischer, Adolf. *Führer durch das Museum für Ostasiatische Kunst der Stadt Cöln.* Köln: Museum für Ostasiatische Kunst der Stadt Cöln, 1913.

Fischer, Adolf. *Streifzüge durch Formosa.* Berlin: B. Behr's Verlag, 1900.

Fischer, Adolf. *Wandlungen in Kunstleben Japans.* Berlin: B. Behr's Verlag, 1900.

Fischer, Frieda. *Chinesisches Tagebuch. Lehr-und Wanderjahre.* München: Bruckmann, 1942.

Fischer, Frieda. *Japanisches Tagebuch. Lehr-und Wanderjahre.* München: Bruckmann, 1938.

Fischer-Wieruszowski, Frieda. "Das Museum für ostasiatische Kunst der Stadt Köln," *Deutsche Kunst und Dekoration* 51 (1922/23), pp. 32-43.

Fix, Douglas (comp.); Schneider, Tina (summary). "Annotated bibliography of 19th Century German articles concerning Taiwan (Formosa)," https://rdc.reed.edu/i/cd2b9906-f086-4c08-b812-eef09dfb2a48, pp. 19-21, accessed Dec. 14, 2022.

Hempel, Berit. "Kein Leben wie im Märchen. Frieda Fischer und ihr Museum für Ostasiatische Kunst," radio podcast 14-11-2021, WDR 3, https://www1.wdr.de/mediathek/audio/wdr3/wdr3-kulturfeature/audio-kein-leben-wie-im-maerchen---frieda-fischer-und-ihr-museum-fuer-ostasiatische-kunst-100.html, accessed Jan. 28,2023.

Kühnert, Jürgen. "Bruckmann Verlag," *Historisches Lexikon Bayerns*, https://www.historisches-lexikon-bayerns.de/Lexikon/Bruckmann_Verlag, published Jun. 23, 2022, accessed Feb. 5, 2023.

Moore, Susan. "The prescient pair who created Europe's first museum of East Asian art," *Apollo. International art magazine* 189 (Feb. 2019), pp. 46–51, https://www.apollo-magazine.com/museumostasiatische-kunst-east-asian-art-cologne/, accessed Feb. 5, 2023.

Otness, Harold M. *One Thousand Westerners in Taiwan, To 1945: A Biographical and Bibliographical Dictionary.* Taipei: Institute of Taiwan History, Preparatory Office, Academia Sinica, 1999.

Schlombs, Adele. *The Dawn of a New Era: The Foundation of the Museum für Ostasiatische Kunst in Cologne.* Cologne: Museum für Ostasiatische Kunst in Köln, 2009.

Schlombs, Adele、橫內一実譯，〈「東洋美術館」について・ケルン市立東洋美術館長アドルフ・フィッシャー教授夫人〉，《日独文化交流史研究》通卷第 9 號（2006、2007），頁 123-133。

Schlombs, Adele、橫內一実譯，〈旧ケルン東洋美術館を通して見る日独文化交流〉，《日独文化交流史研究》通卷第 8 號（2005），頁 95-110。

アドルフ・フィッシャー（Adolf Fischer）；松井隆夫翻譯，〈変容する日本美術界（二）〉，《近代画説：明治美術學會誌》第 2 号（1993.12，東京：明治美術學會），頁 75-92。

アドルフ・フィッシャー（Adolf Fischer）；金森誠也、安藤勉
　　訳，《100年前の日本文化――オーストリア芸術史家の見
　　た明治中期の日本》。東京：中央公論社，1994。

スヴェン・サーラ（Sven Saaler），〈日独関係の「黄金時
　　代」〉，日独交流史編集委員會編集，《日独交流150年の
　　軌跡》（東京：雄松堂書店，2013），頁53-60。

フリーダ・フィッシャー（Frieda Fischer）、安藤勉訳，《明治
　　日本美術紀行――ドイツ人女性美術史家の日記》。東京：
　　講談社，2002。

中村憲治，〈和田英作とドイツ〉，《日独文化交流史研究》
　　2003年号（通巻第6號），頁89-100。

姚紹基等，「德國庋藏臺灣關係文物調查研究暨文物資訊建置整
　　理計畫」期末報告。臺史博委託研究計畫，2020.10。

笠原政治著、陳文玲譯註，《日治時代臺灣原住民族研究史：先
　　行者及其臺灣踏查》。臺北：臺灣大學出版中心，2020。

蔣凱杰，〈百年前的德語臺灣遊記：初探阿道夫・費實的《福爾
　　摩沙漫遊》〉，《歷史臺灣：國立臺灣歷史博物館館刊》18
　　（2019.11），頁157-176。

羅淑慧，〈日治時期的臺灣留日美術家――以東京美術學校為研
　　究中心〉。國立中央大學歷史研究所碩士論文，2009。

第二部

《福爾摩沙踏查》
Streifzüge Durch Formosa

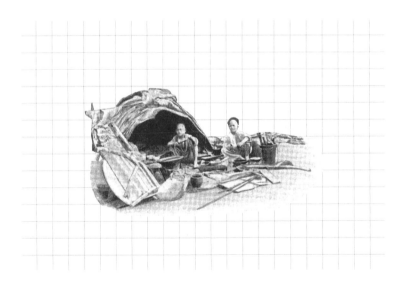

阿道夫・費實〔Adolf Fischer〕——文字、素描、攝影
和田英作〔Eisaku Wada〕——美術設計

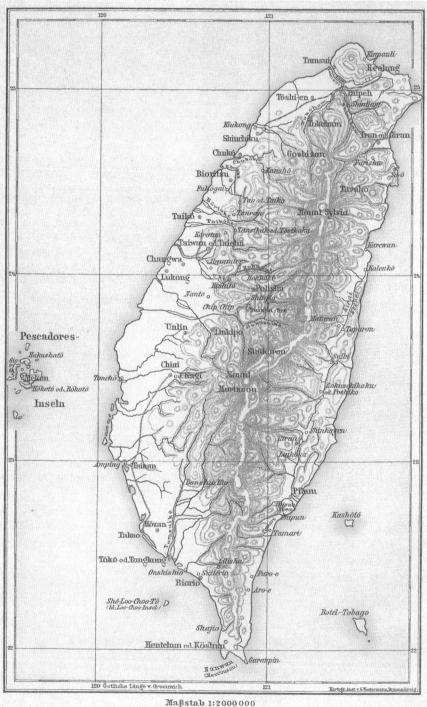

Maßstab 1:2000000

0   10   20   40   60   80   100
Kilometer.

謹獻給

漢堡藝術設計博物館館長

Justus Brinckmann 博士

一、導言和福爾摩沙、基隆、
臺北、大稻埕、淡水、艋舺之行

1895 年 4 月 17 日，中日簽訂《下關條約》，日本取得福爾摩沙和澎湖列島。

懷抱著無窮的精力，那些騷動不安的新時代子弟即刻啟程，向彼方進發；自此之後，新的興趣、感受、觀念和價值，將取代數世紀來一切人民所深信的舊事物。

日本民族或許稱不上是最幹練的民族，但機警肯定是穩坐龍頭。他們以令人瞠目結舌的效率，將一群中世紀的裝甲武士和弓箭手，打造成裝備精良的現代化軍隊。他們將酷似古早時期維京人戰船的簡易帆船改頭換面，建立起不容當今列強忽視的強力鐵甲艦隊。冒出火焰的蒸汽火車，取代了過去效率不彰的肩輿。優異的蒸汽紡織廠，替換了從前簡陋的織布機。如今，他們也希望以同樣的效率迅速接管福爾摩沙，對這座剛到手、據說無比豐饒的島嶼寄予厚望 —— 很遺憾，他們至今仍未得償所願。

　時至今日，每個日本人都明白，他們當初應該索討更高額的戰爭賠款，而不是藉機擴張領土，自討苦吃。中國想必會樂於接受這樣的提議。但這顯然不能滿足那時主持國政的激進派執政黨滿滿的侵略欲。他們覬覦朝鮮，在籌劃良久後向中國挑釁引戰。這項往北擴張的計畫受挫後，由於廣大日本國人的野心仍舊需要有所寄託，日本帝國便朝向南方拓展自己的版圖。

　福爾摩沙位於東經 120 度至 122 度、北緯 22 度至 25 度多之間，在地圖上緊鄰琉球（或稱琉球群島；Riu-kiu，Liukiuinseln）。從地緣上看來，福爾摩沙是日本諸島的延伸，因此取得該地是相當合理的決策；但兩地民眾是否具有深層的親緣關係，兩地的習俗和生活條件能否和諧相融，良性的文化交流是否可能⋯⋯這些問題可又另當別論了，無法輕易地獲得解答——至少，無法透過目前多所闕漏的福爾摩沙相關著作文獻得到解決。

　我因此決定順從內心熱切的渴望，親自去見識這個日本的戰利品，並了解當地的社會民情，對一個像我一樣無黨無派的人會留下什麼樣的印象，以及在可見的未來內，當地的經濟形勢會有何種發展變化。

　為了實現我的計畫，我於 1898 年 2 月在神戶登上日本郵

船會社（Nippon-Yusen-Kaisha）旗下的「相模丸」（Sagami-Maru）輪船。日本郵船會社是世界上最具規模的海運公司之一。這艘相模丸實在算不上艘好船——這種事只要一到海上就知道了。才剛出航不久，船上就已經亂成一片了。玻璃品、行李、木箱、杯盤、瓶罐……總之只要是沒釘牢的東西，全都隨著海浪的韻律，五彩繽紛地碰撞飛舞，發出震耳欲聾的碎裂聲。為了避免自己被飛來飛去的碎片擊中，我用手邊所有能找到的坐墊、毛毯，和其他能拿來遮擋的東西築起障礙，把我的上半身封死在床上，以防自己被甩飛出去。儘管如此，我的雙腿還是像鐘擺一樣，不斷地隨著船身的驚人搖晃而擺盪著。

我心情陰鬱地想像，如果這 4、5 天的航程都得冒著冷汗度過，那將會是多麼令人不愉快的經驗。就在此時，一位船上的服務生突然現身，宛如從天而降的天使，向我捎來無比悅耳的消息——有鑑於暴風雨風浪過大，船長下令返航，去長崎港避風頭。感謝上天，這人還算有點判斷力；我一邊這麼想，一邊放鬆地嘆了口氣。一想到幾個小時後，就能擺脫這個折磨人的處境，讓我重新振作起精神。

我們於上午 10 點在長崎港下錨，隔壁停著一艘大型戎克船，船員正從船上卸下鯨魚魚骨——這可不是什麼尋常的貨物。我們在那裡停泊到晚上 11 點。

　隔天的破曉時分，船長決定碰碰運氣，再次挑戰中國海上的巨浪。不過大海並未就此展現出更和善的一面——相較於昨日的惡劣海象，甚至還有過之而無不及。船長徒勞無功地與猛烈的風雨搏鬥了幾個小時後，還是只得退回長崎。

　我不否認，連續兩次無功而返，讓我對這艘船——或者不如說，對這位船長先生——失去了信心。根據別人的說法，他曾經在擔任軍官的青年時期，完成過這條前往福爾摩沙的航線。然而面對這次的暴風雨，他卻顯得茫然失措。我無意測試他的航海技術，於是決定在長崎下船，改搭 8 天後從門司（Moji）出發的全新豪華大輪船——「橫濱丸」（Yokohama Maru）——繼續我的福爾摩沙之旅。

　這次的天候也沒有絲毫好轉的跡象。東北季風盛行時節，海象惡劣，完全不能指望會有好天氣來相助，只要能有艘堅實可靠的好船可搭，就該心滿意足了。不論險惡的海上天候是好是壞，都還是得找到與其共處之道。

　歷經了 3 天風雨交加的航程，我們在一天早晨看見了福爾摩沙的北角。白雲悠悠，群山映襯著翠綠的海岸，我們就如此沿著海岸線航行了數個小時。

　早在 15 世紀，那些在此處上岸的葡萄牙人，就曾想像著這條海岸之後，是否隱藏著一座美麗出奇的島嶼，於是將這座

島嶼取名「Ilha Formosa」（美麗島）。時至今日，人們依然沿用著這個名字。

這個葡萄牙文的名字，至今仍讓許多人誤以為福爾摩沙曾經是葡萄牙的殖民地。然而在那本詳盡廣博的名作《福爾摩沙島史》中，旅居東京的路德維希・里斯教授（Ludwig Riess）[1] 明白有力地指出，這樣的想法完全站不住腳。

事實上，只有荷蘭人和西班牙人曾經短暫地將福爾摩沙據為己有，而且都只占據了島嶼的一部分。西班牙人僅在 1626 年至 1642 年間占領基隆與淡水 —— 他們從馬尼拉而來，希望在當時仍具有貿易優勢的菲律賓－日本航線上，建立一個穩固的據點。隨後他們便被自 1624 年起就進駐福爾摩沙西岸臺灣府的荷蘭人趕走了。而等到 1661 年，則輪到荷蘭人被迫讓位給那位稱霸東亞的海上魔王、家喻戶曉的海賊 —— 國姓爺（Koxinga）。不過且容我在此賣個關子，等之後再來介紹這座漸獲重視的海上島嶼的身世。

1　路德維希・里斯（1861-1928），德國猶太裔史學家。於 1887 年前往日本，任教於東京帝國大學新設立的史學科，被視為將西方近代史學方法論引進日本的學者。著作《福爾摩沙島史》（*Geschichte der Insel Formosa*, 1897）是第一部以德語撰寫的臺灣通史。（資料來源：姚紹基《福爾摩沙島史》導讀）

　　我們逐漸接近海岸，穿越本島和坐落在港灣前的棕櫚島[2]之間的近海區域。棕櫚島海拔約 70 公尺，是一座由珊瑚礁環繞的砂岩石崖。棕櫚島這個名字毫無道理可言，因為這座島上一棵樹也沒有，只有陡峭的岩壁上長著高大挺拔的青草。

　　基隆港也面臨淤沙逐年加劇的問題，港口的上半部在退潮時成了一片泥淖，很快就會陷入不堪使用的境地。儘管如此，據說日本政府正在籌劃疏浚工程。這項工程肯定所費不貲，而且很可能成效不彰──因為豪雨期間，此處的山澗和溪流會沿著陡峭的山坡衝下，將大量的泥沙帶入港灣。從前連體型最大的船艦都能停泊的這座港口，如今已水位過淺，無法停泊吃水較深的船舶了；它們必須到遙遠又毫無遮蔽的外港下錨，讓乘客搭 3.5 公里的戎克船，才能抵達位於港灣盡頭，人口約 1,200人的基隆。而若是遇上惡劣天候，那顯然會是段令人不快、險象環生的旅程。

　　緊鄰基隆港灣的山上長著茂密的植被。港灣周圍環繞著陡峭的石壁，風景如詩如畫。洶湧的浪花不斷沖刷著石壁，持續著它們的侵蝕工程。港灣的上半部有兩座迷人的小島。小島旁邊的風化黑色砂岩，和島上簡直過分茂盛的翠綠色植被相互映

2　即今日和平島。

襯，令人印象深刻。

其中一座名叫「Mero」的小島上，至今還能看見 17 世紀上半葉西班牙人所遺留的聖薩爾瓦多古城遺跡。

儘管基隆是座自由港，卻因天氣過於惡劣，沒有歐洲人在此居住。這裡每年平均降雨 260 天，多雨的氣候導致危險的傷寒肆虐，氣候變化也比其他地區來得更劇烈。整體來說，北福爾摩沙地區的降雨十分豐沛。5 月至 9 月間的西南季風，以及 10 月至 3 月間的東北季風，皆為這片土地帶來大量雨水，這是因為東北季風常年盤據在福爾摩沙以東、向北奔流的黑潮（又稱日本暖流）上空；在此形成的水氣被吹向福爾摩沙島，在山巒之間凝結成厚厚的雲層，最後以豪雨的形式落在北福爾摩沙各地。

基隆港是福爾摩沙 4 座國際商港中，出口值最少的港口。比起出口，它在進口上扮演的角色更為關鍵——該港在 1897 年的進口值為 367,776 日圓。[3] 福爾摩沙各地都出產煤炭，就算在島嶼南部也找得到，而基隆一帶的砂岩山脈裡，也同樣蘊含著豐富的煤床，煤炭因此占了基隆港總出口值的 3 分之 2。最有名的煤礦位於基隆的八堵（Poeh-tau）；這裡自 1875 年

3　作者注：1 日圓等於 2.05 馬克。

起，就已開始使用機械採礦。雖然福爾摩沙的煤炭取之不竭，價格也最便宜，但效能卻是東亞地區內最差的；這導致許多國家嚴重高估了福爾摩沙的價值。福爾摩沙產的煤炭燒得過快，煙味也重，還會產生大量的煙灰，很少船艦使用，就算用了也不受喜愛。我和幾位船長聊過，他們都向我保證，這裡的煤炭頂多只能拿來跟其他產地的煤炭混合使用。福爾摩沙的煤炭出口也因而不足掛齒——根據 1897 年《臺灣外國貿易年表》（Annual Return of the Foreign Trade of Formosa）[4] 統計，該年度的煤炭出口值僅為 3 萬日圓。由於福爾摩沙缺乏像樣的工業建設，島上的煤炭需求恐怕也不會太高。

德國領事館位於臺北，我希望儘快出發；我也希望能在那裡，找到幾位能指點我如何在福爾摩沙旅行的歐洲僑民。去臺北必須搭乘火車。這條鐵路有段頗為特別的歷史：80 年代初，怡和洋行（Jardine, Matheson & Co.）這間跨國企業，為了連接上海與緊鄰長江入海口的吳淞（Wusong），在當地興建了一條鐵路。這條短短的鐵路在當地官員的默許之下非法落成，卻在消息傳到北京後，驚動了政府高層；他們害怕這種壞

4　《臺灣外國貿易年表》，為日治時期臺灣總督府所發行的年度貿易調查報告。

榜樣會有損善良風俗，於是花錢買下這條鐵路，並馬上下令將它拆除。為了不讓哪怕只是一小塊的鐵路建材繼續在中國敗壞民風，他們將包含鐵軌、火車頭等所有零件運到位於福爾摩沙的臺南府（Tainan-fu）。那些零件就這樣隨意地存放在那裡，一放就是好多年。若不是才華洋溢、思想進步，於1885年至1891年間擔任巡撫的劉銘傳（Liu-Ming-Chuan），宛如喚醒睡美人一般地賜予它們新生，這些零件想必會就這麼生鏽毀壞吧。這條基隆到臺北，再從臺北到新竹（距離約50英里）的鐵路，預計一直延伸至南部的打狗，但仍需爭取目前費盡心力仍無法到位的必要資金，才能繼續興建下去。

但不單是如此。1885年到1891年間，福爾摩沙只花了極短時間，就搭好了連接中國大陸和澎湖群島的電纜線路，並擁有由法國軍官訓練的現代化軍隊。

劉銘傳在北福爾摩沙完成了許多可觀的建設成果。他在原本無法通行的蕃地（Wildengebiete）修築道路，讓許多蕃族歸順中國朝廷，拓展了文明的版圖。然而這些新建設所費不貲，必須靠加重當地人的賦稅，才能支應這些工程所需的鉅額花費，因此並不受到福爾摩沙人所喜愛。地方的反彈聲浪愈來愈強，迫使這位積極傑出的改革者於1891年稱病辭官，卸下巡撫的職務。劉銘傳卸任後，從1891年到1895年6月1日福爾

摩沙移交日本為止，福爾摩沙轉而實施撙節政策，正合那些漢人守財奴之意，因為這麼做比較不傷他們的荷包。

言歸正傳，繼續來說我的後續旅程吧。

有位基隆當地的茶館老闆，想迫使我不得不在他的店裡過上一夜。為了達成這個目標，即使面對我的再三催促，他還是故意耽擱，沒有把我放在蒸汽輪船上的行李領過來。他的詭計讓我非常不開心。為了讓他的計畫落空，我決定乘上一艘閒置的戎克船，冒著可怕的風雨親自去取行李；但這麼做實在太危險，船夫不願意繼續冒險開船，我只好被迫掉頭。後來是我一個人先行前往臺北，留下我的通譯，隔天早上領完我的行李再來會合。

火車首先沿著基隆河岸行駛 —— 基隆河是淡水與基隆之間的重要水道，對當地旅人來說尤其如此。人們乘坐狹窄的竹筏，往來於這條急流甚多的水路上，並在基隆外約 6 英里處上岸，因為剩下的河道船隻無法通行。大雨一路上如川流般傾瀉而下，放眼望去，處處都是一片憂傷的景致，彷彿全世界都在哭泣，讓人完全不敢指望還會有放晴的一天。我們就這樣經過積水的稻田和水塘，看見水牛在田畝間呆呆地望著我們，還有幾座骯髒的、讓人不敢恭維的中式村莊。整趟車程費時 2 個小時左右。到了臺北火車站後，我找來一位油嘴滑舌

的漢人小孩，靠著比手畫腳，以及我用所有想得到的語言熬出來的「語言燉菜」（Ragoût）讓他明白我想去德國領事館。後來我才知道，原來德意志帝國領事館不在臺北，而是在大稻埕（Twatutia）。

在我繼續講述我的旅遊經驗之前，請容我先說明一下臺北——或者更準確說，大稻埕、臺北和艋舺之間——的地理關係；它們的地理關係極其複雜，經常讓初來乍到的人很困擾。

1860 年，福爾摩沙開放歐洲人入境——也就是說，歐洲人具有在淡水港和安平港居留、經商的權利。然而截至今日，使用這項權利的人少之又少。根據 1897 年的人口調查報告，福爾摩沙境內只有 53 名歐洲籍人士，其中有半數是傳教士和定居廈門的商人，而這些商人只會在採茶季時，在福爾摩沙待上幾個月。這項歐洲人於 1860 年取得、適用於淡水和安平的權利，於 1865 年擴及至基隆港和打狗港。

由於早期政府官員在樟腦專賣方面賺了歐洲人很多錢，從大稻埕到淡水、從臺南府到安平，都存在著一種雖然大方卻毫無根據的默契，也就是對歐洲人的優待。歐洲人很樂於見到這種發展。起初人們決定讓歐洲人住在艋舺——艋舺是北福爾摩沙最大的城市，人口約 5 萬人——但漢人不願他們的城內有野蠻人（Barbaren）居住，大力反對這項決定，歐洲人於是被遷

大稻埕堤岸。

往大稻埕（意指「廣大的稻田」）。他們大多選擇住在淡水河邊的「堤岸」（der Bund）上——亞洲的每條港邊街道，都叫做這個名字。

　　大稻埕人口約 3 萬人，距離臺北約半小時至 45 分鐘，與臺北同樣坐落於豐饒的低地地區，是北福爾摩沙茶商、樟腦商行和糖鋪的主要聚集地。1876 年，中國政府做出決議，將北福爾摩沙從位於南部、當時還是首府的臺南府獨立出來；人們於是於 1879 年在艋舺和大稻埕之間等距的位置興建臺北城——因此，它的建城時間是最晚的。

　　一如所有預定作為政府所在地的中國城市，為了能夠在暴動時抵禦叛賊來襲，人們也在這裡先蓋好了城牆和牢固的城門，在城外四周挖了寬闊的護城河。整座城市因而必須在預先劃定好的範圍內開發成長。

　　儘管過去 10 年來，臺北一直是臺灣巡撫衙門（Vizekönig）的所在地；但自從日本統治以來，它變得愈來愈繁榮：日本人在此設立總督府、最高法院和各中央政府機構，駐紮了一支龐大的軍隊，並投入大量經費，從事各項市區改正計畫。

　　如同東京市內的每一條街道，臺北的主要道路——由北門進出的北門外街（Hokumongai），以及由西門出入的西門外街（Seimongai）——也都還有許多改進空間。在我逗留臺北

西門外街（Seimongai）大門，臺北。

西門，臺北西門外街（Seimongai）。

的期間，人們正根據已在新加坡證實有效的排水系統設計，在許多道路兩側鋪設有流水通過的下水道。來自東京的傑出衛生學家坪井次郎[5]——他是慕尼黑大學教授佩滕科弗（Max Josef von Pettenkofer）[6]的學生——已受當局之邀來臺，前往視察幾個重點地區的衛生環境，並據此提出改進方案，當地的衛生條件近日內應會有大幅度的改善。

　　臺北大概是全福爾摩沙日本人最多的城市，當地的日本人也比其他地方的更有影響力。他們擁有大街上最有規模的幾間商行——雖然他們的客人幾乎都是自己的國人，因為漢人會避免跟日本人買東西；那6、7位住在大稻埕的歐洲人則因人數太少，完全沒有被納入考量。為了拓展日本商品在漢人市場中的銷路，日本政府決議在南福爾摩沙人口最多、也最富裕的臺南府城舉辦工業博覽會，向漢人展示日本商品的物美價廉，以及商品本身的魅力特點。然而，由於漢人性格反覆無常，排斥所有陌生的事物，這場工業博覽會恐怕也會跟那些日本商人一

5　坪井次郎（1863-1903），日本衛生學家。赴德專攻衛生學與細菌學，並任京都帝大首任醫科大學長及創立衛生學教室。（資料來源：泉彪之助，〈衛生學者坪井次郎の經歷と業績〉，《日本醫史學雜誌》38:3〔1994〕，頁3-31。）

6　馬克思‧約瑟夫‧馮‧佩滕科弗（1818-1901），德國化學家及衛生學家，專長為環境衛生與傳染病學研究。

樣，慘遭漢人的漠視。

　　我在福爾摩沙第一個拜訪的人是德國領事萊因斯朵夫先生[7]。他幫了我許多忙，還委請日本政府替我撰寫寶貴的介紹信，給各級地方官員（Distriktsbeamten）和警察局等單位；在今日的福爾摩沙，若是少了這些介紹信，估計就去不成內地了。

　　我接受了領事的盛情邀約，挑了一間房間，搬進了富麗堂皇的德意志領事館。這棟領事館前幾年才完工，坐落在淡水河畔，是由德意志帝國向德國公泰洋行（A. Butler & Co.）所承租的，簽了複數年的長約。大稻埕一帶就屬這棟建築最為氣派。

　　不久後，我也認識了「大稻埕俱樂部」（Twatutia-Club）的歐洲社交圈成員。扣除掉為數不少的下級官員，大稻埕平時只有約 6 到 8 名歐洲人居住，他們都是社交圈的一員。然而到了 5 月至 8 月的採茶季，平時定居廈門的茶行代表們就會來這裡短期出差。這時候，大稻埕就會有 22 至 23 位歐洲人，社交活動也會因此來到高峰。在我逗留的期間，只有一位美麗的女性陪伴我們 —— 一位年輕漂亮的少女。只怕此刻這裡的生活，正讓她感到單調而前途茫茫吧；你需要一點哲思或幽默感，才

7　菲立克斯．萊因斯朵夫（Felix Reinsdorf, 1858-1932），德國外交官。1898 年至 1990 年擔任德國駐韓領事，1912 年至 1914 年任德國駐西貢領事。原文誤將人名寫作 Reinsdorff。

能沒有怨言地適應福爾摩沙的生活。因為就算不提這裡炎熱的氣候，和日本等其他海外地區比起來，這裡的生活條件也還是差得可以，不只缺乏像樣的散步或騎馬路線、美麗宜人的花園，連出去踏青的機會也沒有。而與那些討人厭的漢人往來，也無法增加任何生活情趣。

我利用天氣首次放晴的幾天順流而下，前往福爾摩沙最繁榮的商業大城──淡水。這裡貢獻了全福爾摩沙約3分之2的進出口貿易額。

你可能會以為像淡水河這樣繁忙的水路，會有一些體面的交通工具在河上往來航行。但是當我一大清早，走過由於連日大雨，簡直化為一攤爛泥的骯髒堤岸搭船時，看見的卻是一艘沒有棚蓋、讓人倒盡胃口的破爛小汽艇。儘管如此，這趟淡水河之行竟是我此生經歷過最愉快、最多采多姿的乘船經驗之一。起先我們在甘蔗園間穿行，我感到自己彷彿置身尼羅河的河域。金黃翠綠的高大美麗竹林映入眼簾，蘆葦屋頂的中式村莊在竹林間錯落有致，景致如詩如畫。更迷人的是河上無數小船和戎克船所編織起的畫面。我們就這樣緩緩地駛近坐落於北福爾摩沙，風景秀麗、山坡舒緩宜人的觀音山山區──觀音山得名自一位象徵慈悲的女神。淡水河在關渡（Kantao）附近彎成一道弧線；那裡是基隆河和淡水河的匯流處。

位於大稻埕的德意志領事館。

只可惜好景不長，才過了一個半小時，我們的汽艇就在淡水（或稱滬尾〔Hobe〕——這是漢人給它的名稱）的海關關署附近靠岸了。淡水人口約 6,500 人，整座市鎮沿著河岸而建，坐落在一座高聳山壁的山腳下，實際上只是一條熱鬧的狹窄街道，路旁種有雄偉的榕樹（Ficus-Waringen Bäume）[8]，樹影幢幢。距離河邊約 200 英尺處，在修剪整齊，種有木蘭、榕樹、木槿等灌木的美麗綠地之間，有一座紅磚堡壘矗立在陡峭的山丘上——那是一棟知名的荷蘭歷史建築，英國領事館就位於這棟建築物內。這棟建築的周圍，有荷蘭時期留下的加

8　　Ficus 指的是榕屬，但查無此品種。

農砲,以及更晚近的中式大砲。英國領事伯納先生(Henry A. C. Bonar)[9] 熱情地接見我,邀請我登上堡壘平坦的屋頂──它的屋頂跟南義大利的鄉間別墅一樣可以供人起居──我得以在那裡欣賞此處壯麗的景致,將大海、淡水河以及觀音山和大屯山群山的美景盡收眼底。──當我跟伯納領事表示,我希望去附近的山區走走,他和我說不可能,因為此刻那裡正有許多叛賊出沒,據說他們的根據地就位於幾小時外的金包里(Kinpauli),日本政府不可能會核准我的申請。我於是放棄了我的計畫,改而利用上午的時光在附近散散步,並拜訪了德高望重的宣教師馬偕博士。馬偕博士是位出身蘇格蘭的加拿大人。在此之前,我已經先透過那本講述他在福爾摩沙豐富人生經歷的《福爾摩沙紀事》(*From Far Fromosa*)認識他這個人了。可惜的是,他並沒有親自編修他那些多采多姿的素材,而是交給了一位假惺惺的偽君子負責;他在書裡強加了許多關於信仰的空談,讓人不得不經常厭煩地放下這本書──撇開上述這些令人不快的內容──其實是非常有趣的書。[10] 馬偕本人則完全不是那種唯恐大家不知道自己侍奉主耶穌(stets das

---

9　亨利・伯納(1851-1935),英國外交官。1896年至1899年擔任英國駐淡水領事,亦曾先後擔任英國駐函館及橫濱領事。

10　《福爾摩沙紀事》一書的編者為 J. A. MacDonald。

Christentum zur Schau tragen）的宣教師，是位充滿信仰虔誠的人。他旺盛的精神力，讓他得以抵禦身邊數不盡的困難危機，凡是客觀公正之人，都會毫無保留地承認他完成了許多善事。馬偕於 1872 年以「加拿大長老教會」宣教師的身分來臺。由於當地的漢人對他本人和他的事業表現出極端的敵意，有很多年的時間他都面臨生命危險。然而到了今日，他已從過去那位人見人厭的過街老鼠搖身一變，成為北福爾摩沙最為人敬重的人物了。福爾摩沙人對外國人的敵意如今能夠顯著降低，本地人和外國人的關係能夠相對變得和諧——比如說，在中國許多歐洲移民甚少的地區——很大程度都要感謝馬偕的慈善事業所發揮的影響。——馬偕是個面容蒼白、身高中等的人，蓄著一把低垂的黑長鬚，有些駝背，平時講話輕聲細語，讓人以為他可能有胸痛的困擾。他那活潑靈動、掩藏在濃眉下的深色眼眸，散發出堅定、果斷的神采，非常人所能企及。

馬偕人很好，從來不給來上學的那些男孩考試。這也是為什麼，當我看見一個漢人竟能證明出畢達哥拉斯定理時，會表現得如此驚訝。說起來，他還是有給學生們做習題。他發號施令的聲音非常鏗鏘有力，聽到時我頗為吃驚，也開始能夠明白為什麼這裡的漢人會這麼敬佩他。

自 1884 年起，馬偕的宣教院就坐落在英國領事館附近的

喬治‧萊斯里‧馬偕牧師神學博士（Rev. G. L. Mackay D. D.）。

一座山丘上。這座由大花園所圍繞的宣教院由他和另一位宣教師──吳威廉博士（Dr. William Gauld）[11]──所領導。宣教院內包含他自己的寓所和一間博物館，博物館裡放著他的民族學與自然史學收藏。更遠處還有一棟房子，住著其他宣教師和他們的家眷。「牛津學堂」（Oxford College）是間給年輕人上課用的書院，和女學堂都位於花園的後半部。宣教院學校目前約有 30 位年輕學生。學校裡以中文而非英文授課，因為校方

11　吳威廉（1861-1923），加拿大基督長老教會宣教士、教會建築師及神學教育家。1892 年來臺宣教，於馬偕病逝後接手長老教會於北臺灣的宣教活動。

希望將他們培養成漢人宣教師；假如他們教會學生英文，他們卻跑去中國港口和歐洲商人做生意，把他們的英文能力用在更賺錢的用途上，這個目的就落空了。在福爾摩沙工作的漢人宣教師賺不了什麼錢。根據 1895 年的一份紀錄指出，宣教院在北福爾摩沙各地服務的 60 名宣教士，每個月為全家賺到的收入平均不到 10 圓，而這筆錢被用來支付下列費用：

- 米錢　　　　　　　　　　　　　　　　　3.00 圓
- 菜錢　　　　　　　　　　　　　　　　　4.00 圓
- 提水費（Wassertragen）和洗米費　　　　1.50 圓
- 理髮費　　　　　　　　　　　　　　　　0.30 圓
- 鞋襪、衣服費　　　　　　　　　　　　　0.38 圓
　　　　　　　　　　　　　　　　　　　共 9.83 圓

　　在女學堂裡，女人和少女學習如何做手工藝和背誦聖經，並在畢業後被送回她們原本住的鄉下小鎮去，希望能為宣教團爭取新的信徒。

　　北福爾摩沙總共有 60 個地方設有禮拜堂。這些禮拜堂有的大、有的小，通常十分簡陋。隸屬加拿大長老教會的漢人宣教師，不時會在禮拜堂中主持基督教的禮拜儀式。

　　1895 年，馬偕所負責的教區裡共有 2,633 名信徒。撇開宗
教立場不談，那些與宣教團保持關係的漢人們為宣教團帶來許
多好處，這是因為他們不只相信聖經，也相信要實踐信仰（an
die Seife glauben），因此致力於從事傳教工作。

　　除了這些人以外，宣教團裡還有 24 位被稱為「宣道婦」
（Bible women）的女宣教師。這群女性挺身而出，反對「纏
足」（Fussverkrüppeln）的惡習——一般來說，從 4 歲起，那
些可憐的女孩就必須被迫纏足，接受這項可怕的酷刑。

　　然而宣教院最能造福世人的工作，還是他們自 1880 年
起，在山腳下的港口一帶經營至今的醫館。這間醫館的負責人
是位大稻埕的醫師，每個禮拜會來看兩次診。但除了這位醫師
之外，馬偕博士自己也會看診。他雖然不是職業醫生，但因為
長年投入自然科學研究，學會了從事醫療工作所需的技術知
識。據說他是位非常出色的牙醫師，在福爾摩沙已經拔過大概
25,000 顆牙；在歐洲，一位醫生必須在更長時間的行醫經驗
後，才能培養出相當的拔牙技術。

　　漢人從各地慕名而來——光是 1895 年，醫館就替 10,736
名病患看過診——這裡的醫師也免費為窮人開藥。

　　馬偕的收藏品非常有趣，讓參觀的人能對福爾摩沙的動物
相有些粗略的認識。

　福爾摩沙的蝴蝶及甲蟲種類非常豐富。那些目前研究過福爾摩沙動物相的博物學家（Naturforscher）指出，這裡的動物相與馬來群島動物相之間的相似性（儘管福爾摩沙完全沒有鸚鵡），遠大於與鄰近中國大陸動物相之間的相似性。這座島上的狐狸、山貓和豹很多，還有胸部有白色斑紋的小型馬來熊棲息，以及各種各樣的猴子。在這些猴科動物當中，有一種相當常見、長得跟紅毛猩猩很像的猴子，經常出沒在打狗一帶、以牠們為名的「猴山」（Affenberg）[12]上。內陸地區有野生水牛，蕃人會利用套索捕捉牠們。然而這裡的河裡並未如傳聞所說全都是鱷魚；我已在福爾摩沙到處打聽過了——這裡的人從未見過類似鱷魚的生物。

　福爾摩沙也有許多蛇。英國領事曾經給我看過幾張蟒蛇的相片，這幾張相片裡的那隻蟒蛇，是他們去年特地請來弄蛇人才從領事館的地板下誘捕出來的。

　馬偕的民族學收藏或許比他的自然史收藏更完整、更多樣。他的收藏品除了各式武器、紡織品、飾品和家用器具外，還有數不清的中國神像和家譜。這些神像和家譜，來自那些後來改信基督教的漢人家裡的神壇。

12　即今日高雄壽山。

　　收藏裡的珍品傑作，是一件來自寬約 2 公尺、高約 2.5 公尺的樟木鑲板，來自一棟蕃人住屋的山牆。這是馬偕有次和學生一起出訪一個位於福爾摩沙東北部的蕃社時，費盡千辛萬苦搬回來的。

　　這塊鑲板由裝飾花紋分成不同區塊，上面刻有如拎著漢人俘虜辮子的蕃人、帆船、飛鳥等各式木雕圖樣。儘管木雕的表現手法很單純，對平面空間的構圖比例和應用卻有充分的掌握，讓人嘖嘖稱奇。這件原始的藝術作品的簡約風格也相當值得一提，沒有使用任何過於繁複和誇張的雕刻技巧，非常出色。那些稜角分明、受到拘束的雕刻形象，讓我不禁鮮明地聯想起埃及神殿裡的浮雕畫。

　　在這裡度過了收穫滿滿的幾個小時後，我向這位傑出的人物道別，並真誠地祝福他未來的工作也能繼續順利推展。

　　隔天一早，我和英國領事──我那位親切的東道主──一同乘坐他的遊艇回到大稻埕。

　　在淡水看完景點，蒐集過旅遊資訊，並做好旅遊規劃後，我在萊因斯朵夫領事的陪同下，前去拜訪福爾摩沙的更高層級政府單位，希望能夠取得福爾摩沙的當地護照，以及給各級地方首長（Präfekte und Unterpräfekte）和其他行政機關的介紹信。我為此對「衙門」這個腹地遼闊、自成一片天地的建築

衙門花園。

群，有了更進一步的認識。衙門是從前中國衙署（Regierung）
的所在地，也是過去官員們巡行地方、造訪臺北時的落腳處。
衙門裡有個非常美麗的中庭，庭院裡建有中式花園、戲臺等設
施。

　一位歐洲人想在內地旅行是件非常稀奇的事情，那些日本官員因此對我的請求大感驚訝。自從德國占據膠州，歐洲強權明目張膽地遂行自己瓜分中國的計畫以來，日本人的戒心愈來愈重。在他們的眼中，每一個外國人都是政府派出來的間諜，要來調查這座鮮為人知的島嶼，以便能看準時機大快朵頤，或者──套用近來最流行的手法──「租為己用」（pachten）。為了避免外國人在福爾摩沙被叛賊或蕃人殺傷，而與外國勢力陷入糾葛，日本人很排拒外國人──就這點而言，我也不能太怪罪他們。

　等到我讓他們相信我對福爾摩沙沒有任何政治目的、爭取到他們的信任之後，他們對我的態度就變得非常友善，也提供我各種形式的支援，在此我希望向他們致上我的感激之意。當我拿著地圖向他們指出我想去的地點時，他們有時會跟我說：這裡去不了，因為有叛賊在當地作亂。在歐洲，大家普遍認為日本已經完全掌控福爾摩沙，地方上洋溢著一片祥和的氣息，接收初期爆發的動亂也早就被人平定。可惜事實完全不是如此。

　如眾人所知，福爾摩沙於 1895 年 7 月 1 日正式移交給日本，負責此事的是那位聞名歐洲的中國人──李鴻章──的兒子。[13] 這場交接儀式辦在基隆港內的一艘日本輪船上，因為李

鴻章的兒子很清楚：當地的執政官員和平民百姓，都對福爾摩沙割讓日本一事感到非常不滿；他深怕自己一上岸就會遭到暗殺——他的擔憂並非毫無根據。福爾摩沙島割讓日本後，留在當地的中國官僚宣布成立臺灣共和國。他們的抗日起義獲得中國大陸的暗中資助。人們用盡一切方法，要阻撓飽受霍亂和熱病摧殘的日軍接收這座島嶼。素來以驍勇善戰著稱、舉黑旗為號的「黑旗軍」（Black flags），也在令人聞風喪膽的劉永福率領之下，從中國大陸來到福爾摩沙南部——這支部隊於1884年在越南東京（Tonking）給法軍沉重打擊。如今他們也在福爾摩沙奮力作戰，卻很快地被大舉南下的日軍逼退，四散在山區中。許多起事者不幸喪命，其餘則逃回中國大陸，其中包括黑旗軍的首領本人。日方於1895年10月宣布平定叛亂，但事實並非如此，因為在我2年9個月後訪臺時，福爾摩沙的情勢仍未恢復正常。

　　不得不說，這個情勢是日本人自己造成的，因為潰敗的黑旗軍其實只剩下數百人躲藏在山區當中。如今被稱為叛賊的人，通常都是些亡命之徒或遭逢不幸的人。他們見識到了日本人在各地追捕叛賊時所展露的殘暴無情，於是決定落草為寇

13　即李經方（1855-1934）。

　　——追捕叛賊的人有時抓不到真正的犯人，會在盛怒之下拿整座村落出氣，將村子付之一炬，連無辜的老弱婦孺都慘遭屠殺。

　　在許多人看來，儘管穿著歐式軍裝，日本士兵對待敵人的手段，還是跟文明人有很大的距離。他們還不能像基督徒戰士一樣，在殺人時細膩地把握住美德與犯罪的界線。有次我遇見一位留歐的日本軍官，為人非常和善，卻聽見他說，自己曾經跟他的部下在 Simkayen 砍下了 30 個漢人俘虜的首級，而在我對此表示震怒之後，還是不明白這有什麼問題。對於某些和我聊過這個話題的日本人來說，打仗的時候就是可以不擇手段。

　　毫無疑問，對殺戮和駭人聽聞之事的愛好，是日本的民族性，這一點只要從——比方說——他們看戲時的反應，就能觀察出來；在日本傳統戲劇的演出裡，打鬥的橋段彷彿永遠不會

被處死的強盜。

結束，演出者只要全身沐浴在鮮血當中，觀眾就會異常興奮。這項讓我們倒盡胃口的日式特色，乃是因為日本過去幾百年來戰事不斷，每次起爭執都要大打出手，養成了他們隨身佩劍的習慣。

遇到這種狀況，也難怪那些叛賊會這麼肆無忌憚了。1897年5月8日，[14] 他們先是沾沾自喜地以突襲城牆的方式宣告他們的到來，接著就在總督府的眼皮底下，大搖大擺地闖進重兵駐紮的臺北城。他們在街上大肆搶劫了長達2個小時以上，才終於被日本兵驅離。

為了展開我的內地之旅，我需要一位值得信任、體力好的漢人僕役。打探到這樣的人選之前，我還有一些時間在附近走走。在這些景點當中，艋舺肯定是最有趣的地區之一。要進入這座再道地不過的中國城，你首先必須穿過一道低矮的城門，走上狹窄、由拳頭和孩子頭大的石塊鋪成的悽慘街道。拱廊狀的人行道沿著房屋而建，有著遮陽避雨的功能。從這裡的房屋和屋前沒有加蓋的水溝當中，飄散出無以言喻的難聞氣味，來自各種腐爛發臭的東西。而就算你不想看，放眼四周，你也只見得到一片醜陋、令人作嘔的景象。在這個安靜、繁榮的城市

14　即「臺灣住民去就決定日」。

裡，所有的工作都是靠著靈巧的手腳所完成的，因為如同所有堂堂正正的漢人，這裡的居民也拒絕一切的機械輔助。開放式的作坊兼賣東西，室內雜亂地堆滿五顏六色的商品，最裡面靠牆的地方經常藏著一座祖先祭壇，飄蕩出氤氳繚繞的香火。

對歐洲人來說，米紙的製作過程相當值得一看。米紙的原料來自一種美麗的野生蓮草（Aralia papyrifera）。蓮草的髓心非常強韌，枝幹的頂端有皇冠般的葉叢，長著掌狀長葉。做米紙時，要將蓮草的白髓放在石板上，用手掌寬的扁尖刀將髓剖成薄長條；左手將直徑 1 至 2 英寸的強韌管狀木髓慢慢往左推，右手則拿著扁刀、小心翼翼地順勢將木髓劃開。透過這種方式，就能得到如同長紙條一般的米紙。這些米紙運至香港後，人們會在上面畫上五彩繽紛的中式生活圖畫，然後銷往各地。除此之外，米紙還能拿來做人造花，外銷中國大陸，或是留在艋舺販售。

那些可以研究漢人淑女品味的店家，最賞心悅目。在這些店裡，你能看到許許多多盛裝打扮的漢人婦女，踏著她們小鳥般的細腿忙碌地走來走去，想要找到適合隨興或以結成花環的形式，固定在她們插著髮髻、油膩膩的辮子上的花。而在一位來自廈門的骨董商那裡，你可以找到各式各樣純中式，或摩爾式（maurisch）的珍寶——軟玉、瑪瑙罐、滑石花瓶、佛像、

神像、香爐、英雄畫、古代中國瓷器、畫軸，還有銅製和錫製燭臺。

東方藝術對於中國藝術的影響想必非常深遠，但我經常在歐洲的文物館和東亞地區，注意到這些水器、銅壺和瓷瓶，在造型與花紋上有著不容置疑的摩爾式特徵。這個現象起初很讓人困惑，但其實很好解釋，因為就歷史上而言，早在7世紀，穆罕默德的一位姪子就已將穆罕默德主義（Mohammedanismus）傳入中國，並很快地在此開花結果。到了8世紀，這個「天朝大國」裡已經有6千多座清真寺，今天共有約2,000萬穆斯林（Mohammedaner）住在中國，其中有將近1,900萬人來自中國西南部。在福爾摩沙，那些數量稀少的奢侈品和藝術品都是中國製品；這裡至今仍未曾發展出具有特色的文化產業。而那些蕃族為自己而做的原始藝術品還不夠可觀，稱不上是一個文化產業。

一位賣箱子的漢人開的店鋪，是市集裡許多美不勝收的事物中最讓人無法忘懷的處所。店裡，染成朱紅色的牛皮箱層層疊疊地堆得老高，上面印著同樣帶有摩爾風格的金色花飾。

那些骯髒不堪、外面有飢餓、疾病纏身的殘廢人士打滾的小餐館，則讓我噁心透頂。人們在骯髒的破屋裡燉煮食物，飄出有焦味的油膩煙霧，挑戰歐洲人的忍耐極限。

　　有位糕點師傅，採用了一套我認為非常獨創新穎的工作流程。他在木框裡裝了一個 4 平方英尺的紅磚烤爐，離石地板約 4 英尺高，上面開了個約 1 平方英尺的爐口，內部則做成圓拱形。他將由麥粉做成、5 馬克硬幣大的扁平狀小糕點噴過水後，黏在拱形爐壁上，然後再噴一次水。接著把燒紅的木炭用鐵或錫做的盤子推進爐子裡，用竹扇把火吹燃。在燒烤的過程中，他會多次檢查糕點是否已烤得夠焦黃。完畢後立即將燒紅的木炭從爐裡取出來，拿起一把插在 2 英尺長木棍上的刮刀，把糕點從爐壁刮下來，讓它們掉進放在底下的網形鐵鍋中。我很愉快地看著這位糕點師傅工作了一段時間，觀察他如何在短時間內烤出大量的糕點，那真是一幅令人心曠神怡的景象。

　　糕餅鋪的附近有間食品店，裡面有賣漢人最愛的小麥通心麵條。許許多多用牛油點的紅蠟燭，從店裡的天花板上垂下來，上面印著黃色的字樣。粗蠟燭的燭芯是棉線，細蠟燭的則以竹纖維來取代。

　　比目魚般的扁形魚乾、墨魚、魚翅、有銀亮魚身的帶魚（Degenfische）乾，散發出和玫瑰花園相去甚遠的氣味。剝完殼的蝦子裝滿許多大袋子，旁邊的袋子則全是不足 1 英寸長的小魚。它們彼此較勁，看誰更臭不可當。

　　有一款我非常推薦的美味點心，紮成一綑綑地從天花板垂

烤爐內側　　　　　　　烤爐外側

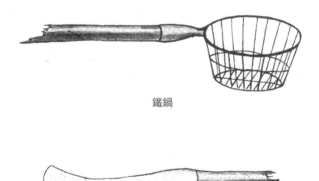

鐵鍋

刮刀

艋舺當地的烤爐。

下來。那是一種從牛腳上取下來的牛腱乾。一回想起它的美味，我的口水就快流下來了。上主啊！您所造的世界真是太美好了！

在這一大堆讓中餐美食家流連忘返的食品中，還躺著各種鞭炮（Crakers，花炮）。它們為漢人的生活帶來光彩——少了它們，別說是官方節慶，就算是最小的家庭節日，也全都辦不成了。對這些天朝子民來說，煙火就是幸福的象徵。

我走進了另一家店鋪。店裡放著一些籃子，籃子裡有裹著一層土的臭鴨蛋——把鴨蛋埋進土裡，正是為了讓它們發爛。這種我們看來噁心透頂、碰都不敢碰的鴨蛋，聽說非常美味。儘管我很難相信它們能有多好吃——但當亞洲人看到我們津津有味地吃著臭氣沖天、爬滿蛆的起司時，也會難以置信地搖頭是吧？

店裡頭堆著許多薑和竹筍——它們深受當地人喜愛，有點像我們所愛吃的蘆筍和胡蘿蔔。這裡還有賣不少米酒（三燒，Samshu），被裝在纏著細繩的彩繪小圓木桶中。1公尺高、裝粗糖的大陶甕上，放著受人喜愛的乾燥香菇。爬上一把竹梯，便來到店鋪上方的房間，裡面藏著所有你想像得到的好東西，五彩繽紛地從天花板垂下來：祭拜神靈時燒的色紙（假錢）、小紙馬、童玩、成串的新鮮香蕉等，和房裡上百樣的其他商品

爭奇鬥豔。而在竹編袋子裡，則裝著白糖和其他色澤的糖、麵粉，還有其他類似的玩意。

　　爬下梯子時，我險些踩到那位善良忠厚的店長的頭，差點就出了意外。我沒看到他剛好就坐在店中央，梯子的正下方，舒舒服服地讓人給他剃去辮子四周的頭髮──這件事通常每週至少要做一次。但這還沒完──我一腳才踏出店門，就絆到一隻躺在店門口的豬；牠正在享受牠應得的休息。這些長得不甚好看、但很有用處的動物會沿街而行，依循著深植於牠們內心的秩序感，將路上的垃圾一掃而空，如同君士坦丁堡的狗，在清潔人員不足的情況下，充當街頭的清潔工。豬在艋舺的「社會地位」相當高，比牠們在歐洲的同類活得更有尊嚴。牠們就像親生的家人一樣，與全家人和諧地生活在一起；你甚至可以毫無保留地說，牠們是最乾淨的家庭成員，因為牠們會吃掉所有找得到的垃圾，維持環境整潔──雖然也只是最低限度的整潔程度而已。

　　我在街上繼續閒晃，有間陶器店吸引了我的注意力。店裡頭，常見的飯碗一層層地疊起來，每一落都堆著上百個碗，被人以細線綁在一起；在它們中間，穿插放著圓形的綠釉香爐。各種大小的陶製茶具，以及大多是棕色或孔雀綠的甕狀容器，有些顯然用來裝茶，有些則可能是油壺；它們全都如親兄弟般

地被擺在一起。正中間有熨斗狀把手的茶壺，和許多勺部做得很大的茶匙，旁邊放著好幾袋的明礬結晶；明礬磨成粉末後，會被撒在那些可憐的漢人婦女的纏足繃帶上，用來掩飾腳部飄出來的難聞臭味。美麗的蛋形器皿放在架上，繪有彩花或漩渦狀的花飾，正中間有個開口；它的上層像蓋子，有個吹嘴狀的小套口，可以當杯子使用，下層則扮演茶壺的功能。1 公分寬的、用白堊或被掏洗過的陶土製成的錶形小薄片，被漢人婦女拿來當成粉撲用。這裡找不到像日本京都或橫濱的陶器店裡一樣的可愛陶器，不過居住在福爾摩沙的漢人們，生活中壓根缺乏像日本人那樣可愛迷人，時而逗趣，卻總是討人歡喜，很符合我們品味的元素；這裡無論是自然環境，還是生活方式，都看不到能讓人感到絲毫親近的東西。

艋舺多數的街道比威尼斯最窄的巷弄還要狹窄，而且彼此呈直角交會，人力車夫遇到路口時，必須使出十八般武藝，才能讓車子順利轉彎。與此同時，這裡大部分的日常生活都發生在街頭上 ── 人們在街頭工作，在街頭休憩。由於所有的店鋪都沒有裝門，與街區連在一起，室內的種種活動也就和街頭生活融為一體。這裡的奇人怪事多得很。我還記得有個街頭修傘匠，好像一次生了四隻手；因為他同時手腳並用，兩條腿也靈活地不得了。

　還有間理髮店，店裡一口氣有 6 顆人頭在剪頭髮，看起來十分滑稽。剪頭髮的同時，有人在祖先祭壇前燒彩繪紙，還燒了 6 根香，跟剪頭髮的人數一樣。我至今無法確定，這樣的祭拜跟剪辮子之間是否有著什麼樣的關聯——對於這個迷信的民族而言，就算真是如此也不意外！

　我們很早以前就知道，紙的應用在日本人和中國人手中，比在西方更廣泛、更多樣。但我並不知道，它竟然也能拿來取代陶壺。我甚至看過有個油商，用熱氣球造型的紙容器來裝油。

　我路過一間舒適又乾淨的中藥店，是我在艋舺唯一見到、能夠用得上這類形容詞的店家。店裡靠著牆壁的架上，放著數不清的瓶瓶罐罐，各種尺寸造型都有，裡面全都裝著中醫師和法師替病人收驚治病時會用到的神祕藥物。根據中醫的看法，每個季節人生病的原因都不盡相同。春天時，肝臟是所有疾病的病灶，夏天時則是心臟；依據中國學者所見，人的心臟有七竅，風和惡氣會通過這些竅孔侵入心臟。中藥的種類多得驚人；就算是想像力最豐富的人，也無法窮盡中醫的博大精深，無從設想人能迷信到什麼程度，連最荒謬的東西，都能相信它具有療效。

　走走看看、問東問西了幾個小時後，我有些筋疲力竭，想

要從這些狹小、空氣混濁、氣味刺鼻的街道脫身，擺脫那些像煩人的蒼蠅一樣尾隨在我身後、糾纏著我不去的人群。我於是再度穿過艋舺城門，來到一座空曠的大廣場上，廣場上矗立著臺北最大間的廟宇。臺北這座城市似乎不斷地在擴張，如今已緊鄰著艋舺城門，中間只隔著一座廣場；這兩者事實上都自成一個城市，很像是漢堡和阿托納（Altona）之間的關係。

Tusimil 宮[15] 和其他中式廟宇一樣與地面等高，屋脊有繁複的裝飾，屋頂的兩端向上揚起。靠廣場這一側的金雕彩繪屋梁，底下有梁柱支撐，梁柱採用了蟠龍乘雲的樣式 —— 這肯定是整棟建築藝術價值最高的作品。那些神話動物非常生猛，給人一股非常神祕的印象，是這一大片圖騰與樣板中，唯一一會呼吸的生物，看了令人十分舒服。廟埕作為前殿的延伸，有幾條以造型簡樸的廊柱支撐的廊道，牆上貼有去年演出戲目的紅色海報。在廟埕的高臺上，經常會搬演各種英雄和神怪傳說。廟埕後方，有一間只以柵欄隔開的開放式房間，房間的供桌上擺放著一些木製雕像，皆取材自中國神話裡的英雄和神仙人物。祭壇的兩側，則各有一座高大粗壯、刻有紅色淺浮雕的錫製燭臺，十分引人注目。在後殿的側牆邊，有幾個外型很像

15　疑指今日的清水巖祖師廟。

告解室的櫃子，每側各有兩個，櫃子裡放著神態威儀、長相古怪的戰神像。繪有孔子格言的油紙大燈籠，從天花板上垂掛下來。宮廟最裡面的房間左側藏著一只大鼓（Trommel）；正中央的梁柱之間，有一座以布料遮蔽、隱身在神祕陰影中的神龕──Toko-si-kong[16] 就坐在神龕裡，如佛陀般地盤坐著，頭上戴著一頂冠冕。

今日福爾摩沙漢人的宗教信仰，揉合了儒家學說、道教鬼神觀和佛教。崇尚鬼神的道教信仰，充斥著妖術與迷信，在孔子的教誨出現的幾百年後，混入了這個強調敬天法祖的道德思想。

道教源自中國；西元前 5 世紀，中國有位名叫老子的哲學家，對「道」──也就是「自然之道」──做了極為深入的思考。然而，這種道家學說很快變質，開始講究怪誕的妖術，以及各種求神拜鬼的迷信儀式，簡直糟糕透頂。出於這個原因，燒紙錢、佩戴護身符，和各種異想天開的祕方應用，就成為了這種迷信的重要成分。漢人們所使用的祭壇，還有那套發展成熟、以香敬拜的祭神儀式，都是他們從印度佛教那邊學來的。他們有著數不清的男神和女神；除了地方神明之外，還有受各

16　疑指清水祖師／祖師公。

地民眾敬仰，擁有特殊能力的各類神明。只要隨便哪個利欲薰心的江湖郎中設下騙局，便能把某個死人打造成新的神明，並透過這種方式獲利。在這種時候，那些盲目輕信的民眾會千里迢迢地前來膜拜，燒香頂禮，還會奉上祭品。新聖徒的出現，滿足了這些可愛的下等人喜新厭舊的習性，卻也讓他們成為那些江湖郎中的金雞母。

走出廟宇時，我撞見了 2 名國語學校（Kokugo-gakko）的學生。這間機構的住宿生都頂著一頂古怪的帽子，是我在臺北街頭遇到最奇特的景象之一。起初我完全不知該怎麼看待這群人。他們穿著及臀高領深色外套和同色長褲，外套扣子扣得很緊；除此之外，還有一頂與眾不同的帽子，讓我聯想到一朵倒置的蓮花。這些戴著帽子的人是公立國語學校的學生。在這間學校的教室裡，日本人學習如何說中文，福爾摩沙人則學習說日文，以便日後在這座島嶼上從事通譯或國民學校老師的工作。──這間機構的學生向我保證，這頂獨樹一格的帽子是富士山的化身，白色的帽穗代表的是山上的積雪。眾所周知，富士山是日本的精神象徵。戴上這頂帽子，是要表示這些學生──其中也包括不少漢人──順服於大日本的統治之下。帽子的頂端，有一個銅板大、有葉狀鋸齒外緣的玫瑰花結，象徵著「八咫鏡」；這面神聖的鏡子是日本三神器之一，如今收藏在

臺北的國語學校學生。

伊勢神宮裡。

　在我遇見這群古怪人士的當時，這間於 1897 年 4 月創立的公立學校裡，共計有 60 名日本學生和 30 名漢人學生。這間學校分為兩個部門：兩年制的師範部，以及訓練通譯人員（和中國間諜）的三年制語學部；語學部招收 18 至 25 歲的學生，師範部的入學年齡則為 20 至 30 歲。這些學生免費受到培育，並享有公費待遇。在學校裡，不論是日本學生還是漢人學生，都被嚴格要求平時必須以非母語的語言互相交談。

　日本政府投入許多心力和金錢，去培養福爾摩沙漢人對日

本的民族認同。為了將福爾摩沙人打造成日本人，每年都有愈來愈多教授日語、從事日本愛國教育的學校出現。就連那些漢人權貴，都認為學日語能在與政府或日本商人交涉時帶來極大的好處。1898 年在福爾摩沙，國語學校於臺北以外共有 4 間附屬學校；公立的國語傳習所（Volks-sprachschule）則有 10 所，包含 25 間分教場（Zweigschule），共計 1,400 名學生；還有一些神道教和佛教教派經營的教會學校，學生人數為 650 人。只以中文授課的中式私塾，在福爾摩沙有 1,240 間，學生人數約 2 萬人；除此之外，還有 4 間基督教的教會學校，共計 160 名學生。規模最大的國語教會學校——至少截至 9 月底為止——是由神道教神主 Minamoto Eiryo 所創立的教會學校。

關於女子教育的部分，福爾摩沙過去的情況與日本不久前的情況一樣，有很大的改進空間。如今努力不懈、體貼愛民的日本政府也將目光放到這件事上，於 1897 年 5 月以國語傳習所分教場的形式創立了首間女學校；才一開課，就有 48 名女學生，其中 17 人已婚，31 人未婚，年齡則介於 15 至 29 歲之間。

日本政府對本國的宗教事務並沒有太多堅持；到了福爾摩沙，他們似乎也將宗教視為提升文化素養的一種方式。佛教和神道教宣教師與日本政府目標一致，得到比基督教宣教師更多

的政府支持，這顯然是因為基督教宣教師只以中文授課，至今仍未意識到日語授課的重要性。日本政府會這麼做，絕對不是要傳遞宗教經驗——這些聰明的日本人已經沒有多少宗教感了——他們完全是為了培養人民的民族情感，以及對大日本的愛國心。位於東京的外國宣教師不久前曾經召開大會辯論表示，有鑑於佛教徒如此刻苦勤勉地在福爾摩沙傳播佛陀的教誨，他們也應該要派出新的宣教師到當地才是。然而相關事務的推動並不順遂，也得不到日本方面的支持。我就曾在這裡聽說，人們如何在英國長老教會的英國宣教師甘為霖先生（Mr. Campbell）[17] 從安平搭船到卑南後，阻攔他再次視察 4 間許久未訪、由漢人主持的東部基督教宣教站。他們說這一帶太危險，不宜旅行。話雖如此，甘為霖先生在東部很出名，也深受當地人敬愛，恐怕是最不會在此遭逢不測的人了。人們之所以不願讓他去蕃社，其實是因為日本西本願寺 10 個月前派了一位和尚（Buddhistischer Priest）到卑南——這是我後來從這位和尚本人那邊聽來的——希望能把佛教傳到這一帶來。基督教與佛教之間的利益衝突，實在是個有趣的新現象。前一次中日

17　甘為霖（William Campbell, 1841-1921），蘇格蘭長老教會牧師及宣教士。創辦全臺第一所盲人學校，曾編纂《廈門音新字典》，其自傳《素描福爾摩沙》（*Sketches from Formosa*）記錄了他在臺宣教的種種見聞。

戰爭後逐漸高漲的危險仇外情緒，成了重新甦醒過來的佛教的強勁盟友。基督教在日本和福爾摩沙的前景又更加渺茫了。淨土真宗（Die Shinsekte，東本願寺派[18]）過去以來只侷限在上海和朝鮮港口（koreanische Häfe）地區。海參崴和夏威夷群島則歸（西）本願寺派所轄。如今西本願寺正派出許多和尚，前往南海島嶼和遠東的每座港口，在當地修建寺廟，傳播佛陀的教誨。藉由散播佛像的活動，佛教和日本的國族事業同時被發揚光大。基於這個原因，大阪源昌寺的住持在近期將會發送一萬座地藏王菩薩像到福爾摩沙和澎湖群島；神像的背面刻有在福爾摩沙或澎湖群島戰死或死於熱病的日本士兵姓名。

　　艋舺之行結束後，我終於找到我需要的人選了。他的名字是林阿古（Lin-ah-ku，音譯），是一名茶葉批發商。他——或者該說，他那遵照中國習俗擔任一家之主、負責養家活口的大哥——在上一季虧了一大筆錢。由於該年的茶葉買賣還是不樂觀，他不想冒任何風險。這位林阿古——我都暱稱他為「小林」（Lin）——於是沒了工作，因此才能跑來為我效力。不論是在歐洲還是在日本，一個家世良好的人除非身陷絕境，否則不會願意從事僕役的工作；顯然漢人在這件事上有不同的想法。

―――――――――――――――――

18　即真宗大谷派。

　　拿到這幾封給各級地方政府和撫墾署（Bukonsho，即撫蕃部〔Wildenbesänftigungsdepartements〕）的介紹信後，我可以來規劃我的後續旅程了。

淡水河氾濫。

二、新竹、苗栗和大湖之行

3 月初，我在惡劣的天候中展開我的內地旅程。

這一班開往終點站新竹——漢人稱之為竹塹（Teuk-tscham）——的火車，採用的是杜賽爾多夫機械工程股份公司（Düsseldorfer Maschinenbau-Aktien-Gesellschaft）出品的「霍亨索倫號」機車，機車除外共有兩節列車。

剛出發的 45 分鐘，直到桃仔園（Toschien）一帶，我們行駛在峽谷當中，其後大多是長著竹林的山丘，或是鋪有梯田和茶園的土地——在這一片乏人問津的化外之地中，它們是僅

牛車。

存的文明標記。地勢不久又趨於平緩，在我們的兩側出現了一片片的水田，田裡有人用黑色水牛在耕作——這種帶來許多益處的動物，源自於中國大陸。

接著我們穿過一大片茂草叢生的地帶，草叢的縫隙間露出了無數的中式墳墓。由於這裡的宗教表明不得侵擾墳墓，這個地帶也只得繼續荒頹下去。一座座光禿禿、坡度和緩的小山丘，在旅途的最後從窗外閃過，山丘上種植著圓尖狀的茶樹灌木。

坐了大概4個小時的車，我終於抵達新竹。幾位女苦力把我和隨從的行李裝在竹竿上，我們就這樣一大群人慢吞吞地走去找地方首長（Präfekt）。

新竹市城門。

　　新竹市距離火車站有半小時的距離。穿過一道兩層樓高的美麗城門，我走進了這座高牆環繞的城市，城牆上裝有城垛和槍眼。城裡的街道上掛著磨損穿孔的席子，為沿路坐成兩排的商人提供遮蔭。儘管這一帶亂騰騰的街頭活動無法讓人感到舒適，也不能觸動人心，但這道道地地、髒亂繽紛的中式生活，還是處處讓人感到趣味盎然。話雖如此，這裡還是很挑戰人類的嗅覺神經──下水道的臭味、刺鼻的香料味、祖先祭壇升起的香煙、苦力散發出來的汗味、鴉片的香氣，以及油脂燃燒的氣味彼此交織，瀰漫在空氣中。

　　我把介紹信交給了地方首長，被他鉅細靡遺地盤問我的旅行動機，這是到了每個地方的例行公事──在東方世界你必須很有耐心，因為儘管日本人積極投入現代化變革，他們在日常生活中的時間觀念還是非常東方。在日本以及日本的勢力範圍內，到處都有間諜的蹤跡，尤其是俄羅斯間諜。但自從德國占據膠州以來，德國人也不再受人信任──在日本人的眼中，我們可是非常危險的弟兄啊！

　　地方首長人很好，向我保證他會全力支持我。他問我明天打算幾點動身，接著下令使者立刻出發，去苗栗（Bioretsu）通報我的到來。他還安排兩位武裝警察，供我明天一早使喚，並安排了一位年輕職員，帶我在新竹市區四處走走逛逛。

　　我的宿屋（Yadoya）位於一間城牆外的衙門舊址裡，曾經是一位漢人富翁的住所。[19] 宿屋的出入口是一座大門，大門上的彩磚以大字寫著屋主的名字，門口的壁龕裡有兩隻守門的石獅子。我在我這個臨時住所裡沒有待太久。我一放好行李，就馬上出門去見識熱鬧的街頭生活。在年輕職員的帶領之下，此刻的我擠在許多唉聲嘆氣、汗流浹背的苦力之中，穿梭在他們以竹竿扛著的沉重行李之間。盛裝打扮的漢人婦女坐在藍頂軟轎裡，頭髮上插著花飾或金銀花絲。其他的漢人淑女則拄著枴杖，踏著她們那雙塞進袖珍鞋的小腳丫，四處奔波採買；她們那昂首闊步、體態僵硬的模樣，像極了閱兵時踢正步的步兵。這裡的女人不分老幼，都喜歡在額上戴著手掌寬、弧狀、綁絲綢的頭箍；如果能力允許，還會在正面加上金飾針，或是會擺動的、翠藍色鳥羽製成的土耳其式飾品。

　　跟艋舺和臺北一樣，這裡沿著高出地面一截的作坊，也建有加蓋的拱廊式人行道，轎子和大型貨物因而只能走在路中間。主要幹道的兩側有商人放在地上的商品，行人經常必須費力地穿梭在甘蔗、米和各式蔬菜水果之間。數不清的豬肉鋪上，擺著蒼蠅環繞的豬油塊，噁心透頂。這些歐洲人必須喝酒

19　疑指鄭用錫所建之北郭園。

壯膽，才有勇氣直視的豬油塊，漢人們卻像吃麵包似地大快朵頤。人們在開放式的作坊、店家和餐廳裡，甚至是街頭上，用陶土製的烤窯、在燒紅的木炭上烤糕點；至於這種行為能否為改善空氣品質做出一番貢獻，實在沒人敢拍胸脯保證。

我無意繼續逗留在這一片東方國度的氣味（Schirasdüfte）中，於是請嚮導帶我去看一位漢人富豪的故居；[20] 先前就聽說它非常值得一訪。這座宛若宮殿似的園邸由許多住房和亭子所組成，房舍間隔著水池或庭園。如今這座被主人拋棄的宅邸已被用來作為日本軍官宿舍；地方政府廳舍（Bureaux der Präfektur）也設在宅邸的內部。

跟許多住在福爾摩沙的富裕漢人一樣，這棟宅邸的主人也利用和平條約 [21] 第五款的內容所授權給他們的權益，在日本接收後的 2 年內變賣家產，移居他方；2 年期限截止後，所有仍在接收地區的民眾，都將被視為日本臣民。自從福爾摩沙不再是中國領土以來，許多有錢的漢人感到十分不安。他們變賣或出租家產 —— 轉手的條件往往極差 —— 遷居到廈門或福州。接收初期，在臺北一帶，有許多人靠這個賺了一大筆錢。然而有

20　疑指林占梅所建之潛園。

21　即《馬關條約》。

錢的漢人之所以大舉離開福爾摩沙，是因為他們備受脅迫，被毫無良心的日本官員敲詐勒索。如果他們過於吝嗇，就得冒著入獄的風險，被指控為叛賊或是叛賊的幫凶。這些有錢漢人的損失，明顯地透露出日本人缺錢和資金短缺的狀況。

我毫不懷疑，不論是當時還是現在，日本政府都秉持著最高、最誠懇的原則行事，這個印象在我旅行福爾摩沙的期間，也再三得到印證；他們缺的只是能夠落實此番善意的可靠行政單位。

就這點而言，狀況實在不盡理想。儘管各地都有人鬧事，卻沒有人敢去面對問題的根源。官員們不斷爭論，是否應該指派一位文官總督（Civil-Gouverneur）擔任最高行政首長，來取代目前的武官總督（militärischer General-Gouverneur）──日本接收福爾摩沙才不到 3 年，就已經換到第 4 任總督了。其他高級行政機關的情況也是如此，或許還更加糟糕。新進人員還來不及弄懂那些盤根錯節、複雜無比的職權歸屬，就已經先升天了；而那些存活下來的人，也會因為拓殖務省（Kolonialabteilung）不斷從東京那邊插手干預，累到自己辭職走人。拓殖務省近日剛卸下福爾摩沙的管理職權，專注在蝦夷地的事務之上。

日本作為文明國家的時間還太短，無法在短時間內額外生

出大量能夠勝任殖民地工作的官員人選；這份工作需要精神和道德上發育成熟的人才能完成。出於這個原因，許多在日本找不到工作的破產、負債人士，或者一些三教九流之輩，就跑來福爾摩沙擔任基層官員，作為自己的棲身之地。沒有人會願意白白跑來福爾摩沙，在實至名歸的惡劣天候中賭上自己的性命。這些可悲之人於是利用他們的職位敲詐勒索、榨取稅金、暗中使詐……透過各種不正當手段斂財，來彌補自己賠上健康、在這個爛地方過苦日子的辛勞。

儘管如此，今年 2 月剛卸下總督職務的乃木伯爵[22]，已經多少收拾了這個爛攤子。數以百計的官員被解聘、起訴，送上法庭。針對品行不佳的不良人士，近期又有一波大規模的解雇潮。除此之外，人們似乎也發現福爾摩沙的官員數可以減半——對國庫來說還真是件好消息。各級廳舍中會遇到的大量冗員，數量很快就會下降了。假如當初日本能放下民族尊嚴，以及過去幾場戰爭後急遽升溫的排外情結，從那些熟習殖民事務的國家，聘請一整批精明幹練的治理人才，現在肯定能省下許多費用，也不會遭遇到這些道德上的挫敗。過去中國政府聘請赫德爵士（Sir Robert Hart）[23] 管理海關業務，成果斐然，就是

22　即乃木希典。

相當良好的先例。就目前看來，除非日本的政治體系徹底革新，國家步上正軌，狀況才有可能獲得改善——可惜這件事發生的機率非常渺茫。

　　每個明眼的日本人都看得出來：依循美式原則讓每個新上任的部會首長任命自己的人馬，只會開啟政治腐敗的大門，這種治理方式，只會讓行政機關陷入失序、混亂的局面。然而讓有才華的人去歐洲或美國留學，接受專門訓練，又有什麼用呢？這些經驗豐富的專業人士回來擔任公職，卻可能在下一次內閣改組時就遭到解職，而且經常是被其他缺乏專業素養的人士所取代——日本內閣改組的頻率跟地震一樣頻繁。我一邊和通譯聊著政府如何無能，一邊來到那間被主人所遺棄的園邸。只要逛過這座園邸一遍，你就可以在很多方面上認識到，中國人的品味、美感、審美觀，以及對於何謂舒適的想法，永遠不可能和我們取得共識。比方說，他們喜歡有窗戶狀開口的牆壁，開口設計成寶瓶、花卉、蝴蝶或流雲的造型，而不是柵欄或是籬笆。他們在湖泊似的水池較長的那側，用圍牆隔出了一格格的隔間，隔間裡有 10 英尺高的鏤空大花瓶；按照花瓶的

23　羅伯‧赫德爵士（1835-1911），英國外交官及清代政府官員。曾擔任晚清海關總稅務司將近 50 年。

漢人富豪的大宅一景，新竹。

尺寸，瓶子上有石膏製的芍藥、百合和其他花卉。至於其他的隔間裡，則有同樣風格的鏤空圖案，如展翅的蝙蝠、葉子和蝴蝶；葉子的葉身，以及蝴蝶的身體和觸鬚也是石膏製的。在這位漢人富翁宅邸的各庭院內，可以看見各式各樣的奇特事物；但這一切竟能以嚴格一致的中式古典風格，達到一種和諧的狀態。這裡看不見任何從病態幻想所誕生的產物，像是在巴勒摩的帕拉戈尼亞（Pallagonia）別墅和別墅花園裡，那些讓歌德大驚失色的畸形怪物。 —— 在深及足踝、矮牆環繞的花壇裡，有修剪過的梅樹，以及正面刻有詩句、墓碑狀的石板參差相

雜，與這裡的氣氛十分融洽。

有一座庭院裡，種植了許多人工栽培的樹與灌木。這些被以人為方式抑制生長、修剪過的畸形植物，讓我聯想到那些可憐中國婦女變形的小腳。在中國人的世界裡，植物和女人的待遇是一樣的，都沒有自由生長的權利。

從某些涼亭往外望，能夠看見與眾不同、富有情趣的繪畫作品。從我們的審美品味出發，這些作品所展現出的特殊美感，屬於一個與我們毫無交集的世界。這樣的美感，或許能刺激我們的感官與理性，超乎尋常的事物或許能讓我們為之驚

漢人富豪的大宅一景，新竹。

嘆，卻不能讓我們感受到溫暖，只會顯得異常而陌生。

　　我還想要多看看新竹市，於是離開了這座曾屬於那位漢人富豪的麗池公園（Buen retiro），跌跌撞撞地穿過人潮活躍的街道，以便好好觀察這一帶熱鬧的市井生活。

　　這裡跟其他的中式城市一樣，也能在城門口和廟宇前看見高聳的火爐。人們會將仿造的紙錢 —— 以金箔或錫片裝飾的紙張 —— 丟進火爐正中央的開口裡焚燒。在漢人社群裡，製作假紙錢已經發展成一種頗具規模的行業；我曾經在艋舺，看過數十間專門製造這種熱門商品的店鋪。根據儒家的觀念，焚燒紙錢是一件讓神明感到喜悅的事，漢人因此會在生意賺錢，或是辦慶典時燒這種假紙錢，來向神明表達他們的感激之意。他們也會燒紙錢給自己死去的親人，來換取他們在死後世界的獨立自主。廟口甚至是廟裡的商業活動，似乎不會讓漢人覺得有失體統，至少顯然不會影響到他們用心祭拜。有人甚至在廟裡塞滿食品攤位的前堂開理髮店！店旁有一大群綁著辮子、想要剃頭的客人在閒晃，等著輪到他們理髮的時候。四、五步之遙的正廳，有位法師（Priester）坐在門口的講臺上，手中拿著一本扁長形的書，活潑地用手比劃，對著一群專注聆聽的聽眾朗讀書中的內容。我問我的漢人僕役小林這場演講的內容是什麼，得到的回覆是：「大家都要當乖小孩。」（All men must

be good boy.）

　　牢記著這個訓示，我走出了這間除了侍奉上天、也同時服務人群的神聖殿堂。回到街頭上，外頭已經安靜了不少。城裡的居民享受著應得的休息，或者 —— 如同隨風飄來的甜味所透露出來的 —— 享受著鴉片的香煙。在日本，法律嚴格禁止人民吸食鴉片。觸犯法令甚至可能被送進監獄。我記得有一回，有個漢人由於吸食鴉片被判了數個月的徒刑，連那位默許這項愛好的日籍茶館老闆也難逃入獄的下場。然而來到福爾摩沙，日本人就無法實施同樣的措施，因為這樣的禁令勢必會激起人民的反彈，就像在德國試圖禁止大家喝啤酒一樣。

　　儘管沒有吸食鴉片，我還是很快就在宿屋裡睡著了；然而蚊子很快便跑來打斷我的美夢，讓我感到痛苦不堪。清晨的降臨令我如釋重負，我們愉快地揮別了這座城市。我們行走在積水的稻田和泥田間隆起的田畝之上。走了一段路後，我轉頭回望，驚訝地看見破曉的壯麗景象 —— 城牆像巨獸的身軀般躺臥在我身後，城門有如巨獸的頭顱；灰色的雨雲橫亙在巨獸之上，一道道的紅光從雲層間穿透而來。就在這時 —— 真是幅駭人的美景 —— 散發著陰鬱光彩的朝陽，宛若一位憤怒的神祇似地升起，盛氣凌人地爬上城垣，將城垣染成一片火光。在這樣的時刻裡，我彷彿能夠體會那些遠古時期的迷信民族，為何會

將這種可畏的隨機自然現象，視為如同戰爭、瘟疫、饑荒等重大災厄的徵兆。

我們一行人繼續前行，走入了平原地帶。這裡沒有闊葉林，但沿途生長著許多棕櫚樹似的、大多呈螺線狀的林投樹（Pandane）；它們混亂地糾纏在一起，時常構成難以穿越的濃密樹林。林投樹的生長很不規則，十分有趣──部分露出地面的氣根、長著燭臺似樹枝的樹幹、羽冠般的樹冠，還有狀如鳳梨的果實，讓這種樹散發出魔幻的色彩。它的造型如此多變，沒有人有辦法一目瞭然。

我們第一個休息站在朝山（Chozan），距離新竹大約 5 英里遠，是福爾摩沙典型的西部平原村落。這裡的房屋往往設有圍牆；與地面等高的中式房屋，一半藏身於高大的榕樹之間，一半隱沒在林投樹叢與錦葵之中。裝著無輻條、巨大圓盤式車輪的牛車停在農場上，附近擺放著鋤犁等各式農具。從一間屋裡傳出亂哄哄的急迫童聲，是一間中式私塾；如同在其他東方國度一樣，這間私塾裡的學童也是透過齊聲複誦的方式學習。在一間門口繪有幾幅令人敬畏的英雄像的小型孔廟中庭裡，橫躺著一具老舊大砲。村裡的長老們坐在大砲上，似乎正在開村務會議。村落的外頭有一間女修道院，孤零零地坐臥在田畝間；一位儒家修女領著一群見習修女在有圍籬的庭園裡散步。

林投樹環繞的小徑。

我們沿著彎路向西前進，來到了臨海地帶，怡人的美景展現在旅人的面前。一幫戴著斗笠、散發著樟腦氣味的男女苦力，呈縱隊朝向我們走來——他們的穿著簡直如出一轍，幾乎難以從外觀來做區分。這是我們即將抵達樟腦地區的第一個前兆。這些苦力來自一座樟腦蒸餾場；他們以各種竹竿、錫罐、提箱和袋子等搬運樟腦或樟腦油，將貨物送至最近的港口或是河邊上船裝運。這些唉聲嘆氣、汗流浹背的人踩著小碎步迎面而來，肩上的竹竿軋軋地打著拍子，同樣地飄散出一股讓人窒息的氣味。挑夫挑婦不安地結成隊伍，以防遭受突襲。他們的行為讓我想起，我們正在接近的這個地區，每天仍會在原住民和貪婪的漢人殖民者之間發生小規模的武裝衝突。此刻我們經過的沙丘，泰半由蘆葦等高大草本植物覆蓋，讓我聯想到波羅的海。這些都是近期因地層隆起和海沙淤積才形成的地帶；梅雨季節期間，海浪不只會將大量的海底積沙沖上岸，還會夾帶從陡峭的山區河流沖刷下來的土壤、碎石。

經歷了一番驚險旅程，我們終於來到苗栗城破舊的黏土磚牆下。我們穿過一道已經向一側傾倒、隨時準備要安眠於底下清涼小河裡的城門，走進苗栗城內。這時田畝間突然出現了一片廣大的建築群，建築有飛簷高翹的屋頂。它曾經是一位高官的宅邸，如今是日本的廳政府所在地，同時作為行政大樓和員

苗栗的政府建築。

工宿舍使用。

　　我在轎子上被晃得腰痠背痛；當那些沾滿爛泥的苦力，在
滂沱大雨中放下這份重擔，我不只為他們感到開心，也為我自
己感到欣慰。

　　稍事歇息之後，隔天上午 4 點，我就把我的人馬叫醒、打
包行李、煮好早餐，並傳喚我的轎夫 —— 我已經預先請警察局
5 點半派人過來。他毫不意外地沒有按時抵達，我們於是等到
6 點才在大雨中動身。儘管如此，政府官員和警察還是全員到
場，向我們深深地鞠躬道別，恭送我們一行人離去。就算是羅

伊斯親王（Fürst von Schleiz-Greiz-Lobenstein）出外遠行，他得到的待遇，想必也不如我在苗栗時的好吧！

整個世界都被籠罩在一片濃霧之中。但霧氣隨後就逐漸散去。沿途兩側都看得到森林覆蓋的山脈。天空慢慢對自己的不友善感到羞慚，放下了一臉愁容，笑逐顏開。就連雨勢也都開始轉小。等到我們抵達我們的第二個休息點監督所（Katosho），太陽已經再度戰勝了陰暗的雲層。

我們開始攀登 Kotazan 的路程。我坐在轎子裡無憂無慮，完全不知道那些扛著我的苦力，此刻正走在垂直矗立的石壁間開鑿出來的陡峭險徑，不然我想必會慎重地從轎子裡爬出來。那些可憐的傢伙痛苦地哀叫著，而我則是愈來愈感到不對勁。忽然間，在某個急轉彎處，我看到我的轎子在深淵上晃動。我的苦力們旋即開始一個個踉蹌起來，我就這麼經歷了連續幾分鐘的生命危險。還好我最後成功叫他們把轎子放了下來 —— 要從那個密閉的轎子裡把話傳出去，實在不是一件容易的事。

我們沿著溪谷向下攀登，來到 Suibipiyan 布滿鵝卵石和瓦礫堆的河床。Suibipiyan 發源於至今仍未知的偏壞之地，並在下游處注入後龍溪（Koriukē）。這座蜿蜒不絕的山谷，壯麗地宛若浪漫主義高峰時的畫作。茂密的原始森林聳立在山谷的兩側，森林底下據說蘊含著豐富的石油。湍急的 Suibipiyan 和

通往 Suibipiyan 的下坡。

許多奔流的山澗，流經山谷的底部。又過了半小時，我們辛苦地涉過了溪水湍急的最後一處淺灘，在山路旁遇到了一個由兩間小屋構成的聚落（Ansiedlung）。就在這個名為「Suibison」（「Suibi」意指「村落」〔Dorf〕）的聚落裡，我第一次與蕃人打了照面。在這裡住著一位娶了鄰近山區蕃族的客家人。

沿著蕃界的邊界，可以找到許多客家聚落。滿清王朝時，這支源自廣東的民系朝中國南方的省分遷徙，其中有許多去了福建。然而到了當地，原先的居民並未接納這群被他們稱作「外人」的客家人，使得客家人依然無法在這些地方落地生根。於是他們大規模地來到福爾摩沙，經常出沒於從事樟腦業的地區，可以被視為有勇氣、永不服輸的漢文化開拓者。客家人占了與蕃人從事商業往來的最大宗，當然也從來不會讓自己吃虧。他們給蕃人帶來鹽、火藥、武器、布料和各式廉價品。為了和客人建立良好關係，客家人迎娶蕃人女性是很常見的事。他們可以比較不用擔心會被自己的親家兄弟砍下腦袋。

在一棟建在山坡角落的小屋裡，我看見了 3 個正在閒晃的野人，他們的武器擺在身邊。有一位是年約 40 的男性；他的夥伴則是兩位 20 歲和 15 歲的年輕人 —— 他們似乎在比賽誰的身體比較髒，誰的頭髮比較蓬亂。

這些人屬於生蕃族；生蕃族是一群沒有關聯性的蕃人部

橫渡 Suibipiyan 淺灘。

Suibison 的生蕃。

族，活動於福爾摩沙的中央山脈及其支脈，以及東部沿岸。[24]
他們各自獨立、仇視文明、不受管束，跟平埔蕃——即所謂的
半蕃——構成強烈對比。平埔蕃大多生活在平原、淺山地帶，

---

[24] 作者注：生蕃（Chin-huan 或 Chipoan）在中文裡意思是「不熟的蕃」；
熟蕃（Sek-huan）是「半熟的蕃」；平埔蕃則是「平原的野蠻人」。後
兩者實際上同屬一類。熟蕃和平埔蕃的區分經常讓人混亂，因此最好是
將福爾摩沙的人口分為三類：一、漢人；二、平埔蕃；三、生蕃。（至
於這塊土地的新主人——日本人——在島上的人數仍過少，尚不構成一
個族群，而且遷入時間過短，無須納入人口計算。）

以及某些中央山脈的高原上。他們似乎已經順服於漢人，有些甚至還留著辮子。儘管如此，他們依然時常和他們的壓迫者發生流血衝突。至於生活於文明邊陲的生蕃 —— 也就是俗稱的全蕃，據說他們掌握著福爾摩沙 10 分之 4 的土地 —— 則必須對抗漢人的全力進逼，面臨各種形式的剝削手段，被漢人一點一滴地以武力或計謀奪走土地。

福爾摩沙也和美洲及所有地區一樣，上演著相同的戲碼 —— 未開化的民族遭受強盛文明的侵略襲擊，漸漸落敗屈服，或者徹底遭到抹除。這正是所謂的 ——「順我者昌，逆我者亡」（biegen oder brechen）。

在原住民和晚來的漢人間的戰爭中，原住民節節敗退，逐漸被驅離他們於 17 世紀荷蘭時代仍普遍控制的肥沃西部平原。這場戰爭曠日廢時，因為中國政府並未派出大軍壓境，而是由個別移民發動；如今這一帶已經完全受漢人所掌控。現在西部平原上只剩零星幾個平埔蕃聚落，但他們也正逐漸往山區遷移，使平埔蕃與生蕃狹路相逢。生蕃敵視平埔蕃的程度，不亞於他們敵視漢人的程度。日本政府正在努力調停漢人與蕃族之間的衝突，希望能使蕃人免於遭受漢人迫害，並用盡一切方法贏得這些原住民的信任。我首先遇見的 3 位生蕃代表，身上都帶著中式長管獵槍，獵槍上有銅釘裝飾。這些人給人的印

象，是徹底的野蠻和醜陋。沒錯，我必須要承認 —— 在我看來，他們的外型以及可怕陰沉的猜疑眼光，比起人類更像是野獸；他們的一切都引起我的反感。兩個年輕的生蕃頭髮剪得很短，年長的那個留著中分的長髮，後頭結成了髮結。他們的肩膀上扛著牛角火藥筒和導火繩，獵槍的槍機上也綁著一條。他們的腰上纏著蘆葦編成的腰帶，短刀則掛在腰帶的側邊。竹筒製的彈藥筒從髒兮兮的皮帶裡探出頭來。他們的手臂、臉和下巴都有紋面，臉上的藍黑紋面從髮線一直延伸至鼻梁，長約20公分。在這些紋面中，下巴的紋面意義最特別；那是唯有英勇對抗敵對部落，或者砍回漢人的頭顱、獲得頭目的同意後才能紋上的榮譽象徵。最年輕的蕃人臉上還沒有任何紋面；這項榮譽必須等到他通過成年禮後才能擁有。

蕃人都是老菸槍，菸斗從不離口。菸斗的斗身是以刨空的角狀竹根製成，斗身上釘著美麗的金屬片裝飾。除了紋面的特殊習俗之外，北福爾摩沙的蕃人還會拔除上犬齒。據說拔掉犬齒後所留下的牙縫，能讓他們在奔跑和爬坡時維持呼吸順暢；但我認為這個古怪的理由似乎不怎麼有說服力。

第一間小屋上方約數百步之遙，矗立著一棟中式房屋。屋子前方有塊罩著竹席的空地，下方則有一座裝滿燒紅木炭的土窯。鑄劍的時候，土窯可以用來加熱鐵材 —— 客家人向來有優

良鑄劍師的名聲。火爐旁邊蹲坐著 2 名蕃人，以及一位 6、7 歲大的小女孩──她正在痛快地抽著菸。那位客家男人的妻子穿著一身漢服，不知為何長得很像南義大利人。迅速地和他們打了招呼後，我的同伴們就迫不及待地重新踏上旅程。我們沿著 Suibipiyan 的肥沃河谷又跋涉了一個小時，才終於抵達地處丘陵、群山環繞的大湖（Tao，日文名稱為 Taiko）。

如今住著客家人的大湖，10 年前還是個生蕃聚落，當時的生蕃如今已被驅逐至鄰近的山區中。客家人竭盡所能地打擊和剝削生蕃，也怪不得生蕃跟他們的世仇間的關係始終劍拔弩張。大湖因此經常遭受憤恨而嗜血的生蕃襲擊。儘管漢人於幾座河谷中的丘陵設下偵察哨，隨時留意生蕃的動靜，還派出許多憲兵在蕃界上勘查，依然有許多漢人的腦袋不保。

我在一位名叫葛萊納（Greiner）的人的木屋裡過夜，他是這片荒郊野外裡唯一的歐洲住民。他從事樟腦生意，還在家裡製造樟腦油，家中因此聞起來像是一口裝樟腦的木箱。我無意吸飽這種刺鼻的氣味，於是大口地吃了些點心補充體力後，便動身前往撫墾署，也就是所謂的「蕃人教化局」（Wildenci-vilisierungsdepartment）。

福爾摩沙一共有 11 間撫墾署，以及 17 所出張所（Zweiganstalt）（在日文中，「撫」的意思是「撫摸」

〔streicheln〕，「墾」是「建立友好關係」〔freundlich machen〕，「署」則是「政府機關」〔Amt〕）。這些機關分別設立於：

- 叭哩沙（Parisha）　　　　　　出張所 2 所
- 大嵙崁（Taikokan）　　　　　出張所 1 所
- 五指山（Goshizan）　　　　　出張所 4 所
- 南庄（Nanshio）　　　　　　　出張所 2 所
- 林圯埔（Riukiho）　　　　　　出張所 0 所
- 大湖（Taiko〔Tao〕）　　　　出張所 4 所
- 東勢角（Toseikoku）　　　　　出張所 1 所
- 恆春（Koshun）　　　　　　　出張所 1 所
- 埔里社（Polisha）　　　　　　出張所 1 所
- 蕃薯藔（Banshiorio）　　　　出張所 0 所
- 臺東（Taito；卑南〔Pilam〕）　出張所 1 所

總計撫墾署 11 間、出張所 17 間。

撫墾署[25] 早在中國政府時期就已存在，但由於蕃人不斷遭

25　指 1886 年成立的臺灣撫墾局。

受漢人的挑釁和攻擊，被迫放棄他們的樟樹林——儘管這些行動並非中央政府主導，而是一些貪婪的高官和道員（Taito，意指「區長」〔編譯者注：應為 Taotai 之誤植〕）——所以並未收到任何成效。漢人們為了達到目的，什麼手段都使得出來。我們也不難理解原住民為何完全喪失對漢人的信任，一心一意地向漢人尋仇，直到自己遭到報應的那一天。我非常幸運，碰巧在撫墾署遇見數十名來串門子的蕃人。

那些生蕃在撫墾署前的空地上休息，圍著火堆在烤玉米、小米或是地瓜。他們用大碗公痛快地喝著三燒酒——三燒是燒酒的一種，喝起來很像是日本清酒，只不過品質較差——接著用手從大碗缽裡或托盤上拿食物來吃，並不時將米糊或小米糊揉成團、津津有味地吞下肚。不論男女老幼，每個人都毫不節制地抽著撫墾署大方送給他們的香菸或菸草。

這些徹底未經教化的自然之子，沒大沒小地跟撫墾署官員大聲說話，向他們敬酒，並要他們跟自己臉貼臉、嘴貼嘴、一起勾肩搭背地把南瓜吃到只剩一層皮。這種結拜儀式是種親密的象徵，表示這個部落裡的蕃人絕不會傷害這些幸運兒。然而跟其他文明國家的狀況一樣，這種在酒酣耳熱之際做出的承諾和誓言，並沒有任何實際上的效力。即使一起如兄弟般地喝了上百回的酒，還是時常有隸屬撫墾署的通譯人員，或者和蕃人

結交的漢人被砍下腦袋。

　　不分男女，這些野獸般的蕃人全都令我感到反感——在我的眼中，他們似乎個個陰險狡詐、貪婪無度、殘暴不仁。我完全不期待這群缺乏人性、禽獸般的人能夠被文明同化。我也認為日本人鼓勵蕃人這種暴飲暴食的習慣，而非盡全力地引導他們遠離這種明顯的動物性本能，並不是能夠達成同化目標的做法。

　　多虧撫墾署署長的一番勸誘，我終於說服好幾位據說來自 Teinansei 村的泰雅族人接受我的拍照；不過由於沒帶高速快門，所以只能拍半身照。我大概拍壞了 10 次——特別是那位戴著一頂騎師帽造型的蘆葦帽的頭目，他會在關鍵時刻彎下身，想看看我的儀器鏡頭裡可能會飛出什麼東西來。為了證明拍照不會帶給他任何危險，我們讓撫墾署署長站在他的身旁，他才終於相信我說的話。儘管這些人沒有金錢的概念，但他們只要發現像錢幣的東西，就會如同喜鵲看見亮晶晶的物件一樣，貪婪地蜂擁而上。那位頭目要拿一個銀圓——紙幣對蕃人來說毫無價值——才願意被拍照，因為他一直很想要一枚這麼大的銀幣來當項鍊掛飾。其他的人拿到一枚 10 圓硬幣就滿足了；只有一名副頭目或部落長老覺得跟別人拿一樣的錢有失自己的身分，於是討了雙倍的錢。他們大多數人的胸前都已掛著

泰雅族頭目。

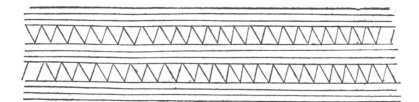

蕃人紋飾。

銀幣，或者將銀幣繫在額前的頭巾上。

　　那些貪婪的女人尤其糾纏不放。她們不斷吵著我的日籍通譯，要以 10 分錢買下他的冬季大衣，也想要我用相同的價格把手錶和項鍊賣給她們。不過由於蕃人習慣將男女一視同仁，

我們還是別太過苛責她們吧。在蕃人的生活中，這些生著一副寬闊的肩膀、看起來比男人還要健康的強壯婦女，也會負責沉重的農活、挑木材、搗米和提水等工作。跟其他地方一樣，她們似乎只有在穿著打扮上才享有比男人更多的特權。至少在這潮濕的寒天裡，她們全都穿得比她們的男性同胞來得多──男人大部分只穿著一件粗麻衣。她們套著外套，在小腿肚上纏上綁腿；有些人穿窄袖的貼身外套，有些則穿中式寬袖外套。她們的裙子長及腳踝，有些是鹿皮製的，有些則是麻布織成的，上面繡著紅色條紋或者其他簡易花樣。她們的服飾大多有三角形花紋的鑲邊，三角形的上下還縫有四、五條平行線條。她們通常會將從漢人那裡換來織布的毛布條扯碎，來獲得她們刺繡或紡織所需的深紅色、綠色或藍色毛線。天冷時，她會把麻布或羊毛長袍，或是紅、綠毛毯打結圍在脖子上，作為她們主要的服飾打扮。她們有些把額前的頭髮放下來綁成馬尾，有些則把頭髮中分、在後腦處梳成髮結。有些人還會綁上一條兩端有刺繡的頭巾。許多女人背上都扛著竹籃，竹籃裡裝著拿來交換的織品、毛皮、鹿角和其他物品。有一個竹籃裡還裝著魚──這些魚不是用三叉魚叉叉來的，也不是用釣竿釣來的，而是用一種名叫「蕗藤」（Lo-tin）的植物的乾燥根莖。把根莖切塊丟進水裡，魚只要吃了就會中毒、死亡。這種毒的好處在

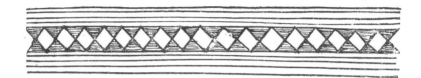

蕃人紋飾。

紋面的蕃族女性。

於不會讓魚肉變得無法食用。

　　這些生蕃女性也逃不過紋面的野蠻陋習。儘管紋面完全悖離我們的審美觀，我還是得承認，紋面相當適合這些蕃人女性的臉孔，也很能襯托這裡的景色和氣氛。這些蕃人少女來到適婚年齡時，父母會先給她們大吃一頓，讓她們有辦法連續好幾

天不吃飯，接著便會給這些可憐蟲進行這項慘絕人寰的紋面手術。紋面後的頭幾天，這些可憐少女的臉會腫到她們完全無法進食。紋面的過程如下：人們用沾著黑色顏料的針，在被紋面者的兩耳之間描摹出數條平行弧線，經兩頰和鼻下直到下巴底部，但會跳過嘴唇的部分；接著他們會在一根細棍上綁上5、6根尖銳的釘子狀灌木刺，將帶狀的圖樣鑿進去──這些圖樣通常和他們衣服上的鑲邊很相似。這項手術會讓被紋面者大量失血。人們會用竹製刮刀把流出來的血刮去，然後在紋面處抹木炭灰止血。等傷口癒合後，就會露出藍黑色的紋面，永遠消除不掉的印記。儘管生蕃有許多獸性，他們的家庭生活卻井井有條；男人們對待女人、小孩的態度都非常好。有人跟我說，這裡的女人幾乎從來不會對丈夫不貞。

再說幾件關於蕃人外觀的事。生蕃男性的背上都揹著一個網袋，網袋有許多功能，可以裝食物和各式工具，用來回收獵物或──特別幸運的時候──漢人頭顱。不論男女，他們都會在特別撐開的耳垂上，戴上4公分長、1至2公分寬的竹釘作為裝飾。女性通常會在這種奇怪的飾品上添加幾簇紅、綠色羊毛，或者刻上花紋。生蕃不分性別，都喜歡在胸前掛著珍珠貝、玻璃、瑪瑙、紅玉髓，和其他廉價物件做成的墜飾。有些男人的上臂上戴著玉環，或許是在紀念他們砍下的漢人頭顱。

跟廉價珠寶一樣，他們那 2 英尺長的寬刀也是跟漢人換來的。他們把寬刀掛在腰帶上，有時候只用繩子綁在身上，刀柄跟刀鞘都是自己做的。他們的竹製刀鞘只套住刀的下半部，上半部則包著鐵夾或是浮雕穿孔的黃銅護片。顯然他們已經不太使用弓箭，改用起各種等級的火器，上至毛瑟槍，下至中式長管曲柄獵槍。這些令人敬佩的福爾摩沙原住民還為後膛槍做了改良。我後來在其他地區也發現，當地蕃人習慣把槍枝上的照門和準心拆掉，因為嫌它們太干擾。但跟那些提羅爾邦（Tirol）的神槍手比起來，蕃人的槍法實在上不了檯面。不過這些生蕃似乎只會在近距離時射擊。有人跟我說，這些生蕃會在森林中埋伏，接近他們的埋伏對象，等到靠得夠近的時候，就會故意踩到枯枝。那名旅人會聽見聲響，不自覺地停下腳步往聲音的方向看去，那些狡猾的刺客就會趁機將敵人射倒在地。這些人顯然不講武德。他們迴避正面衝突，喜歡暗中伏擊對手，可以連續埋伏數天或數週，等待適當的時機從背後刺殺，或者賞他一顆子彈。一旦得手，這些殘忍的膽小鬼就會迅速把頭顱割下，丟進背上的網袋，一面發出恐怖的歡呼聲，一面像隻被追捕的動物爬上人跡罕至的山崖，消失地無影無蹤。回到村子後，他們就會像英雄般地，在勝利的呼聲中接受族人的歡迎和祝福。

　　隔天一早，才剛吃完早餐，就有一位配槍的警察來關心我的心情；過了半小時，又有一位憲兵跑來問候我。但我馬上就注意到，他們不是自願地要來問候我，而是為了防範間諜。我氣壞了，直截了當地請我的通譯告訴他們，我很討厭被他們當作罪犯監視。那位警官一派輕鬆地回說，他收到苗栗那裡傳來的命令，要他們一刻也不休地盯著我，隨時安排武裝警察或憲兵跟在我身邊。看來他們在我身上嗅到了間諜的氣息——我也成為恐俄情結所催生的間諜熱下的犧牲品了。我除了強顏歡笑以外，還能做什麼呢？

　　我很想去看樟腦寮，無論如何都想去——既然我已經來到生產樟腦的地區，我想看一眼這座令許多漢人魂牽夢縈的森林。

　　於是，儘管有通敵的嫌疑，我還是排除萬難地貫徹了我的目標——雖然我們必須從大湖走 1 又 4 分之 1 小時的路，沿著蜿蜒曲折、深綠色的美麗 Suibipiyan 河，順著它那被茂盛植被所圍繞的河岸走，回去找我們先前結識的那位客家人。他帶了武器，找來 3 名剛好在他家、攜有寬刀和獵槍的生蕃當作護衛，我們就這麼往 Tshun-taw-kē 的方向前進，去看樟腦寮。

　　在快接近山坡的地方必須經過一間竹屋，屋子裡有 2 名巡邏的日本士兵。我沒有把他們當一回事，眼皮也不眨地從他們身旁走過——他們隨時都可能因為我未經允許就擅入蕃界而朝

我開槍。幸好沒有任何人接近我們，我們就這麼毫髮無傷地繼續向前挺進。我們的小路這時向左急轉，我們突然發現自己置身於浪漫、原始、杳無人跡的大自然之中。這條令人暈眩的小徑已多處侵蝕、崩塌，沿著河谷一側的垂直山壁而下。經過了足足半個小時，我們才接著右轉。我們登上一座向上攀升的美麗峽谷，那裡只有在熱帶地區才可能存在的繁茂植被，吸引著我們的目光──巨大蕨樹的宏偉樹冠，有宛如蝸牛般蜷曲著的蕨葉；陽光在蕉樹群的軟葉上閃爍；軟葉尖落下的露水，浸濕了蕉樹下的觀葉植物；絢麗的蝴蝶；數百年的老樹上，生著皮質、有光澤的樹葉；蛇樣的藤本植物，攀緣在樹與樹之間；絕美的蘭花；5 公尺高、有草簇的草本植物；生著箭葉的大型觀葉植物……它們與上千種其他熱帶植物交織在一起，形成一幅醉人自然景觀，連我這位熱帶專家，都不禁再次為之驚嘆、著迷。我不時因為欣賞美景而流連駐足，沉醉在這壯麗的自然景色之中。可惜我的那些嚮導不懂得品味這種自然之美，沒有留給我太多時間；他們催促我繼續上攀，我們就這樣順著一條被溪水侵蝕、多石的溪床向上走。溪床上倒臥著被掏空的巨木，溪水在可愛的含羞草、竹和嫩草間潺潺流過。很快地我們就抵達了目的地。左手邊有座造型簡單但很好看的樟腦灶。這個地方看起來如此安詳，實在讓人想不到一個多禮拜前就有 2 名樟

原始森林。

腦工人在附近被蕃人斬首，我後來也聽說，我們離開沒幾天後，又有 3 名工人丟了腦袋。

不過現在讓我們來說說樟腦的生產過程，樟腦的製程其實相當簡單。

樟樹是福爾摩沙的樹中之王，長得既高大又挺拔，胸徑經常寬達 20 英尺以上。它的生長速度頗快，樹葉形狀酷似月桂樹葉，樹幹是極為珍貴的建築木料，若是生長在取得便利的地區，時常會被人們拿來應用。樟腦即是透過蒸餾法得來的。只有富含樹汁的樹幹才能用來製樟腦，尤其是樹根部分，不能用已乾枯、碎裂的樟樹。

一個添了柴火、約 4 英尺高的土窯上，放著一個或數個裝滿水的鐵鍋。鐵鍋的上面立著一個高約 5 英尺的圓木桶。圓木桶的底部開了孔，以便讓水蒸氣得以進入圓木桶中。圓木桶裡裝滿了 3 公分長、0.5 公分寬的樟樹片，頂部加蓋並塗上黏土以防止空氣滲入。含有樟腦的蒸氣會穿過裝在木桶上的、長約 11 英尺的長竹筒，被送入一個 6 英尺高、有流水通過的密封盒裡，並冷卻形成結晶體。流水會不斷順著一根架高、微微傾斜的管子流入鐵鍋，替換掉因蒸發流失的水。這個設計非常重要，因為蒸餾木片的程序 24 小時都不會間斷。冷卻凝結的樟腦，要花費大約 1 個月的時間，才會將盒子完全填滿。

腦灶。

腦灶構造圖。

　　在世界史中，很難再找到另一個像福爾摩沙的樟腦一樣，能夠影響地方命運的植物性產品了。數個世紀以來，福爾摩沙內陸地區，壯闊、雄偉的原始樟樹林，深深刺激著人們的貪欲，吸引著他們上山搜尋，面對憤怒蕃人的頑強抵抗。早在18世紀，當時還只專注經營島嶼北部和西部、尚未插手東海岸的中國政府，就已透過壟斷樟腦業的方式，從樟樹林獲取利益，來支付一部分的行政開銷，任何觸犯法條的人都會遭受不人道的處罰。只要有人被抓到非法砍伐樟樹，就會賠上老命。光是1720年，就有超過200人因此判處死刑。這種過分嚴厲的做法引起了嚴重的反彈，政府因而決定開放人民製造樟腦，但保留樟腦的專賣權利。如今每位甘冒風險的漢人都能花自己

林中的樟腦寮旁的蕃人。

的錢，深入林中，靠著詭計或武力，來達到自己的目的。那些來自中國的客家人對原住民的殘忍暴行，以及雙方的流血衝突，都躲過了中國政府的注意——或著應該說，受到了中國政府的默許。

這種狀況延續了 150 年，直到 1868 年樟腦專賣制廢除，才勉強算是畫上句點。如眾人所知，歐洲人於 1860 年獲准在 4 座福爾摩沙的港口，以 1 擔[26] 16 圓的價格，向中國官僚買進他們以 1 擔 6 圓的賤價購得的樟腦——這些官僚認為樟腦買

26　作者注：1 擔（Pikul）＝ 60.470 公斤。

賣有利可圖，搶下了這門生意。為了不讓中國官僚占盡一切好處，這些歐洲人決定無視 1868 年才廢除的樟腦專賣制度，直接向生產商購買樟腦。他們引用先前於北京簽訂的貿易條約，表示他們並不受這項由官僚獨占的專賣制度所拘束。這個決定一瞬間就改變了歐洲人的處境。

　　只要官僚們能從歐洲人身上賺到錢，歐洲人就深受大家喜愛，並獲得各方的協助。如今情勢丕變，人們鼓吹民眾仇視歐洲人，歐洲人處處都遭受刁難。仇外情結高漲，迫使英國領事吉必勳[27] 調來一支在中國領海演習的中型艦隊到臺灣府的近海，嚇得當時的福爾摩沙總督即刻承諾，禁止一切仇外行為，並廢了樟腦專賣制度。那些和歐洲人交往最頻繁的道員都遭到免職。歐洲人至此展開了平和的年代。

27　吉必勳（John Gibson, ?-?）。1868 年接任英國駐臺領事，處理教案及樟腦通商爭議，與清廷談判陷入僵局，於是調派兩艘砲艦占領熱蘭遮城及安平兩地，是為「安平砲擊事件」。

三、往罩蘭、東勢角、臺灣[28]、阿罩霧、埔里社、水社湖[29]的旅程，以及返回大稻埕

離開大湖之際，天氣竟然難得放晴了。不久後，我們就攀上了陡峭的山坡，進入樟樹林中。我們沿著一條山稜走了一陣子，接著穿過濃密的叢林，林間只有路況很差的小徑通行。那些士兵跟我說，綿延於我們左手邊的山脈，至今仍是生蕃當道的未知領域。這道日本人仍謹守著的邊界，究竟何時才會倒下呢？1 年又 3 個月前，日本的深堀少校率領約 20 人，試圖從西向東開通未知的路線，但這支英勇的遠征隊再也沒有回到世人面前。[30] 我們沿途不時會看見冒著炊煙的零星平埔族房舍；

28　即今日的臺中。

29　Suishasee，即日月潭。

30　此指 1897 年的「深堀大尉事件」。這起事件成為引發「霧社事件」的導火線。深堀大尉，全名深堀安一郎，1897 年，奉日本總督府之命組成 14 人探險隊，前往臺灣中部霧社地區「調查蕃地」。本書作者此處似乎誤植深堀安一郎的軍階和探險隊人數。

這些房舍屬於那些被漢人趕出平原地帶的平埔族；他們移居此地，希望在大自然裡開拓出自己的新天地。來到更高處，我們通過茂密的森林地帶。船纜般的蔓生植物纏繞在樹與樹之間，尤其是一種名為「麒麟竭」（Calamus draco）的蔓生棕櫚。群山環繞，山勢蜿蜒收束，構成了一幅峽谷般的景色。腐朽的百年巨木倒臥在窄路上。扛著藤條（Rottang）的苦力唉聲嘆氣，汗流浹背地走在起伏的山徑上，身旁跟著隨行的護衛隊，避免隊伍遭受襲擊。造型魔幻的樹木、灌木、巨大蕨樹、蕉樹、寄生植物和藤本植物，狂亂地混雜交織，彷彿想將彼此壓死、驅離；地球彷彿承受不起自己不斷積累的財富。

我們在過於繁茂、野性、令人眼花撩亂的大自然界中走了數小時。突然間——多麼奇怪的反差呀！——我們踏上了一片光禿禿的臺地，名叫 Rekisuipiyon，外觀平淡無奇，很適合拿來當閱兵場。

我們在這個撞球桌般的高原上走了約半小時後，見到了1,000 英尺下的 Bōriokē[31] 平原——這座臺地旁有著近乎垂直的峭壁。原野上遍布著數以千計的水田，乍看之下，彷彿看見一片汪洋。青綠色竹叢環繞的漢人聚落，有如突出海面的島嶼。

31　應指大安溪。

　　山下似乎正在舉辦慶典；陽光灑在世上，從蒼穹傳來許多聲響——高亢的嗩吶（Klarinette）、低沉的鑼鼓，鞭炮和煙火齊鳴，以及民眾歡慶的吆喝聲。從高處看來，萬頭攢動的人群彷彿是螞蟻縱隊，走在水田間的小徑上，逐一消失在竹林內隱約可見飛簷高翹的寺廟之中。

　　我們踏著鬆動的、如階梯般堆疊排列的石塊，繼續往平原的方向下降。炎熱的豔陽無情地射下來——根本是矯枉過正！我們這群渴望找到庇蔭處的人，如今在 4 名軍警的陪伴下，行走在水田間狹長的田埂上；半小時後，我們抵達了目的地——

罩蘭的迎賓陣容。

罩蘭（Tanran）──一座約有 200 戶人家的鄉鎮。

在當地，我們被帶進一間祭祀著名中國英雄「關羽」（Kañu）的關帝廟（Kanteibiyo）──中國歷史傳說中的英雄人物多得族繁不及備載。瀨齋市長（Sesai Tongchong）代表地方向我致意，感謝我的造訪。我會請我的日文通譯，為這個歷史性的瞬間留下紀錄，自然也是情理之中的事。

然後便是用餐時間了！真是好一頓大餐啊！由於我從來不曾偏愛發酸的爛蛋、油膩得可怕的肥豬肉和沒洗好的髒米，我只好以抽離的態度，面對這份我那位林先生吃得咂嘴咂舌的豐盛佳餚。某種不明所以的水煮蔬菜作為甜點或糖漬品呈上桌。他們堅持不讓我付錢，認為請客這件事關乎自己的名譽。我力爭了許久，終於付了 1 圓錢，請他們去買香，祭拜那位掌管這間看顧我們、餵養我們的神聖殿堂的英雄豪傑。我們離開那盛情難卻的罩蘭後，不久便來到了 Bōriokē 布滿卵石和瓦礫的石頭河床。這時有好幾名跟我們走同一條路的漢人，怯生生地趕上來，緊緊地跟在我們後頭。他們不安地向我們保證說，今早有人在這附近發現蕃人的蹤影，顯然是來砍辮子頭的。他們膽怯地往某處張望說，那裡不到 6 週前，才有 3 名他們的熟人丟了腦袋。與此同時，鄰近山丘上的瞭望塔傳來警戒的鼓聲。

這些瞭望塔高 20 至 30 英尺，乃是有蘆席頂的竹製結構。

瞭望塔。

站在塔上的守衛員，會用竹棒擊打水平掛在胸前的竹鼓，用鼓聲提醒旅人提高警戒，同時向蕃人宣告他們已發現他們的蹤影、做好戒備。但就我看來，這些瞭望塔的作用其實不大。蕃人們通常會在破曉時分、霧還沒從森林和田野間散去時，就開始埋伏他們的獵物，而且跟漢人一樣，早已習慣那只要有人進

入守衛員視線內就會響起的鼓聲了。

　　我們繼續隨著地形起伏。有時我們會離開河岸一段時間，卻在下一個拐彎後，重見 Bōriokē 的身影。我們就這樣走了數個小時，來到豐饒的東勢角（Tansikak）平原。這裡的山坡上有疊嶂的梯田，耕作的狀況非常良好，不比日本的田地來得差，用的是跟日本當地一樣的人工水利設施：人們會以挖水道的方式，從地勢較高的河流或溪澗引水；河水注滿最上層的田地後，就會漸次流入下方的稻田，再從最底部的田地，排放到小溪一般的溝渠中。豔陽下的農民跪在泥濘的稻田裡，一手撐地，一手翻動濕土，將肥料施灑在稻秧的周圍。除了這裡以外，在福爾摩沙的許多地方，也都看得到做農活的漢人，從清晨工作到日落；在這樣的氣候條件下，幾乎每個從事相同工作的日本農民，最後都支持不住──這是過去的經驗所得出的結論。我從未在福爾摩沙見過日本農夫；那些聽到我這問題的政府官員向我說，過往的嘗試全都因霍亂而失敗。看來日本人不適合在這樣的氣候當中，從事辛苦的體力勞動。起初還有人期待可以利用福爾摩沙的土地，來解決日本愈來愈嚴重的人口過剩問題，現在這種想法已經徹底破滅了。[32] 要解決人口過剩的

32　作者註：1895 年底，日本人口 42,270,620 人；一年之內，人口即成長了 457,405 人。

問題，蝦夷地 33 是比福爾摩沙更合適的選擇。日本很幸運地擁有這塊領土，卻遲遲未給予它應有的重視。雖然日本在那裡已經嘗過一次殖民不利的滋味，但不論從任何角度看來，蝦夷地的物質條件都比福爾摩沙來得更好，也沒有需要認真解決或克服的難點。儘管蝦夷地因政府對福爾摩沙的重視而遭人忽視，當地的人口還是在 1886 至 1895 年間，從 333,746 人成長至 678,215 人。在日本的領地中還有這麼一塊氣候宜人的地方，可以容納數百萬名的國人，讓日本人感到十分欣慰，只待政府為墾殖者在那裡建造適合當地嚴寒氣候的房屋。無論如何，蝦夷地都會證明比福爾摩沙對日本人更為有利。根據周遭人士的看法，福爾摩沙的農業大概會繼續由漢人掌控。福爾摩沙農民的生活非常刻苦。他們賣命地工作，可能比任何其他地方的農民還要賣命，但卻很少能夠真正改善生活。根據我在各地的見聞，他們絕大多數都是佃農，耕作的土地往往屬於某些擁有廣大田地的漢人地主。這種形式的地權狀態，對日本來說不能說很有利。福爾摩沙的佃農通常以實物來支付地租。根據地契，他們必須按照特定比例繳納自己的收成。我估算不了日本方面

33　蝦夷地，江戶時代日本對蝦夷人（今阿伊努人）居住地的稱呼，泛指今日以北海道為中心，包含庫頁島及千島群島的地區。

的稅收有多少，但肯定不會太多。在福爾摩沙，只有耕地需要繳稅，屋主和企業主都不用，非常奇怪。[34] 田租總共分為以下三級：

■ 稻田
　　・第一級　　每甲地（約 4,680 平方公尺）3 圓 79 錢 6 厘
　　・第二級　　每甲地（約 4,680 平方公尺）3 圓 10 錢 5 厘
　　・第三級　　每甲地（約 4,680 平方公尺）2 圓 56 錢 6 厘
■ 其餘旱地
　　・第一級　　每甲地（約 4,680 平方公尺）3 圓 10 錢 5 厘
　　・第二級　　每甲地（約 4,680 平方公尺）2 圓 56 錢 6 厘
　　・第三級　　每甲地（約 4,680 平方公尺）2 圓 4 錢 8 厘

　　依照土地的生產能力分為三級是非常合理的做法，因為有些地區的農民可以種到二期、甚至是三期稻作。儘管收成很好，農民卻還是生活得很辛苦。他們白天通常只吃幾碗米、喝幾口茶 —— 茶當然不加糖，跟其他亞洲國家的人一樣 —— 唯一

34　作者注：過去在許多地方被允許且習慣以米的形式繳稅；但根據新的公告內容，這種納稅模式已經取消了。

的放鬆活動就是偶爾抽抽菸。他們所用的菸斗長得很像拐杖，以長竹管製成，根部向上彎起，末端有頂針造型的開孔。

遇到豐收的時候，福爾摩沙的農人不會把錢存下來，而是拿來享受、大肆慶祝——他們經常買來烤豬肉和三燒酒，如果有能力負擔，也很愛為自己或家人購置絲質衣物或珠寶，並在下一次歉收時流落到當鋪倉庫裡，為當鋪老闆帶來豐富的進帳。

為了提高畜牧業和農業的水平，日本在大龍峒成立了農業－畜牧業試驗場[35]，致力於引進各式更先進的新型現代機具和工具。只不過，我擔心這些改革嘗試無法獲得漢人的支持，因為他們非常安於從孔子時代就未曾改變的現狀，對所有不熟悉的東西都心存懷疑。

東勢角似乎近在咫尺，但這是錯覺。通往東勢角的路程不可思議地長，令人有股被騙的感覺。這條僅 1 又 2 分之 1 英尺寬的狹窄公路，綿延於水田間，彷彿沒有盡頭。一行人映照在

35　明治 28 年（1895）日本政府於臺北文武町（今北一女中附近）設置水稻試作場，翌年遷至大龍峒，至明治 33 年（1900）改制為臺北縣農事試驗場，明治 36 年（1903）廢置，另於臺北公館（今羅斯福路四段、基隆路四段一帶）設立臺灣總督府農業試驗場。大正 10 年（1921）改稱臺灣總督府中央研究所農業部，至昭和 14 年（1939）再度改制為臺灣總督府農業試驗所，戰後改組為行政院農委會農業試驗所。

水面上的身影，形成了一幅賞心悅目的畫面。小路在距離目的
地的半小時處銜接上主要幹道。幹道旁有一條寬闊的水渠，渠
邊長著幾棵傾斜的美麗柳樹。從上方田地流下來的灌溉用水，
咕嚕嚕地注入渠道。狀似橡樹的高大老樹，一落落地矗立在
水田之間，宛若水漠中的綠洲。我們終究還是抵達了東勢角
警察所，是一棟有錢漢人的故居。一位發著高燒的警官在此
迎接我們的到來。他告訴我，他們安排我寄宿在撫墾署，從
昨天開始就在等我們了。我們於是迅速動身前往我的夜宿之
處。撫墾署位於莊外一條河流上方的坡地上，必須經過一座
搖搖晃晃的便橋才能抵達 —— 原來的便橋 8 天前才剛被沖走而
已。撫墾署署長越智元雄在撫墾署前迎接我。他年約 45 歲，
長著一張聰明、狹長、修剪整齊的臉孔。觀察他的行為舉止，
他顯然出身貴族世家。他們在前屋為我 —— 還有我的通譯和僕
役 —— 整理出兩間房間。幾張鋪著床罩的床墊，還有擺在床上
的火鉢（Hibachi），是房裡的全部擺設。官方澡堂（officielle
Badestube）裡已經放好了一缸水。我從澡堂走回我的房間，
看見地板上擺著我的東道主送來的禮物：兩瓶上等的大阪清
酒、幾顆蕃人從聚落採來的柑橘 —— 那是未經栽培的野生水果
—— 蛋，還有一盤切成塊的雞肉。除此之外，旁邊還放著大蒜
和醬油，以及兩個在火鉢的炭火上煎雞肉用的鍋子。我一面在

火鉢的三角架上準備美味的大餐，一面接待了一群正好來撫墾署的蕃人，是泰雅族人。他們打招呼的方式很奇怪──會在肩膀高的位置握拳，把雙手放在胸口，然後上下擺動拳頭數次，好像是在顫抖；還會加上點頭。這就是他們問候別人的方式，還真是非常奇葩。──才剛吃完晚餐沒多久，撫墾署署長就跑來找我了。他的身邊跟著一位來自葫蘆墩（Koroton）的職員，葫蘆墩位於從這裡到臺灣的半路上。越智元雄從前是一名教師，我後來聽別人說，他對自己的工作懷抱著無比高尚的熱誠，非常嚴肅以對。他是個擁有純粹博愛精神的人，堅定地相信蕃人能夠透過恩威並行的方式加以感化。根據他的說法，蕃人就如同孩童般的無知，經常犯錯，因此也不須為自己的過錯負責。他深信蕃人懂得知恩圖報的道理。這樣的態度顯然為他贏得了許多尊重；然而即便如此，他還是必須承認，如果哪天惹惱了這群人，他還是可能為此丟了腦袋。此刻就有一位頭目覺得被他冒犯，總是出沒在當地某間撫墾署出張所。署長說，他確信自己如果在森林裡撞見那位生氣的頭目，他肯定會取自己的性命，而且一點也不覺得自己做錯事。──越智元雄學習當地蕃話已經有兩年的時間了；他打算在近期出版自己的蕃語集。他直到半年前和這群人打好關係以後，才開始對他們進行道德感化和教育，並教導他們如何明辨善惡。

　　外頭傳來多人齊唱的聲音，聽起來既單調又憂傷，讓我不禁想起許多年前在梅哈迪亞（Mehadia）聽到的羅馬尼亞曲調。同一時間，月亮女士正在鞠躬致意。[36] 蕃人們在房屋前的廣場跳著舞──說實話，與其說他們是在跳舞，還不如說是圍著圈，手勾手地前後踏步。正中央站著一名領唱人，即興吟唱簡短的樂句，其他人則齊聲應和。這裡的女人看起來也比男人更健壯，雙手和臉龐紋了面，跟大湖那邊的蕃族女性一樣；至於男人，則只有下巴有紋面。

　　這位撫墾署署長的轄區，總共包含 15 座村莊：Buyan、Sūlū、Rōbuyō、Manapan、Waihilhan、Rō-on、Temokubonai、Chimmui、Saorei、Yukanraiwan、Pēmō、Lilan、Alankura、Ueamuck 和 Nona。根據他的估算，他的轄區內有 2,500 名蕃人。福爾摩沙的 11 間撫墾署，總共登記有 86,832 名蕃人，但蕃人的人口遠遠不只如此──根據臺北方面的估計，總人數應在 200,000 人上下。儘管撫墾署十分善待蕃人，對署長或他的職員而言，跟泰雅族人回部落還是一件非常危險的事情──不久之前，才有一名撫墾署職員和兩位同行的漢人，在訪問部落

36　此處的典故是德國作曲家林克（Paul Lincke）的輕歌劇《月亮女士》（*Frau Luna*）。劇中的詠嘆調〈柏林氣息〉（Berliner Luft）曾被用作金蘭烤肉醬的廣告曲。

時遭到襲擊；兩名漢人慘遭殺害，那位職員則立刻朝兇手開槍，並迅速逃離現場。我問他為什麼沒有動用一切管道緝拿犯人，他說他自己會盡可能地避免這種做法，並向我說了如下的話：事發後，當地的頭目很快地就跑來跟他道歉，並告訴他，那位被他們褫奪公民權的犯人，已經被族人永久驅逐了。還有一次，越智元雄把 3 名砍了漢人頭顱的蕃人，還給了他們部落裡的人。這位撫墾署署長嚴正地譴責了那些殺人者，取走了他們的武器和衣物，並告訴他們，如果他們的行為像野獸一樣，那他們也應該像野獸一樣走動。他向我保證，這些人因此非常地羞恥。等到這些犯人意識到自己所犯的錯，並請求他的原諒後，他就把衣物和武器還給了他們，把他們放回森林裡。

不過我實在很懷疑，用這種沒有任何殺傷力的手段，把蕃人當作是不聽話的小孩，到底是不是個讓他們改過向善的好辦法。

下面的這則故事，很適合拿來說明這些未受文明洗禮的自然之子，有多麼天真、多麼缺乏羞恥心：有一天署長送了幾件工具和一些種子給那些來撫墾署的蕃人。由於可怕的暴風雨隨時就要來臨，他勸告這些人不要上路，但他們還是決定動身，以便趁早把禮物帶回家去。正當他們準備過竹橋的時候，竹橋被暴風雨的雨水沖垮，2 名蕃人掉進了暴漲的河水中。其中一

個人緊抱住河水中突出的一塊岩石，另一個只能抓著身邊漂浮的竹子和斷橋的碎片。一位很會游泳的撫墾署職員，救了他們兩個人。過了幾天，他們的頭目跑來撫墾署，厚顏無恥地向他們要新的禮物，還指責署長說，如果橋蓋得好一點，禮物就不會弄丟了。聽完這些話，署長駁回了頭目恬不知恥的要求，並對他說，身為頭目，他竟然沒有反對族人提出這麼無恥的要求，反而以這麼奇怪的態度，跑來講一堆蠢話，實在是太丟臉了。經過他的指正，那位頭目讓步了。他很抱歉地回說，他剛才只是在傳達自己的族人的立場，他來訪的目的，只是為了感謝他們之前贈送的禮物；但話才說完，就繼續開始要新的禮物了。

依我所見，這群蕃人根本不像有著博愛主義思想的越智元雄所相信的那樣童稚。我傾向認為這些無賴既貪婪又狡猾。

我們走回屋裡，那些蕃人這時卻跑了進來，邀我們到外面去，一起參與他們的餘興活動。

他們圍坐在一大盆三燒酒的旁邊，用碗公從酒盆裡撈酒，然後叫我們每個人都從碗裡喝酒。儘管我對這種痛飲方式感到很不舒服，但因為不想冒犯他們，我還是得湊合著喝。這時他們又開始跳起舞來。他們圍成一個圈，彼此交疊雙手，然後踩著緩慢的步伐，用類似波卡舞曲的舞步從左向右移動，結束後

再換邊。這個舞蹈和領唱人帶著鼻音唱的沉悶曲調一樣，毫無熱情可言，讓人昏昏欲睡。

一名蕃語通譯向我指出，他們唱的歌在讚美撫墾署，因為這裡隨時都有吃不完的食物、喝不完的燒酒，比林中的生活來得更加美妙。

那些人看起來多麼可憐啊！根據署長所言，由於他們多半疾病纏身，很少有人能活到 60 歲。生活在潮濕的森林裡，承受劇烈的溫度變化，只有簡陋的茅屋棲身，營養不良，百病環伺……總之，這些差勁的生活條件會造成早夭，可說是一點也不令人意外。某些山區裡的部落，就算沒有重大事故發生，大概也會在可預見的將來消亡殆盡。雖然這些友善的人所從事的餘興活動，既刺激又富有教育意義，大自然的力量終究還是占了上風。我筋疲力竭地爬進了睡袋，想要好好休息。但才剛闔上眼睛，就聽到紙窗那頭傳來窸窣的聲音。我從床墊上坐起，定睛一看，發現紙窗上有幾個用手指戳開的洞，後面有許多眼珠子對準著我。那些蕃人從來沒有見過白人，以致我的一舉一動，都使他們感到興味盎然。只不過，成為他們好奇心的對象，令我感到坐立難安，我的一夜好夢也就到此為止了。

隔天一大早，我跟撫墾署署長道別時，已經喜歡上他這個人了。除了署長以外，一些警官、地方官員和其他機關幹部，

也前來祝福我旅程一切順利。我們從撫墾署的後頭下切至高漲的 Bōriokē 河床，這裡的橋 8 天前才剛被沖走，於是我們乘坐渡船渡河。接下來的兩小時路程，大半都是在稻田間移動，田裡有辛勤的農民，跪在爛泥巴裡工作。我們的目的地石岡庄（Sekkoshō），有警察在那裡駐紮。

我在石岡庄喝了杯茶提神，就繼續上路了。接下來的路上，我們經過了許多豐饒的田地，農民在豔陽下致力於他們的農活。在我們的右手邊，可見綿延舒緩的山脈，造型上毫無稜角，線條也絕不凌亂。差不多是正午時分，我們抵達了葫蘆墩。葫蘆墩顯然是座商業小鎮，幾乎家家戶戶，都在從事竹匠或鐵匠的工作。我們因為趕時間的關係，只在一間極為簡陋的宿屋裡，吃了一頓簡單的午餐。由於我們不想太晚到臺灣，只好回絕了署長（Bürgermeister）的邀約。

我們又漫步了數小時，路上看見了許多中式墳墓——墳墓上蓋著許多寫著虔敬格言的長紙條——最後終於抵達了臺灣。臺灣於 1885 年成為福爾摩沙首府——或者該說，是為了作為首府而設立的。

福爾摩沙於 1885 年獨立設省後，以巡撫衙門（Sitz des Vizekönigs）和省會（Hauptverwaltung）預定地的身分建立臺灣。人們劃定了大塊土地，在這塊土地的周圍築起城牆，大規

模地興建政府建築，最後卻白忙一場——因為很快地就有人發現，這個坐落在稻田間的地點，對人體健康很有害，而且毫無實用價值。於是這座冠上省名的省城（「臺灣」是福爾摩沙的中文名字，意指「升起的海灣」〔aufsteigende Bai〕），就成了一個徒具外表的存在。

直到日本人來到，臺灣才被賦予它的價值，成為福爾摩沙中部的首都（Hauptstadt），有了自己的地方政府、法院和大量駐軍等等。先前由漢人建成、卻從未使用過的大型行政建築，如今有上百名日本公務員在裡面辦公。這一帶的日本影響特別明顯，因為臨近這棟政府建築的街道上，開了許多日本商店。除了軍人和公務員之外，臺灣還住著約 700 名日本居民。

縣廳（Kenchio）那裡已經收到我來訪的消息了。他們承諾會盡可能地協助我的後續行程，但只讓我旅行到集集為止，因為那一帶最近情勢很緊張，而且他們近日將在埔里社、集集和嘉義一帶，對叛亂分子進行大規模的圍剿行動。他們問我一行人中有沒有人配槍，我說我自己沒有，因為我覺得帶武器很沒意義。我在縣廳內安排好後續的旅程後，就前往我今晚的下榻處。然而在那裡迎接我的，卻是個令人不愉快的驚喜。那是一棟從日本人那裡租來的、滿布灰塵、臭氣沖天、全是害

蟲的中式房屋，完全為了破壞一位無知旅人的心情而存在。愈深入這棟房屋的深處，心情就愈差，也愈來愈感到噁心。日本人並沒有在這個中式豬圈裡，留下任何他們那舉世聞名的、偏好整潔的痕跡，我必須很遺憾地表示，我已經在福爾摩沙遇到許多間日本房舍，髒亂的程度可以跟漢人一較高下。

他們分配給我的破房子實在太可怕了。即使今日回想起來，我仍舊為此感到毛骨悚然。雨水從屋頂的大破口落下來──這個屋頂也是我的客廳天花板。我的房間和走道之間，隔著一道比地面高 5 英尺的木牆，任何人都能從上面爬過去。至於房間的另一邊，牆上沒有窗戶，只有裝著竹柵欄的開口，通往滿布灰塵的庭院，裡面有被垃圾堵住的水溝。

我無意喚起讀者的不適感，所以就不再細述這棟宿屋及其周邊建築，光是回想，我的肚子就翻攪起來。在這樣的環境之下，我連一口點心都吃不下。我在對街找到了一家餐廳。聽說店裡吃得到歐式餐點，因為政府官員都在那裡用餐。

對許多日本人而言，吃歐式料理──可別問我怎麼吃──跟穿西服一樣，是一種良好舉止的表現。這個被稱為餐廳的地方，用餐區設在二樓。二樓的地板，實際上是樓下的竹製天花板，它隨著我的每一步腳步晃動，讓我深怕自己會跌下去。用餐區的房間裡，擺著一張長得永無止境的桌子，從房間的一頭

延伸到另一頭。桌子上鋪的桌巾，沾滿了上個禮拜留下來的醬痕。看來這裡也是噁心至極！經歷了長時間的思考，我決定鼓起勇氣，點了一塊烤牛排，並懇求他們盡可能注意整潔衛生。人餓的時候吃什麼都好吃，而且我必須坦言，儘管環境讓人感到沒有食欲，我還是吃得相當盡興。話雖如此，我還是很開心隔天一早我們就離開了這個地方。很快地，我們就抵達阿罩霧（Atammu）休息，這裡住著漢人富豪林朝棟（Lin-sho-do）[37]。憑著一封寫給這位大財主的介紹函，我穿過有華美金雕裝飾的大門，走入這間沒有圍牆、與地面等高的大宅院。門廊的屋頂大膽地翹起，屋脊上有鮮花、漩渦、蟠龍造型的裝飾。而在雙開門上，則繪有比真人更大的中國英雄，用色很協調，十分好看。通過大庭院後，只要穿越一道圓拱門，就來到下一個庭院。這個庭院的右側是戲臺的後方，其對面連接庭院的寬邊處，也就是開放的門廳所在。我把介紹函交給站在那裡的僕役之一，由他轉交給臥病在床的那位主人。代替他出場的是他的大兒子林朝崧（Lin-sho-shun）[38]，一位衣著講究、外向的 19歲年輕人，他為自己的父親連賠不是。儘管他年紀輕輕，但已

37　林朝棟（1851-1904），彰化人，臺灣清治時期著名將領，霧峰林家第六代。

經新婚 6 個月了。漢人通常都很早婚 —— 所以才會有這麼多小孩 —— 但這位高雅、富有的漢人，還是算結得特別早。他等不及要有個自己的繼承人，因為這樣他就能夠放心，知道自己死後會有人固定祭拜他，確保他來世的安寧。

林朝崧穿的是紫丁香色的絲綢服飾，頭戴一頂著名的、有紅釘的中式綢製無邊帽[39]。在他背後晃動的那條保養得宜的辮子，可以令任何歐洲少女感到驕傲。

我的小林擔任通譯。為此他感到很自豪，因為他成為這場對話的關鍵要角，假使少了他的語言能力，對話就完全無法順

38　林朝棟大兒子的名字並非林朝崧，而是林資鏗，此處應為作者誤植。林資鏗（1878-1925），字季商。1895 年 5 月臺灣割讓，隨父林朝棟回大陸。1904 年林朝棟去世，由林季商襲爵，旋於 1913 年入中國籍（1915年才脫日本籍）。1915 年加入中華革命黨，並捐貲贊助革命，1918 年被孫中山任命為閩南軍司令，歸陳炯明節制，協助孫中山革命，然為陳及閩省軍閥所忌，同年曾被捕於鼓浪嶼自宅。陳炯明叛變復被捕，後脫離軍旅，改營實業，創疏河、華針公司，1925 年為軍閥張毅所捕遇害，得年 48 歲。林朝崧，字俊堂，號癡仙，霧峰人。霧峰林家下厝二房林文明第六子。19 歲中秀才，有文采，日本領臺，與母回大陸，後回臺。1902 年創立櫟社，與社友約 20 人互相酬唱，為日治時期臺灣最重要的詩社之一。1914 年板垣退助來臺鼓吹創立同化會時，積極參與，一度上京（東京）亟思有所作為而未果，遂抑鬱而終。其詩文集《無悶草堂詩存》遲至 1933 年才出版。

39　應指清代的瓜皮帽。

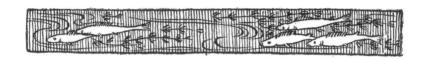

利進行。他用他的洋涇浜英文，把我的問題翻譯給這位年輕當家聽；而要解讀他那些文意不通的回話，時常需要動用讀心術。

過了不久，那位虛弱的大家長也出現了，年僅 40 有餘。他身穿青綠色的絲綢外袍和藍絲褲，頭上戴著和自己兒子同款式的帽子。講完例行的「請、請」（Tschin-Tschin，日安）後，我向他表示，如果他身體仍未痊癒，不需要為了我離開病榻。但他並未接受我的提議，先是邀請我共進午餐，接著感謝我的來訪，直到這時才終於告退，還不忘再三表示禮節。我接受了他兒子的邀約，一起遊覽這間頗具規模的大宅院。我們悠閒地穿過一重重的廳堂和院落，來到一座庭院式的花園，花園的四面都被與地面等高的建築包圍 —— 那裡是女眷的臥房。我無緣一睹她們的芳顏。儘管在這方面，漢人早已不如土耳其人或阿拉伯人來得敏感，我還是沒過問女眷的人數。這座花園宛若以幾何作圖而成，裡頭盡是沒有圍籬的花壇。每一株植物，彷彿都被奪走了自然生長的機會。成排的鐵盆裡，種著無精打采、像是康乃馨的植物。還有造型簡單的木藤架，上面攀附著老葡萄藤和其他類似的東西。

接下來，我被帶進有著大型彩繪壁板的房間；壁板的底色是黑色的，上面繪有一些僅具裝飾性的圖畫。另一個房間裡，

掛著一幅畫得極為生動的掛物（Kakemono，畫軸），畫的是一個髮纏佛珠（Rosenkranz）、喝得酩酊大醉的老人，看起來很像一名醉酒的酒神信徒。然而這幅畫的整體感，卻被後面綴有紅藍色鮮豔斑點的牆面破壞殆盡。林朝崧似乎為距離其住處約 5 分鐘的那座花園感到特別自豪。儘管我看完前面的部分，已對逛花園感到意興闌珊，但帶我參觀他的樂園，似乎讓他感到很開心。

炎熱的陽光照射下來，簡直要熱死人，雖然有綠樹遮蔭，我的頭頂還是快烤焦了。當我們終於抵達林朝崧的伊甸園時，我深深地鬆了一口氣。如同每個中國人，他對蚊蟲最喜愛的水塘有特別的偏愛，這裡自然也免不了有一座。水上漂浮著一艘笨重的拱頂遊艇；和那座小水塘相比，實在大得太過誇張，看起來跟水杯裡的核桃一樣突兀。一座典型中式繁複風格的大樓閣，將花園一分為二。這裡也一樣，不論你往哪個方向望去，多彩的磚牆都比繁花更多，或者該說，看不見非人工栽培的鮮花。如果不是中國人，大概無法理解這樣的品味。像是一個空間不夠放的花商，他們把一排排花盆緊緊地擺在一塊，花朵完全無法自然生長，彷彿要將它們全部窒息。導覽的最後，我的東道主帶我去看整座花園最珍稀的傳家寶，一株雪白、石狀、葉似茶花的花卉，花香甚佳。這種花叫「巖笑」（Hashō），

日文讀作「Gansho」，意思是「宮女的笑靨」（Lächeln einer Hofdame）。與此同時，在富麗堂皇、陰涼的門廳裡，已經擺好餐點了。門廳給人一種如假包換的、東方貴族的氣派印象，屋梁上滿是取材自中國神話的雕刻和繪畫裝飾，後方和兩側狀似凹室（alkovenartig）的空間，有架高的、鋪有座墊的座位，顯然是設計給政商名流使用。門廳的旁邊是專門用來演戲的戲臺，造型相當魔幻，特別突出。它的飛簷翹得比普通的更高，鑲金的屋梁有繁複的雕飾和彩繪，陽臺般突出的舞臺缺少帷幕或布景，只裝了欄杆，給人一種尊貴的印象。舞臺高出地面約

林朝棟的私人戲臺。

6 英尺。舞臺前側的欄杆扶手上，放著 6 個充當火炬臺的跪姿人偶 —— 聽說是在表現 17 世紀的荷蘭人。舞臺的後側牆上有 3 個蓋著布幕的門扉供演員進出。

我們坐下用餐。在林朝棟的指示下，桌上布置成西式餐桌擺設。宅院裡的 2 位廚師有一位會做西餐，看來是使出了渾身解數。他們端上來數十瓶想得到和想像不到的飲料 —— 後者包括一種所謂的「日本酒」，喝起來甜膩而不自然，添加了人工色素，沒有任何葡萄的成分 —— 供我挑選。我最推薦的是一款德國工法釀造的日本啤酒，以及干邑白蘭地。接著就開始上菜了。很快地我就驚恐地注意到，那位平時乾淨、討喜的年輕人林朝崧，西餐禮儀完全不及格。他發出各式各樣刺耳粗野的聲音 —— 擤鼻涕、清喉嚨、咳嗽，而且不斷大聲地把痰吐進身邊的手巾裡，好像要藉此替代忘記安排的宴會音樂似的。每當他用手巾吐完痰，站在他椅子後面的僕人，就會立刻把手巾拿來，用熱水清洗完後，再將冒著煙的手巾交還給主人使用。上菜的空檔時，人們會從放置於餐桌正中央的大碗拿甘蔗和香蕉吃，然後把果皮大刺刺地順手丟在餐桌下面，地板很快就看起來像是豬吃完飯的樣子。但我可不是只會說壞話。上菜的時候他們會留個空檔，讓僕人們把果皮菜渣掃除乾淨。「整潔近於美德」（Ordnung ziert das Leben），看來這句俗話在這裡依然

適用！

在這頓至少2、30道菜的大餐裡，前菜、正餐和點心都有各種酸甜菜餚，湯品更是多得不得了。我們痛快地大吃一頓，少說吃下了一整棵樟樹的收益，不過因為林朝棟是福爾摩沙擁有最多樟樹林的人，我可以盡情大快朵頤。整頓大餐吃下來，最精采的無疑是那柳橙大小的橘子 —— 它們散發出迷人的香氣，而且如奶油般地入口即化。用完餐後，林朝棟把他的照片送給我，讓我十分感動。帶著喝足日本啤酒的愉快心情，我跟他們親切地告別，爬上了我的轎子。

過了雙冬（Sang-tan），我們離開了平原地區。隨著地勢起伏，我們沿烏溪（當地人稱它為「大肚溪」）而行，幾度涉水而過。我們的腳步領著我們進入險峻的河谷，一路攀升至龜仔頭（Kishitō），我們被迫在此停下過夜。這裡的派出所是一棟冒著煙的小土厝，裡面我猜想有5、6名警察，還有另一棟建築，裡面駐紮了更多的憲兵。我的日文通譯由一名警察陪同，為我們前去尋找落腳處。我們的選擇不多，因為龜仔頭和雙冬一樣，是個只有20多間土厝的窮鄉僻壤。我們很快地就找到了旅店。旅店老闆是2名前日本苦力，他們3個月前才轉行開業，為前往埔里社的旅人 —— 大多數是日本官員 —— 提供住宿。我在這間旅店裡住下來；老闆向我表示，這間豪華旅社

花了他們 270 圓，因為工匠的薪資很高，而且一天只工作 5 個小時。那是一間長 10 公尺、寬 5 公尺的竹屋，牆壁用泥土糊過。室內空間以蘆葦紙牆隔出 3 間房間。比地面高出 2 英尺、鋪有床墊的住房一旁，有一條 1 公尺寬的通道，上面沒有安裝簾幕或拉門。如有需要，必須自備其餘必要用品。空房只剩下兩間，由我們一行人和一路陪同我們的軍警平分。我的苦力們住進一間所謂的「苦力旅社」，物美價廉，每人每晚的住宿費只要 11 錢，還附早晚兩餐。

　　這個世界上大概找不到更陽春的臥房了，但經歷過臺灣那間噁心又不衛生的住所，我感到非常舒適。旅店老闆設法從一位漢人家裡，弄到了一套桌椅。我坐在庭院的竹蔭下，一面愜意地抽著菸，一面欣賞龜仔頭高地周圍的蓊鬱山色。夕陽的餘暉映照大地，然而很快地，滿月就從東邊的山頭後升起，取代了夕陽的地位，魔幻的月光照亮了整座森林。東方的山中有火光，那裡住著一群番人，在這裡同樣不受歡迎，因為上個月他們才在附近砍下了 3 名漢人的頭。我在屋子外頭生火煮晚餐，然後直接在外面吃了起來。我用雞肉咖哩罐頭配飯，因為剛才路上很渴，所以大大地喝了一口水；置身在這一片福爾摩沙的田園景色之中，有雞犬在身邊奔跑，我感到非常愜意。大霧於 8 點左右湧現。旅店老闆叫我趕快進屋，不然肯定會染上瘧

疾；我認為他說得有理，於是接受了他的建議。從龜仔頭的高級警官 —— 他已在當地任職了 2 年半之久 —— 口中，我對蕃人在漢人心中所喚起的不安和恐懼，有了更多的認識。我那位更早入住這間三室旅店的室友，向我證實了這件事。這位可憐人是一位從臺灣來的日本商人，他有貨要送給埔里社的撫墾署。早在 8 天前，他就率領一支大貨隊 —— 他為此聘了 30 名挑夫 —— 抵達此地了。然而因為害怕獵頭人和叛亂分子，他的挑夫連工資都沒領就全員逃走，只留下他和一堆沒人搬的貨物。那位身陷困境的商人只得重新回臺灣一趟，雇一批新的人馬。由於今天替補人力已經抵達，他打算明天繼續往埔里社前進。

似乎是受其他苦力的影響，我的苦力們 —— 出於謹慎，我一路上只有給他們買足夠填飽肚子的伙食費 —— 也開始憂慮了起來，因為我那位小林跟我說，他們想要掉頭折返。我費盡唇舌才說服他，我們的旅隊人多勢眾，還有 2 名荷槍實彈的憲兵隨行，絕對不可能遭遇到任何危險。我漸漸地平復了他不安的心情，並請他把我的意思，轉達給他那些身手矯捷的漢人同胞。

福爾摩沙的苦力很難伺候，尤其是在苗栗至埔里社一帶，可說是被日本人慣壞了。為了避免他們心生不滿，日本人付給他們的工資，跟他們的生活所需完全不成比例，以至於那些

苦力只要工作一天，就可以遊手好閒地過上5、6天。福爾摩沙的苦力，只需有個15至20錢，就能當大爺了。然而在許多地方，我卻必須付給每人1圓50錢的薪水，對他們來說可是一大筆錢，而這是當地派出所提供給我的合理價碼。那些老住民跟我說，在日本人來以前，苦力的日薪從不會超過50錢。如今你開出低於1圓的日薪，已經不可能徵到人了。起初在1895年福爾摩沙動亂期間，日本派來了大量的苦力和輜重兵，但由於他們一批批地因氣候和過度勞累倒下，再也沒有人願意從日本過來了。福爾摩沙的苦力逮住機會拉高工資，而這個戰時的價碼，也就沒有再降下來過。假使日本人突然調降工資，很有可能引起動亂，那些不滿人士──所謂的叛亂分子──的人數也會因此增加。日本人寧可付錢，也不想造成這種結果。占領初期，日軍各項嚴重的侵犯和暴行，招致了民眾的反感；如今他們希望藉由懷柔手段，贏回那些激動的住民的信任。這也是高層的指示。不久前，一份由已卸任的乃木伯爵總督所頒布的天皇諭令如此寫道：「福爾摩沙及其周邊島嶼（澎湖）已納入我國領土，然而部分臣民仍未心悅誠服。我們因此須以寬容及善意待之，體察其心情及習慣。」

以及：

「法規及條例應力求簡明扼要。」

　　「生命及財產安全尤其應受到重視，藉此提高居民之信任感及安全感。」

　　「賄賂國家官員之行為應受到嚴厲譴責，並予以根除。」

　　「官員及民眾間應保持緊密關係，以便日人能熟悉本地語言，福爾摩沙人亦能熟悉國語（日語）。」

　　「就稅務而言，如若可行，應沿用福爾摩沙之舊習。」

　　「對待本地人應以寬大為原則，以和解代替懲罰。官方應盡可能避免採取暴力手段。」[40]

　　不過在失去民心後，才決定吹響和平之聲，已經有些太遲。如果當初有公正廉明的行政機關主導，如今就不須要付出這麼多耐心和堅持，來取得原本能輕易獲得的處境。

　　露水沾濕了灌木和青草；微曦下，蒼白的月亮仍依稀可見。「苦力在霧中尋找他的道路」，當我在晨昏中離開龜仔頭，揮別我那間簡陋卻乾淨的臨時住所時，大概可以這樣自由地引述歌德的話語吧。[41]

40　作者此處引用之文獻，有待考據。

41　此處改寫自歌德名詩〈迷孃曲〉（Mignon），出自《威廉・麥斯特的學徒歲月》（*Wilhelm Meisters Lehrjahre*）。原句為「騾子在霧中尋找牠的道路」（Das Maultier sucht im Nebel seinen Weg）。

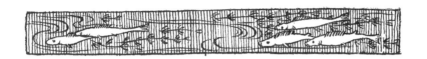

藤橋。

　我那位小林由於腳受傷，坐上了我的轎子 —— 坐在轎子上的他，像極了一名中國官員，而我則愉快地走在沾濕的野花間，令人神清氣爽。

　我們首先掉頭，經過一座覆滿蘆葦、土壤肥沃的廣袤高原。若是加以開墾，必能將這片平原，化為能夠養育上千人的豐饒地區。烏溪的下游和大肚溪相接，森林生長在岸邊的陡坡上。一座以藤纜搭成的橋，垂吊在烏溪兩岸的立柱之間。由於橋已經壞了 —— 是自然損壞或其他原因，不得而知 —— 我們無法直接步行，而是得爬上未受損的藤纜扶手，才能過橋。但這樣的事情也許猿猴做起來更容易點，因為人類並不善於攀爬之術。如果在上頭會頭暈的話，恐怕很難完成這項任務。 ——至於我的轎夫和挑夫，則不得不繞遠路，尋找可勉強渡河的淺

灘。我們在一座先前介紹過的瞭望塔旁，等他們前來會合。

　　那些守衛員的處境並不值得羨慕，因為當衝突爆發時，他們是首先落入蕃人手中的一群人。我們與一支由憲兵護衛的苦力隊伍錯身而過，他們扛著藤條和樟腦，正在前往最近的港口。在埔里社附近這一帶，顯然有許多人罹患甲狀腺腫。這讓我想起奧地利的史泰爾馬克（Steyermark），和其他某些盛行這種醜陋疾病的山區。至於這背後是否有特定的本土原因，我就不得而知了。

　　我們沿著南港溪（Hōkokē）走了很長一段時間。這條貨真價實的山中溪流奔騰澎湃，順著山勢滾滾而下；在茂盛熱帶植被覆蓋的陡峭河岸間，濺起綠色泡沫的溪水急速墜落，衝過一切阻擋在前的岩塊。溪谷裡的石壁，有些簡直像是糊上了翠綠、長柄狀的巨型箭葉，就裝飾性而言無與倫比，非常壯觀；而那些少數、遭受雷擊而徹底碳化的樹幹，上面垂著可愛的藤本植物，帶有陰沉的筆觸。

　　我們周遭的景色變得更為原始，路況也愈發惡劣了。我們翻過了許多座地勢險峻的山，那些可憐的苦力必須費盡心力，才能把空轎子搬過去。我因為沒穿涼鞋或釘鞋，在一處山坡滑倒，翻滾了好幾圈，才極其幸運地成功攀住了一節粗壯的樹根。即使身上沒揹行李，要在炎熱的熱帶氣候裡爬山，也是一

南港溪畔的旅舍。

件讓人汗流浹背的苦差事！

　　接近中午時，我們又來到一座高原；就像龜仔頭高原一樣，這裡只要開發過，必然會帶來極高的利益。高原的盡頭，有兩間為苦力服務的旅舍，苦力們在爐子旁補充體力，而且只要付個幾錢，就可以吃上一大份紅糖飯。

　　旅舍的對面是用泥土蓋成的南港溪軍事基地，裡頭駐紮了一整連的部隊。在離基地很遠的地方，有些漢人正在燒蘆葦；火焰飛快地蔓延開來，簡直一發不可收拾。閃爍的火光，發出像是上千架機關槍齊發的爆裂聲，把所觸及到的一切吞噬殆

盡。這時突然颳起了一陣風，將火焰迅速地吹過整片高原，朝向鋪有蘆葦屋頂的軍事基地而去。基地也因此暴露在風險中，很可能在短時間內燒成灰燼。人們緊急召集了士兵，把兵營附近的蘆葦砍倒，以最快的速度運離現場。靠著大家的齊心協力、竭盡所能，才終於遏止了迫在眉睫的災難降臨。在欣賞完這場正經戲後，我走回苦力小屋，在那裡又看到了一幅滑稽至極的景象：一位結伴前來旅舍的藝妓，正在光天化日之下梳妝打扮。這位佳人正在去埔里社出差的路上，她顯然是懷抱著高尚的動機，要以自己的歌喉、談笑和所有魅力，來慰勞那些派駐當地的寂寞官員。她從漆面行李箱裡頭，取出了鏡子、上等和服和最美麗的腰帶（Obi）。看來她是想有個華麗的出場。她在同伴協助下，戴上絲製的貴重飾品，在髮中插上妖媚的人造花，雙頰塗上了胭紅，並畫上了精美的人工眉毛 —— 眾所周知，藝妓的眉毛是剃過的，只有宛若絲線似的細眉，才稱得上漂亮。那南港溪的隆隆水聲，以及鄰近警衛塔傳來的竹梆聲，和那位滑稽地撲著粉的藝妓，形成奇怪的對比 —— 在這片荒野中，她看起來宛如一尊叢林裡的洛可可風瓷偶，非常地不協調。

離開基地後沒幾分鐘，我們朝著山田山（Yamata-yama）的方向，爬了數千英尺的陡坡；這條山路是日本軍隊在戰爭時

埔里社附近的樟樹林。

期開鑿的，卻必須費盡千辛萬苦才能通過。在這條於峽谷間蜿蜒攀升的山路上，每幾百步就有一座瞭望塔。竹鼓的聲音不絕於耳，因為每當我們走進一位守衛員的視線範圍內，就會響起警示聲。這個地區共有約 400 名這樣的守衛員，他們每年從日本政府那裡領到 2,000 圓的薪餉。這些人大部分都是那位有錢的漢人林朝棟的手下，他在這一帶擁有龐大的樟樹林。幾乎每名守衛員，都在瞭望塔旁開墾了一塊地，用來種植維生所需的作物，通常是番薯（Bataten）。面對炎熱的陽光，直到我們一夥人抵達山田山的背面，有了壯闊的樹林作為庇蔭，這趟路程才變得愉快起來。這裡的路幾乎是平路，路邊走出去沒幾步路，就是難以穿越、茂密的灌木叢。山路的兩側，都是未受任何侵擾的原始森林。傾倒腐朽的巨木，擋住了我們的去路。歷史悠久的百年樟樹，樹梢似乎直入天際，你得伸長了脖子，才瞥得見它們的樹冠。如蛇般的藤蔓垂掛而下，藤上還長著皇冠似的寬葉蘭花，像是鏈條上的吊燈一樣地自由擺盪。

　　這裡的自然生態如此豐富，無數的蕨類、草木、藤本和寄生植物，生長在樹木的枝幹上，彷彿從地球的細孔源源不絕地冒出，每一層的植被，彷彿都想將另一層掩沒、窒息──這一切是多麼不凡、偉大，簡直到了匪夷所思的地步！我們花了兩個小時的時間，通過這條美妙的林間路，然後走進一片兩側由

埔里社的樟樹林。

群山環繞的大平原，遠方則屹立著雄偉的高山。

出了森林之後，還要走上整整一個小時，穿越低度開發的平原地帶，才會抵達埔里社；在這座平原上，要到埔里社的附近，才開始有平埔蕃定居。

日落時分，我抵達了埔里社。那是一座約有 400 間中式房屋的城鎮，住著大概 2,000 名漢人和 100 名日本人，再加上 600 名衛戍部隊。我把介紹函交給一位深受瘧疾所苦的警官；他完全失去了體力，看起來頗令人同情。他事前已收到我會來的消息，替我在警局旁的小屋裡安排了兩間房間，就在警局僻靜的庭院一側。我自己搬進了其中一間，另一間則給了我的通譯。他們親切地為我帶來美味的香蕉，還有燒紅的木炭，藉此對我釋出善意，但我告訴他們不必再麻煩，我身上有帶罐頭，我那位小林會幫我用火加熱。

按照慣例，我去辦務署拜訪辦務署長（Unterpräfekt）。署長也很樂意幫我的忙；在我的懇求下，他朝兵營的方向走，並問我願不願意去視察那裡的平埔蕃部隊，那是日本人參考法國在安南的志願軍成立的；徵得我的同意後，他很快地就回來了。我在署長和一位警官的陪同下前往兵營，接著馬上被帶領至一座分成兩半的長形空地。大約有 40 名平埔蕃 —— 他們是群半開化的蕃人，全都留著中式辮子 —— 蹲坐在墊高的地面

平埔蕃部隊。

上。這支志願軍是一支成立於 3 個月前的連隊 —— 在東岸還有兩個連隊 —— 屬於實驗性質，由鄰近地區從事農耕的平埔蕃所組成。他們每日的服役時間為上午 8 點半至下午 3 點半，之後就可以回家處理自己的事務。他們志願服役的時間為 4 年，每月可以領到 8 圓的薪餉，但須自備膳食。

作為軍裝，這支赤著腳行動的部隊，身上穿著及膝的中式寬袖亞麻藍罩衫，胸前佩有紅色結帶，腰上繫著棕黑色皮帶。他們戴著一條掌寬的紅臂章，頭上頂著一頂灰帽，前後都有遮陽用的帽緣。這一天跟往常一樣，上午 9 點半至 10 點半間上的是教育課（Instruktionsstunde），這群人在課堂上學習日語，因為他們只會說混雜著自己族語的漢語。從教室走回軍官室的路上，那位上尉（Hauptmann）表示，日本人希望以過去俄國人培植哥薩克人的方式，來栽培這支平埔蕃部隊。他不斷地問我各種關於俄國和西伯利亞鐵路的問題，想從我口中探聽，日本是否在各方面都深藏著至少與他國匹敵的實力。與此同時，他經常不懷好意地從一旁打量我。撇開這點不提，他的舉止十分穩重，表現出談得上是冷淡的客氣態度。當我問他可否為平埔蕃部隊拍照時，他避開了我的問題。偶然間 —— 我已經忘了是在哪個無關緊要的時機下 —— 我提到了德國軍隊如何如何。那位上尉踉蹌了半步，然後問我的通譯說：「哎，所以

這位先生不是俄國人囉？」我表示否定，也對其他問題做出了同樣的答覆。—— 這位好人這時完全變了個人；他對我道歉連連，向我表示他一直誤會我是一名俄國人，如果他知道我是一名德國人的話，他就不會對我這麼不友善了。對於這場誤會，我安慰他說，倘若我恰好生下來是沙皇屬民，那大概也不是我的錯。

這時平埔蕃的教育課結束了；他們開始在演習場上行軍，而我則被迫在那裡看了 1 個小時的閱兵。那些士官以小隊的形式向我展示他們手下的士兵，同時全力以赴，完成這項被交付的使命。—— 我必須誠實地說，這些士兵在短短 3 個月內，被訓練得非常出色，每個動作都做得精準到位。那些平埔蕃看起來也很熱愛做這樣的事。毫無疑問，日本必將擴大實施這個原本只在幾支連隊裡推行、裨益良多的志願軍體系。

少校騎著馬從演習場上過來，我被引介給他認識。他邀請我們一起到附近的一棟土厝 —— 那裡是軍官俱樂部 —— 喝杯茶。接著便到了問答時間了：「德國人在膠州也有扶植這種部隊嗎？」我：「我們沒有權力這麼做，因為膠州是跟中國租來的。」

於是響起了一陣懷疑而不可置信的笑聲。

膠州此刻有多少德軍部隊？還會有多少部隊前去增援？海

因里希親王（Prinz Heinrich）[42]是否即將返回德國？總而言之，這群好學的日本人問了我所有想像得到的問題，而我儘管有心回答，卻連一半的問題也答不出來。最後：「對啊，所以德國到底為什麼要占領膠州？」我：「因為德國需要一個裝煤站；假如德國和其他歐洲強權起衝突時，派駐東亞海域的分艦隊才有辦法回國。」又是一陣懷疑而不可置信的笑聲。

我和軍官團成員道別，並真誠地祝福這支平埔蕃部隊，未來能繼續成長，為日本做出優良的貢獻。

他們也對我說了些好話，並祝我旅途愉快，這次拜訪就此畫上了句點。在回住所的路上，我遇見我的通譯，他叫我去一趟撫墾署，署長正在等著見我。我欣然接受了這個友善的請求。

長野義虎（Shigetora Nagano）[43]——一位年約 30 的退役

42　海因里希親王（1862-1929），全名阿爾貝特·威廉·海因里希（Albert Wilhelm Heinrich），德意志皇帝腓特烈三世的三子，威廉二世皇帝的弟弟。1897 年，參與德國於膠州的軍事占領行動，並於 1898 年接任德國海軍東亞分艦隊司令。1906 年，海因里希親王被任命為「公海艦隊」司令，並晉升海軍元帥。德國於一次大戰戰敗、君主制被推翻後，攜家人隱居德國北部。

43　長野義虎（?-?），第一位穿越中央山脈的外國人。1896 年擔任情報參謀職務的日本陸軍中尉長野義虎，組織「義勇番隊」，曾兩次深入中央山脈，也是歷史記載上第一位攀登玉山的人。應東京地學協會之邀演講「臺灣島生蕃地西蕃之探險」，引起人類學家鳥居龍藏前往臺灣的興趣。1897 年，卸下軍職，轉任南投埔里社撫墾署主記和署長，但隔年即離職。

軍官——是現任的埔里社撫墾署署長。他在擔任此職務的期間，已經累積了許多經歷，並不只一次於巡邏蕃地的過程中死裡逃生。此刻，他正在等候一批蕃人來到；他預計明天和他們一起出發，展開 14 天的蕃地旅程。他對我很好，把他整天的時間都保留給我，而且非常樂意和我分享關於埔里社蕃人生活狀態、風俗習慣等的寶貴資訊，大概沒有人比他更熟悉這一切了。但不只是他這些極為可信的調查內容；那些他時常冒著生命危險在現場畫下來的，和獵人頭習俗相關的器具素描，以及涵蓋衣物、織品和武器等物的收藏品，對我來說也非常有趣。埔里社位於北方部落和南方部落的分界，因此南北方的部落皆受埔里社撫墾署所管轄。被漢人稱作「北蕃」（Hokuban）的北方蕃人，有紋面的習俗，並自稱「Alan」[44] 或「Kalan」[45]；在南方蕃人的口中，則被稱作「Kādan」或「Kanaban」。南方蕃人——「南蕃」（Nanban）——的臉上沒有紋面。他們自稱是「Māzeganshu」或「Māzeatsuan」，在北方蕃人的口中，被稱為「Machina」或「Matena」。埔里社的蕃人以狩獵和捕魚維生，也會使用木頭雕成的農耙，在山坡地上從事小規模的農耕活動。

44　賽德克語，意指「部落」。
45　泰雅語，意指「部落」。

　　儘管蕃人文化上相對落後，但他們的家庭生活，卻比某些所謂的「高等民族」還要美滿、有序。在蕃人當中，男女兩方都必須謹守忠貞的信條，男人也應對女人和小孩投以最深的關愛。根據我對傍晚從山區來的那群人的觀察，我相信他們基本上不用火器，主要採用弓箭。——少女們學習編織、紡織和搗穀；砍木柴和提水，也是她們負責的工作範圍。如同先前介紹大湖地區

新婚夜的木架。

的蕃人時所述，一旦她們來到適婚年齡，她們的父母——至少在北方部落——就會為她們紋面。每逢婚禮，都會舉辦盛大的酒宴。年輕的伴侶通常會搬進新厝，但新婚夜會在事先架好的支架上度過，直到隔天日出。蕃人的住屋相當原始。他們會先在地上立兩根支柱，接著拿來兩根橫梁，將橫梁的一頭固定在支柱上，另一頭直接放在地面上。他們的天花板和牆壁，採用

的是竹子或藤編，有時會加上一層蘆葦。這些住屋的居民習慣在屋裡生火，從來不會把火熄滅，但因為屋子除了門外沒有別的開口，室內隨時都煙霧瀰漫，外人進去後會完全無法呼吸。儘管這裡的高山居民也信仰山神，以及許多擁有各種能力的神靈，但他們並不像南福爾摩沙的排灣族那樣，具有偶像崇拜的習俗。這裡既沒有祭司，也沒有醫生。醫病的工作交由年長的女性負責，她們會用各種想得到和想像不到的戲法，為病人驅邪念咒。──這個部落的葬禮儀式非常古怪。他們會在屋裡，以固定於屋梁上的繩索將遺體吊起，在遺體下面挖坑洞；等到洞挖好之後，他們會砍斷繩索，讓屍體掉進洞裡，最後將洞用土掩埋起來。一旦屋子的地板下裝滿遺體，居住者就會遷移他處，再次蓋起新的家園。他們也經常將墳墓挖在有圍籬的鄰近山地；但因為生者不希望回想起死者，他們不會在墳墓上放石頭或任何記號。基於上述原因，你可以想像為何那些把祭祖看得比一切更重的漢人，會將蕃人視為不文明的野獸，加以唾棄，更何況他們還是一群勤奮、令人聞風喪膽的獵頭人。狩獵時，他們會帶著一個有肩帶的紅網袋，上面掛著一顆漢人的頭顱。

長野義虎還給我看了一種蕃人取名為「Takanan」的裝飾，很像是佛寺中掛在屋梁上的長幡（Nagahata）。一個直徑

1 英尺半至 2 英尺的竹編圓環，垂掛在天花板的橫梁上，竹環上有許多約 5 英尺長、會搖晃的細線，線上裝有成排的、1 英寸寬的圓形蓪草髓心。線尾通常掛著貝殼。這個傘狀的帷蓋下，有個裝人頭的袋子，釘著好幾個鬆開的漢人辮子。——只要奪回來的漢人頭顱還算新鮮，他們就會把頭顱叉在一根 4 英尺高的專用釘樁上，嘴裡塞一顆番薯作為裝飾。在慶祝獵首成功的慶典上，他們會把三燒酒倒入漢人頭顱的嘴中，以祭拜死者的亡靈。跟網飾上一樣，頭顱的上頭也垂著一圈蓪草。漢人辮子之後通常會繼

Takanan。

續掛在屋內的天花板上作為掛飾；而在屋前或附近的竹架上，則會放著一、兩排光禿禿的頭蓋骨。

這位權威人士向我保證，他是冒著巨大的風險，才畫下這些與獵頭相關器物的圖畫。這些 Takanan 的素描，是他暗地裡

奪來的漢人首級。

漢人的辮子。

畫下來的。假如他被那些蕃人發現，大概很難活著從屋子裡走出來。── 他們大多穿著麻布織成的衣物，長度及膝，但袖子只到手肘。至於禮服的部分，則會用從漢人那裡換來的羊毛料，刺上鮮紅或深藍的鑲邊，也喜歡繡上獸角雕成的珍珠，或者金屬製的流蘇，作為額外的裝飾。

　　接近傍晚的時候，又有一批所謂的南蕃來了。他們留著紮在後頸的長髮，上顎犬齒被拔除，但臉上沒有露出紋面。他們也有以酒會友的風俗，而我想當然耳地，想要避免捲入這種局面。他們在露天火堆上用大鍋炒著小米，接著用手，從一個扁木碗中拿炒好的小米來吃。他們的頭目會不時地撕下幾片鹿腿肉乾，將鹿肉塊分給他的族人，藉此為餐點添加風味。他們會用碟子，從一個裝滿三燒酒的酒盆裡，舀酒來喝。由於他們飢渴地大口飲酒，很快地就醉倒在地了。

小屋前的漢人頭顱，埔里社一帶。

　　隔天，我們一行人在 2 名憲兵的陪同下，徒步輕裝前往
水社湖，或稱龍湖。這裡也被稱為「甘治士湖」（Candidus
lake），用以紀念 1627 年至 1631 年間，任職於福爾摩沙的傑
出荷蘭傳教士甘治士（Candidus）[46]。

　　我們於出發 1 小時後開始爬坡。隨著我們逐漸深入山谷，
走的路也愈發狹窄。有位憲兵跟我們說，2 個月前才有個漢人
在這裡丟了腦袋。聽到這件事，我那位身手矯捷、被恐懼糾纏

46　甘治士（Georgius Candidus, 1597-1647），荷蘭改革宗教會宣教士，為
　　首位來臺宣教的新教牧師。甘為霖牧師以之為名之湖，即今日月潭。

南方蕃人的頭盔。　　　　　　　　　　南方蕃人的頭盔。

的小林，已經可以看見某個蕃人家裡的屋梁上，懸掛著自己腦袋上的辮子；他於是又開始緊張起來。

　　我們行走的小徑一旁，沿途有許多古老的紫檀巨木（Schitanbäume）。我們通過了幾座埡口，爬升至一片美麗的平原，接著步入長著蕨類和藤本植物的峽谷。我們隨著山勢起伏，經過了好幾座山丘，山丘上有管理不佳的茶園；幾個小時

後，我們終於在腳下看見了秀麗的龍湖湖岸。綿延的雄偉山脈，襯托出龍湖的西岸，成為這裡最為壯麗的景色；這些山脈肯定有 8,000 英尺高度，因為光是龍湖本身，海拔就已高達3、4,000 英尺。舒緩的群山，覆蓋著繁盛的原始植被，宛若一座綠海，從四面環繞著湖泊。放眼所見，盡是一片綠意。未經加工的中空樟樹幹，沒有裝上龍骨和方向舵，就直接被拿來當作船隻，以柳葉刀狀的獨立短槳來滑動。—— 我只曾經在喀什米爾，在斯利那加的傑倫河畔（Ihelam-Strom），見過類似的船槳；但那裡的槳更寬，也更接近心形。如今我竟然在福爾摩沙的中心，遇見相似的船槳和划槳方法，這是多麼令人驚訝的一件事啊！—— 這種笨重的船尺寸不一，最多可以承載 20人；但由於沒有裝方向舵，只能緩慢地拖行在這座向西流動、水質黏稠、深度甚淺的黃綠色大湖泊上。龍湖的南側湖臂前方，有座小島將湖泊分成兩半，所以無法一眼看盡湖的全貌。我從鋪著蘆葦的湖畔，登上了一艘中空的樟樹幹。水波蕩漾的湖面，映照出突出的灌木和樹林。我們在湖中央，遇見了乘著樟木舟、划槳而來的莊長（Bürgermeister）。他一聽說我要在他那裡上岸，便立刻掉頭，暫時擱置了前往埔里社的行程。這位顯露出長者風範、眼神卻相當狡詰的漢人，大概是這一帶唯一一位生活闊綽的有錢人。他的大農莊坐落在東北側的湖岸，

享盡湖畔風光。農莊裡的中心建築，雖然是以磚頭砌成，屋頂鋪的卻是蘆葦；建築的兩側各有一個側翼，周圍三面有竹叢和工法粗糙、等身高的籬笆環繞。——堆肥、打穀場、成群的雞鴨和豬、供水牛洗澡的小水池、乾草堆，還有纏著莖束和乾草的耙子，都讓我回憶起家鄉的農莊。但是農夫本人和他的住家，卻一點也不令人振奮，也沒有帶給我任何滿足感。我一進門，就聞到一陣陣潮濕、酸甜的霉味。我眼前的所見，也都無法平復這股湧現上來的噁心感。他們安排我睡在一間裡頭有木板床的儲藏室。儲藏室的牆上有一個開口，卻被人用木梁封起來了，以至於室內沒有任何陽光，也沒有任何新鮮空氣，十分叫人不安。——那位老漢人和他的兄弟是這座農莊的主人，簡直像是從畫中走出來的人物，頂著兩顆舉世聞名的中式老人的腦袋瓜；儘管他們大方地對我展露殷勤——不是出於友愛精神，而是想換來慷慨的回報！——他們卻不停地用手擤鼻涕、清喉嚨、咳嗽、吐痰、打嗝，彷彿在比賽誰的生活習慣更差勁，搞得我食欲全無。那位當家甚至想要邀我在廚房跟他一起用餐，但我抵死不從，表示我只吃自己煮的食物，而我也真的在那裡照做了。我在火鉢上加熱罐頭湯品，煮魚或雞肉塊，一旁當然有人在圍觀。——為了不要表現地太不禮貌，我只得遵從那位老人的指示，去了位於農莊中央、用來祭祖的大房間一

趙。這間大廳（Staatsgemach）的牆壁是用黏土糊成的，中間的橫梁漆成了紅色和灰綠色，橫梁上寫著鍍金的祝詞。入口對面的牆上掛著一幅繪有觀世音菩薩的畫軸，以及一幅天上聖母（Tenjiosego）的畫像。天上聖母是赫赫有名的海盜——國姓爺——的母親〔編按：原文如此，顯為作者誤解〕；他於 17 世紀將荷蘭人趕出福爾摩沙，成為了這座島嶼的統治者。別

龍湖畔的莊長。

的畫軸上畫著一位白鬚的土神（Erdgott）和一位施予食物的神明，旁邊還有兩幅骯髒、寫著格言的小畫軸。這些掛在牆上的畫像前，擺著幾張放滿祖先牌位的桌子，前排有許多坐在小椅子上、穿著衣飾的神明偶像。

大家都知道，祖先牌位是漢人最重視的聖物，他們相信牌位裡住著亡者的三魂之一。根據他們的說法，其中一個靈魂會飛往冥界，一個會留在墓中，第三個則會徘徊在舊宅四周。這種信仰源自於漢人發展完整、不乏詩意的墳墓及祖先牌位祭儀。這些寬不及 3 英寸、高 1 英尺，有著矮小的底架，上面寫有亡者姓名的祖先牌位，裡面棲居著亡者的靈魂。每天為祖先獻上供品，保證祖先在天國生活無虞，是長子的責任。如果疏於照料，他們便會飢渴交迫，不安地到處遊走，並為他那些忘記責任的後代降下災厄。每天傍晚，我都能見到那位水社的老人，如何把米和清酒放在祖先祭壇上，接著燒假紙錢，讓那些魂魄能夠在天國自給自足。

除了大廳以外，這位孝子也會每天傍晚於一張小高腳桌上，供上米和清酒，並且上香。

祖先牌位前的那些神明偶像當中，最大的那尊是神格化的國姓爺。從立著線香的銅爐和土爐裡，飄散出裊裊香煙。其他的容器則插著骯髒的旗幟，那是獻給賜福給世人的神明的禮

物。而在寫著贈予證明的小還願牌上，能讀到還願者的姓名。

　　在這間擺滿各種偶像的祖先祭堂裡，最奇怪的肯定是那個有數十根 2 英寸釘突出的球體。那顆纏著紅線的球，看起來很像是一把晨星錘（Morgenstern）。我想破了頭，也想不出這個奇怪的東西有什麼樣的用途。一問之下，我才知道原來每當有親人生重病，他們便會請來一位聖人 ── 或者說祭司 ── 讓他一邊念咒，一邊鞭打自己，直到自己血流如注。病人一旦康復，人們就會認為那是祭司的功勞，並付給他豐富的報酬。

　　祖先祭堂的牆邊有一排排的箱子，上面擺有各式各樣的家用品。祭壇左側的架子上，有裝滿稻穀和小米的竹籃。對面的牆壁上則貼著紅色的字條 ── 那是這位老漢人，像是小姑娘蒐集舞會邀請卡般，珍藏起來的貴賓戲票。天花板上掛著一頂大彩轎，每年的農曆正月十六，國姓爺的祭日，人們會將桌子上的國姓爺神像，放在彩轎上遶境。令人疲憊地參拜完祭堂後，我們登上了一艘簡陋的船，往湖的南面航去，拜訪當地的「水蕃」（Tsuichuan，Wasserwilden）村落。這些水蕃已經不再從事獵首活動，只有在自衛或遭受冤屈時，才會去砍漢人的頭顱；除了這點以外，他們依然延續著起初的史前生活。

　　我們駛過如明鏡般光滑的湖水，湖面映照出山岸上繁茂的植被。萬籟俱寂，只有林間傳來的猴啼，還有白鷺鷥的振翅

聲，偶爾會打破這片寧靜。夢幻與平和的感受，湧上我的心頭。在這座與世隔絕的美麗湖泊上，我度過了永生難忘的時光！茂盛的植被覆蓋了整個地面，一直鋪到了湖水邊。放眼所見，沒有任何一片不毛之地。湖水上方的枝條，棲息著灰羽和白羽的鷺鷥，牠們不會受到人類的追捕，因此不會被人驚飛。彷彿為矮人部落設計的蔥綠小島，不時出現在我們眼前。在我們即將抵達石印（Seki-in）這個蕃人部落時，遇到了一艘和我們同款的小船，裡頭有一位用三叉戟刺魚的蕃人。他穿著一件無袖鹿皮外套，留著一頭長及肩膀的頭髮。他的前額上，戴著一條冠冕狀、有貝殼和金屬片裝飾的紅頭帶。

　　石印社位於岸邊的陡坡上，非常詩情畫意。幾十間茅草屋，散落在蕉樹、高大的竹林，以及挺拔的樹木之間。在大門口的上面，掛著一些猴子的頭骨，據說具有驅逐惡靈的力量，很像是提羅爾邦的農舍（Gehöft）入口會有的聖經格言或聖像。每棟小農舍的四周，都圍有肩膀高的籬笆，籬笆旁邊則是開放式的牛棚。他們的儲物室有時設在大門旁突出的茅草屋頂下，有時設計成立在柱子上、離地 6 英尺的小屋，地點位於農舍中。

　　我看見有著健美體魄的年輕人，他們似乎帶有天生的抑鬱氣質。我對那些年輕男子長睫毛下，柔美而迷離的眼神，感到

石印的蕃族房屋。

十分驚訝。他們大多留著長髮，額頭露出，背後的頭髮結成髮髻，或者自然地垂落肩頭。這裡的男人不會紋面，但女人會，她們展露出某種與森林中的蕃人女子相似的羞澀感。

日落時分，龍湖南岸的蕃人接到我的邀請，也划著好幾艘小船而來。他們圍著庭院裡的營火蹲下。這時有人拿來一個裝滿三燒酒的大陶壺。一眨眼間，他們已拿起簡易的竹勺舀起酒喝。他們用鼻音濃厚的嗓音，唱著單調一致的曲調，聽起來既沉悶又缺乏熱情。儘管如此，等到氣氛熱絡起來，他們就動起腳步，在火邊跳起狂野的舞蹈，構成一幅夢幻迷離的景象。坐在較高處的我，俯身看著這些跳著舞的人。龍湖躺臥在我面前，飄渺的遠山環繞著這座湖泊，隱身在夜色之中。慶典的氣氛愈來愈高漲，美得令人感到畏懼。這些原始人體內沉睡的感官和本能，彷彿撼動著他們迴旋的身軀，無羈的熱情打破了限制，徹底遭到解放。這群人圍著時而暗淡、時而猛烈竄起的營火，交叉著雙手，一邊有節奏感地嚎叫，一邊興奮地前後跳動，他們斗篷似的罩衫在空氣中咻咻甩盪。竹製火把點亮了這座廣場，他們魔幻的舞蹈也攀上了野蠻的巔峰。我在被火把點亮的夜色裡，注視著這支彷若魔鬼上身的隊伍，如何狂亂地翻騰，尖聲地呼叫，淹沒於狂喜之中。這樣的情緒爆發，和國內民俗節日或大型娛樂活動會出現的那種無傷大雅的放縱，或

是感官的狂歡截然不同。這種毫無節制的情感流露令人感到畏懼。動物性的、酒神般的生命欲望，驅使著那些狂熱扭曲的人影，直到他們的肉體終於支持不住，意識不清地倒臥在地。等到這群筋疲力竭的人再次喘過氣來，他們又更加痛快地喝了起來。這個時候，那些漢人農民和石印社的蕃人，展開了摔角比賽。戰況起先都會陷入膠著，但最後通常還是那些身手矯捷的蕃人占據上風，擊敗了他們看上去體格更為強健的對手。眼看搏鬥的人在地上打滾，使出吃奶的力氣將對方扳倒在地 —— 只要被壓倒的一方雙肩觸地，就算對方獲勝 —— 我有時擔心那些飲酒歌舞、情緒高亢的蕃人和漢人會擦槍走火，真的打起架來。那位女家長（Hausmutter）似乎也有相同的看法，趕緊使喚她變形的小腳，步履蹣跚地走過庭院，奮力地將搏鬥的人隔開。我們苦勸這些可怕的客人回家，但被我們喚來的這群牛鬼蛇神卻不肯離去，只想一直鬧到月亮升起為止才肯罷休。為了重新將他們安置在營火邊，我們別無他法，只好又招待他們喝了一輪三燒酒。—— 啊！我們翹首盼望的星辰，終於從山的背後探出頭來 —— 我從不曾如此期待它的現身！石印社的居民乘上了船，伴隨著悅耳的划槳聲，滑入月光的銀白煙靄，消失在遙遠的地平線之下。月色通亮，鬱鬱蔥蔥，純潔的光芒一絲絲灑落，大地沉入了美好的寧靜……。

　　我只在我的木板床上享受了幾小時的平靜，因為我們一大清早，就已於灰濛濛的天色下動身，前往龍湖南岸。臨行前，那位同行的大家長在祖先祭壇前上了香，並簡短地禱告了一番。荷葉漂浮於湖水上，湖面覆蓋著鋸齒狀的菱角葉片，美麗而柔軟。菱角的果實是種很受歡迎的食品。我們的小舟緩慢地滑行在棕綠色的湖水上。我嘗試著撈起那些浮在水中的藤本植物，它們像是從湖底浮起的美人魚的頭髮，纏繞在我的手上。

　　我墜入綺想。蕃人們乘著小舟，將嫩苗種植在水道內、一排排半沉在水中的鬆土裡，而這些水上花園，更加深了這股夢幻的氛圍。

　　即將抵達龍湖南岸之際，來了兩名頭社（Tosha）的軍警，他們正要從集集（Chip-Chip）趕往鄰近的警察局。他們告訴我們絕不可前往集集，因為他們從昨晚開始，就已和叛亂分子在那裡打起來了。

　　先前，昨天上山打獵的蕃人跟我們說，他們在山上聽見遠方傳來的槍聲，還緊張地問我們出了什麼事。

　　我很想知道叛亂分子的人數有多少。其中一名軍警告訴我，從集集來的憲兵隊說，他們的人數估計有 3,000 人。我們繼續走了 2 個半小時，隨著地勢起伏，經過多處山坳，以及熱

帶植物叢生的峽谷。峽谷中生長的巨大翠竹，是這世上最有實用價值的植物。終於我們攀上了一座名為「公鞍嶺」（Ko-an-re）[47]的山峰。天氣好的時候，你可以從山頂眺望壯麗的摩里遜山——福爾摩沙的白朗峰——但這種狀況非常罕見，而且最快要等到晚秋時節。當天的氣溫高得令人難以忍受，廣大的山坡上覆蓋的青草都乾枯了，似乎隨著大自然一起飽受缺水之苦。走在豔陽下毫無遮蔭的步道上，不斷地上上下下，實在不是件令人享受的事，當我抵達最後的制高點時，說實在已經筋疲力盡了。在我的腳下，是碎石磊磊的蜿蜒溪谷，以及從東方山頭奔流而來的濁水溪（Dakusuikē，中文的意思是「混濁的水」）。不出所料，看不見摩里遜山的蹤影。摩里遜山是東亞最高峰，得名自一位英國船長，他於上世紀末發現了這座山。直到不久之前，大家都還只知道它的名字。一直要等到 1896 年 10 月，才由定居東京的林學家本多靜六[48]，完成了首次登頂。這支受日本政府委託的遠征隊，目的在於研究摩里遜山——這支日本隊的成員，回來時每個都發著高燒。本多博

47　應指今水里鄉與魚池鄉交界處的土地公鞍嶺（即二坪山）。

48　本多靜六（1866-1952），日本林學家，被譽為日本的「公園之父」。1896 年參與齋藤音作的登山隊攀登玉山，但登頂與否未有定論，目前咸認玉山首登遲至 1990 年 4 月才由鳥居龍藏和森丑之助完成。

士指出，摩里遜山並非如過去經常以為的，屬於火山性質，以高度計測量到的海拔為 14,350 英尺。過去從海上以三角測量測得的高度僅為 12,830 英尺，但本多博士表示，由於真正的山頂被鄰近靠海的山峰所遮蓋，從海上根本看不到，才導致了這個差異。——據他所說，摩里遜山的植被非常豐富。在海拔 6,500 英尺的高處，都能發現樟樹林和各種橡樹，更高處可見雲杉；從海拔 10,500 英尺到山頂，則生長著冷杉和刺柏。聳立東方的巒大山（Ran-to-san）海拔約 8,000 英尺，是我能看見的最高山峰。東方的山脈綿延疊疊，有三、四疊之多，上面覆蓋著一抹淡淡的雲霧。濁水溪沿著有眾多支脈的主要山脊流動，集集——這個日本人出現後即命運多舛的地方——則位於我們的西側。

東方傳來發射山砲的聲響，顯然那裡正在發生戰鬥，叛亂分子被逼進東方的山中，日軍則緊追在後。南、北福爾摩沙的歐洲人一致認為，由於日本人在集集、雲林（Unrin）等地行徑惡劣，做出種種令人髮指的暴行和錯誤施政，才使當地叛亂不迭。他們在東岸各地殘殺婦孺，焚燒或摧毀村落，只因為那裡曾發生零星的暴力事件，或者他們搜查叛賊的行動徒勞無獲。那些失去生計的男人陷入絕境，只得落草為寇。

這種錯誤施政的例子很多。舉例來說，想插手經營樟腦生

意的集集地方官員，逼使漢人交出那些歐洲樟腦商已付款而合法擁有的樟腦。這讓那些樟腦商蒙受金錢上的損失。

許多人跟我說，過去這裡非常安全，不必冒任何旅行上的風險。時至今日，家家戶戶都在談論叛亂分子和盜賊。

根據多名可靠人士的說法，從前的集集人愛好和平、溫順又勤勞。如今一切都亂了套——天天都有人在殺人放火，過去蓬勃興盛的樟腦業，也早已毀於一旦。只希望這片往昔受到眷顧的田野能早日恢復平常，而日本政府也能早日尋得能貫徹良善意念的施政手段！

我在一處山坡的陰影下享受了半小時的寧靜，接著心不甘情不願地走入炎熱的豔陽，踏上歸程。我一邊走，一邊流下更多的汗水。

我在難以忍受的高溫中走了整整 4 個小時，不斷地上上下下，毫無一絲遮蔭。——等到那窮困破敗的頭社出現在我們面前，我才終於得到解脫。一位率領 30 名士兵的少尉（Leutnant）與我同時抵達。他正從埔里社趕往集集。他接獲命令，要追捕沿途遇到的零星叛亂分子，將其趕入山中，以免他們再次來到埔里社。一年半前，他們曾在埔里社四處作亂。

離開頭社後，我在很短的時間內遇見了兩組人馬。他們看起來很滑稽，而他們之間形成的對比，更讓這一切變得加倍可

笑。首先出現的是一位蕃人。他的背上揹著一把鐮刀，鐮刀上綁著一張椅子。一名化濃妝、裹小腳的漢人女子，面朝後坐在椅子上頭。要她瘸著那雙纖細的小腳翻山越嶺，恐怕是太強人所難了。 —— 緊接著我遇見另一位蕃人。他氣喘如牛、汗流浹背地爬上陡坡。他背上揹的重物一點也不比前一位更輕鬆 —— 那是一隻肥胖的大黑豬。他把豬頭朝前，牢牢地綁在鐮刀上，那隻豬完全動彈不得。為了避免牠展現惱人的音樂天賦，防止牠動口咬人，牠的嘴部被小心地綑綁起來。那位唉聲嘆氣的蕃人還在頭上墊了一片蕉葉，以免自己被那隻憤怒的豬滴下來的口水濺到。

這兩組人馬，大概是我畢生見過最特別的了。我真希望畫張畫，讓他們永垂不朽。標題就取作〈對比〉。我相信會在每個畫展上造成轟動，刺激大家的笑肌。

回程的半路上，我們又經過一處地方，不久前有兩個漢人在此身首分離、丟了老命。每次我們經過這種地方，我那位小林總是會非常難受。事發現場很像是一間小教堂（Kapelle）—— 一座神像擺在山壁上的縫隙中，前面插著燃盡的線香。或許那位可憐的漢人被殘忍殺害時，正在那裡進行祈禱。

對漢人來說，埔里社這一帶恐怕是最危險的地區。根據我從政府官員手上要來的統計數據，1897 年的漢人斬首事件共

496 件，其中 232 件發生在埔里社。而案件數第二多的大湖地區，則僅有 136 件。當然，這裡統計到的只有那些找到屍首的案件。我不敢斷言是否還有更多案例存在。

除了上述事件之外，1897 年被斬首的日籍人士共 21 名；有 77 名漢人及 3 名日人被蕃人所傷。

此後我們又走了 1 個小時。當我終於筋疲力竭地抵達水社湖南岸，望見那艘靜候著我們的原始小船，忍不住大聲歡呼。一到那裡，我就連忙脫去全身上下濕透的衣物，攀住船緣，半身埋在水中，讓小船拖著我在清涼的湖水裡滑行。亞當和夏娃來到天堂時的心情，大概就跟我回到那座中式農莊時的心情差不多吧。我回去後趕緊梳妝打理、野炊，然後回到南湖岸，去問候我那些親愛的客人昨天過得如何。我想也不用替他們說話。他們的狀況很可怕。不論男女，每個人都喝得醉醺醺地。夕陽下閃耀的湖色愜意而夢幻，彷彿上帝的創造。那些喝醉酒的蕃女卻讓我反胃。

正當我乘上我的小船，那位或許醉得最厲害的頭目，手上拿著一大塊淌著血水的生牛肉，踉踉蹌蹌地朝我的方向走來──那是他要獻給我的禮物！

我這時終於受夠了，連一句離別的話也沒說，便逕自把船撐開，從岸邊滑入已泛著一絲暮靄的湖水上。

明月當中，湖面上流動著輕煙和薄霧。我道別了這座翠綠島嶼，以及每處我所見到的美麗角落。我在此經歷的那些莊嚴的時刻，帶給我許多愉悅的回憶。

石印蕃人。

四、從基隆經澎湖列島，
至安平、臺南、打狗、東港、枋寮

由於內地發生動亂，我在臺北停留了 8 天，才在杉村先生（Sugimura，音譯）和三好先生（Miyoshi，音譯）的好心協助下，改道展開我的南方旅程。

這段旅途的開頭，籠罩在不祥的凶兆中。我才剛在臺北的火車站與兩位先生道別，強烈的熱帶風暴便接踵而至，似乎預示著大洪水的來臨。到了基隆港，我們在暴雨下冒著生命危險，才將行囊裝上那艘甲板濕滑，在巨浪上載浮載沉的戎克船。

我們首先開往對岸的大阪商船會社辦公處，就在出海口的附近。我必須在此購買船票，才能搭乘經澎湖群島往安平──我的下個目的地──的「須磨丸號」[49] 輪船。

我們一行人站在辦公處門口的街上，突然聽見一聲可怕的

49　作者注：「須磨」是神戶的一處地名；「丸」是船的統稱，意思是「發亮的東西」（glänzend）。

巨響，雷鳴般的隆隆聲緊隨而至，煙霧籠罩一切，完全遮蔽了我們的視線。

值得慶幸的是，我一聽見巨響就本能性地跳開了，不然肯定會被對面正在進行拆除工程的中式房屋倒下的牆垣擊中。

此時風雨肆虐，整個世界彷彿脫了序似的。我甚至一度動了念頭，相信倒下的屋垣其實是「命運的暗示」，或許該把旅程延後到更理想的時間點。儘管如此，我很快地就戰勝了這種失敗主義的心情，愉快地登上戎克船，準備被載送到「須磨丸號」上。面對狂怒的自然之力，登船必須非常靈巧、冷靜。最重要的是要算準時間，從起伏擺盪的戎克船，躍上並抓緊舷梯。上了甲板後，我就提心吊膽地看著他們搬運我的行李。為了保險起見，我每件行李都包上了三層日本製的高級油紙，以免被海水弄濕。

我遺憾而痛苦地看著那把我離開歐洲前剛買的新雨傘，才用過幾次便石沉大海，永遠地沉睡在基隆港底下泥濘的海床上。但狂暴的大海並不以此滿足，威脅著要吞沒我那個裝滿攝影器材、銀子和其他貴重物品的行李箱，我這時才真的是嚇到無法動彈。

不過就在它即將永遠告別陽光之際，那位粗率的戎克船長聽到我們發出絕望的哀號聲，在最後關頭抓住了纏在行李箱上

的繩索，終於保住了這個危在旦夕的箱子。

我在甲板上看見我的行李重新擺放在一起，以及我那位大難不死的漢人侍從小林，大大地鬆了口氣。小林剛才差點沒抓到舷梯，險些落入海中。

這艘繞行福爾摩沙島的近海船，外型稱不上美觀，但有一個對我來說無可取代的優點：它的船艙全都位於甲板上，因此即使暴風雨來襲，也能從船艙一側呼吸新鮮空氣。有鑑於這項優點，儘管這艘為日本人量身設計、於日本完工的船空間太狹小，設備上也達不到歐洲的標準，我還是沒什麼好抱怨的。

1895 年，須磨丸號於長崎的造船廠竣工。這間造船廠屬於日本首富三菱[50]。須磨丸號有 1,500 噸重，甲板上有間 6 公尺長、4 公尺寬的用餐室，用餐室與右舷側的兩間頭等艙房相接，艙房裡各有 4 個床鋪。

日本政府維護這艘近海船，幾乎僅出於戰略性考量。它通常被用來運送軍官至澎湖列島或福爾摩沙南岸或東岸的工作站。這一回也是如此，與我同行的有 6 名軍官。他們有幾人似乎曾趴在英文課本上打過瞌睡，勉強還記得一些隻字片語，如

50　作者此處似將三菱集團的公司名稱，誤作為經營人的姓氏。三菱集團的
　　經營者為岩崎家。

今以蒼涼模糊的方式殘存在他們腦中。

　　我的旅伴們起先對我疑心重重，滿懷戒心地盤問我的來歷。日本人已喪失了過去對德國人所抱持的信任感。自從我們於 1895 年和俄國及法國結盟，破壞了日本的勝利果實，我們在他們當中的聲望也一落千丈 —— 可以說，撇除那些早就被日本人視為「世仇」的俄國人外，我們已經成為他們心中最痛恨的民族了。情況並非一直是如此。相反地，由於從前我們德國總是對日本讚譽有加，他們也總是視我們為友邦，對此懷抱著感激之意。如今我們不再指望能從與日本的友誼中獲得實質的政治利益，或者可觀的商業利益，我們也就不能抱怨日本會毫無根據地把我們當作敵人看待。

　　他們起初用不信任的眼光打量我，毫不掩飾他們對我的敵意。我於是使盡渾身解數說笑話，想藉此緩和這股劍拔弩張的氣氛。我很快地便博得了他們的青睞。

　　剛坐上餐桌，船便出港了。我們朝北方航行。天地變色，咆哮的季風迎面而來，整艘船如同搖籃一般來回地晃動。那些軍官在陸地上或許很英勇，但到了海上便完全沒轍了。我們才剛從港口駛出去，他們就像是被狼蛛螫到似地彈起來，爬上臥鋪，將整顆頭埋進床墊。我獨自一人坐在餐桌邊，讀了 1 個小時的書，才終於撐不下去，跑去找自己的床位。

　　3 點左右，我從床上爬出來時，已經幾乎感覺不到船在搖晃。此時我們已經來到福爾摩沙西岸。有了眼前的山脈作為屏障，我們才免於東北季風的侵襲。

　　為了打起精神，我喝了口威士忌，又抽了根菸，決定到甲板上透透氣。

　　這時外頭已濃霧瀰漫，毫無能見度可言。每隔 1 分鐘，都能聽見船員拉起警笛，發出沙啞的響聲。澎湖列島附近的海域，一年當中有一半以上的時間都籠罩在大霧裡。正是這片比暴風雨和礁石更可怕的五里霧，使得這條航線擁有令人聞風喪膽的名聲。為了緩解我們緊張的情緒，船員們告訴我們，不久前的耶誕夜，上午 5 點左右，才有一艘名叫「奈良丸號」的船在附近擱淺，80 位乘客裡，有 75 人葬身海底。聽到這件事，我忍不住四處張望，想看看有沒有救生衣的蹤影。但顯然他們認為救生衣只會增加多餘的重量，船上連一件救生衣也沒有準備。

　　大霧於接近中午時散去。澎湖群島最外圍的島嶼浮現在我們眼前。澎湖群島宛若海上一座平坦的加長堡壘，露出自己毫無植被的身軀。

　　地球上大概很難找到另一個比澎湖更荒涼、貧瘠而乏味的地方。但澎湖群島所構成的防禦性港灣，就連最大型的艦隊也

能容納，因此不僅是日本海軍，對所有航行於這片危險海域的船隻而言，都具有極為重要的價值。除了上述這點以外，由於福爾摩沙沒有任何一座能夠停泊大型船艦的港口，它對日本人來說更是不可或缺的存在。暴風雨來襲時，停泊在安平與打狗的船隻，也都會來澎湖的媽宮港（Makung，或稱 Mekon）避難。

澎湖群島擁有優異的地理位置，因此向來被航海民族視為絕佳的海上據點。早在 17 世紀上半葉，荷蘭人就已經嘗試要將其據為己有。當時的荷蘭人與葡萄牙人互相猜忌，雙方的關係由於宗教仇恨，更加劍拔弩張。不論是哪一方，都絕不會錯過任何能傷害對手的機會。

荷蘭人於 17 世紀上半葉在爪哇落腳後，很快就動了念頭，想在葡萄牙人已經經營良久、享有大量特權的中國沿岸建立據點。然而他們用盡了方法，仍然沒有任何突破。這是因為在澳門築起嚴密防衛的葡萄牙人，用某種稅金或租約的方式，從中國人那裡獲得了幾乎無條件的專賣權。1622 年，雷爾生上將（Admiral Kornelis Reyersz van Derzton）指揮荷軍，對澳門發動奇襲，結果卻慘遭痛擊。這支損傷慘重的軍隊，在澎湖的白沙島（Pehoe，日文名稱為「Hakushato」）登陸。他們動用停泊在港口裡頭的中式戎克船，還將船員抓來當作奴隸，

很快地便築起了一座堅實的堡壘。中國人原先就對荷蘭人膽敢攻擊受中國保護的葡萄牙人的行為大感不滿，如今只能氣急敗壞地看著一個敵對的歐洲勢力，一腳踩在自己的頭上。那些白沙島上的戎克船員，被迫投入過度繁重的勞動，沒有獲得充足的飲食，生活條件也極為差勁，大部分人都死在那裡──在1,500 名船員當中，據說有 1,300 人因此死亡。這起暴行在血淋淋的基督教民族殖民史上，肯定算得上最惡劣的事件之一。

荷蘭人在澎湖站穩腳步後，便希望向中國索討和他們的死對頭葡萄牙人一樣的特許權，卻遭中國斷然拒絕；他們明白表示，荷蘭人必須先放棄自己非法占領的澎湖列島，他們才願意展開談判。雙方於是經歷了許多摩擦衝突。終於，中國為了顧全自己和巴達維亞兩國間的貿易關係，主動向荷蘭人提出建議，表示如果他們願意歸還澎湖列島，中國就會把無人管轄的福爾摩沙讓給他們。荷蘭人當時正面臨嚴重的糧食補給問題，而且深信中國會想盡辦法討回澎湖，於是便接受了這項提議。

白沙島占領事件 2 年後，荷蘭人拆除了他們所建的堡壘，將建材運送至福爾摩沙。他們在今日安平一帶登陸臺灣島（Tai-uan，意指「抬起的海灣」〔erhöhte Bai〕）。荷蘭人對這筆交易很滿意──有了福爾摩沙，他們不必再擔心被中國人侵擾，爭取到他們覬覦已久的貿易關係，也為了他們往來巴達

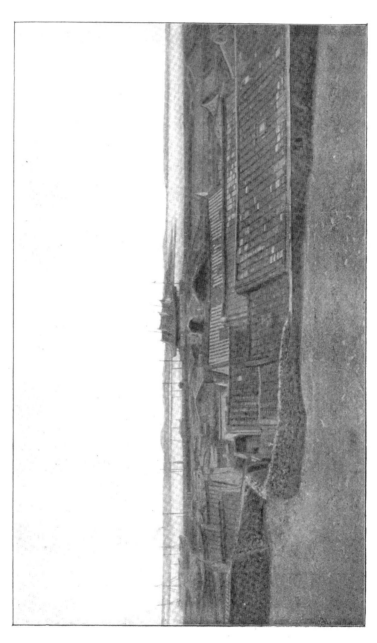

媽宮。

維亞和日本間的船隻，找到了一個絕佳的中繼停泊點，還可以從這裡襲擊西班牙和葡萄牙的船艦。

我們乘坐的須磨丸在媽宮港下錨。我眼前看見一排砲臺，平凡無奇的媽宮城牆，以及媽宮城的其中一道城門。沉重的大城門有著魚鰭上緣般高翹的屋頂。還有一座設在港口內離靠港處不遠的海水淨水廠，一同構成了這片單調的景色。

這裡就是澎湖島（Hōkoto，又稱 Peng-hu）。澎湖島和西方的漁翁島（Gio-ō-to）及西北方的白沙島，構成了上述的巨型港灣。

澎湖群島由 55 座珊瑚礁島所組成，而澎湖島（中文名為「Pin-wo」，意指「海上的平原」〔Flachland an der See〕）則是其中面積最大的島嶼。55 座島嶼中，只有 19 座島嶼有人居住，共計 5 萬人口，其中有一半的人住在澎湖島。澎湖的首都媽宮有 2,485 名漢籍居民，671 戶，還有 235 名日籍商人和約 200 位日籍官員。除此之外，日本還在這裡派駐了兩個步兵營和兩個砲兵中隊。和臺北或臺灣等福爾摩沙城市一樣，這裡的漢人和日本人也形成了各自的生活圈，互不來往。

早在 1884 年，北圻戰役期間法國人短暫占領澎湖的時候，澎湖就以其惡劣的衛生環境而臭名遠播。霍亂在短時間內便奪

走了 400 人的性命，其中包括孤拔上將（Admiral Courbet）和
多名法籍軍官。[51] 不過 4 年半前，日本從將軍澳（Riobunko）
港登陸，準備接收他們剛到手的澎湖列島時，狀況比法國人還
要更加慘烈。

　　澎湖列島的氣候很致命，這則消息當時傳遍了全世界。只
不過，儘管就外在缺點來看，澎湖和福爾摩沙是如此不同，澎
湖的植物和綠意盎然的福爾摩沙相比也顯得如此不堪，但澎湖
的衛生條件卻仍遠遠優於它的美麗鄰居。要比喻的話，福爾摩
沙就像是一顆美麗卻有毒的果實，澎湖則如同一顆醜陋但美味
的果實。澎湖嚴重缺水，福爾摩沙則潮濕而易於染病，這是它
們主要的氣候差異。

　　澎湖沒有明顯雨季，但降雨大多集中在冬季；最熱的月分
是 7 月及 8 月，因為有涼爽的西南季風加持，而不會過於酷
熱。這裡的氣溫很少高於攝氏 27.5 度，晚上則可能低至 7 度。

51　孤拔（Anatole-Amédée-Prosper Courbet, 1827-1885），法國海軍將領，
　　並出任遠東艦隊司令。曾任法國殖民地新喀里多尼亞行政長官；後率領
　　遠征軍出兵越南阮朝、促成法屬印度支那殖民地的建立；出任遠東艦隊
　　司令期間，於清法戰爭期間擊敗清廷所屬的南洋水師、曾一度攻占臺灣
　　基隆，並試圖封鎖臺灣海峽，後轉移至澎湖。1885 年 6 月《中法新約》
　　簽訂後，死於澎湖媽宮（今澎湖縣馬公市）。

雨水豐沛的時候，儘管澎湖的土壤砂石多，但收成還算不錯，尤其是在白沙島。

澎湖群島沒有生長樹木或灌木，[52] 為了保護田地不受可怕的風雨侵襲，這裡的人在田地周圍用珊瑚礁石堆成鬆散的石牆。那些石牆長得一點也不美，只是加強了這裡單調的印象，大自然的植物在乾燥的氣候裡渴求水分滋潤，大地盡是一片灰濛濛的景色。

一般來說，島上的居民都會捕魚兼務農，種植玉米、花生、番薯、豆子和芝麻。

當地人不養水牛，而是像新加坡或馬來半島的瘤牛或尖峰牛，還會養豬、山羊和雞。當地的漁獲頗豐，如果他們有更好的捕魚器具，甚至還能更好。關於這點，日本人肯定很快會帶來一番改變。澎湖的漁民會將醃製起來的海產運到安平或打狗，在當地交換其他商品，這也是澎湖很少見到現金的原因。

我在媽宮看到了生平最美麗的魚類。牠們彷彿來自夢幻的海洋，有著絢麗的魚鱗，以及華美的花紋。這些大海的居民，散發出各種光彩奪目的色彩——時而蔚藍，時而橙黃；時而翠

52　作者注：整座澎湖群島只有一棵樹，是郵局庭院中的榕樹，樹蔭遮住了整座庭院。

綠，時而泛著濕潤的紫紅色澤，任何的人工色彩都難以媲美。

　　歉收時，這些可憐島嶼居民的處境相當悲慘。為了應對饑荒，過去的中國政府設立了一個糧倉，終年存放番薯和白米，以便急難時可以發放給人民賑災。上一次饑荒發生於 1896 年，是日本統治以來的第一次饑荒。為了賑災，日本將一艘上次戰爭期間奪來的船隻歸還中國，換到了 140 石[53] 白米，分發給最需要幫助的可憐災民。

　　這裡的觀光景點，只有那些無趣而骯髒的中式房屋，好幾間占地廣大的衙門──如今用作行政大樓、兵營和醫院──還有幾座廟宇，廟裡有許多色彩鮮豔、奇形怪狀的神像，擁有各種意想不到的神祕力量和屬性。

　　走出朝陽門（Sokiyio-mon-Thor）來到城外，可以看見灰石牆圍繞的田野間有一塊墓園，墓園裡安葬著 1885 年死於霍亂的法國人。墓園的中央立著一座有正方形底座、造型簡約的方尖石塔──那是孤拔上將的紀念碑。紀念碑的兩側後方，另有兩座法國軍官的墓碑。孤拔紀念碑的底座前側，寫著以下碑文：

53　作者注：1 石約等於 180 升。

謹此緬懷

孤拔上將

以及 1885 年於澎湖

為祖國獻身的

法蘭西勇士

À La Mémoire

De L'Amiral Courbet

Et Des Braves

Morts Pour La France

Aux Pescadores

1885.

　　法國政府每年撥出 60 日圓來維護這座墓園，因此墓園的
狀況很好。

　　這裡放眼所見的一切，都如同墳墓似的陰鬱死寂，讓人陷
入憂鬱的情緒。比起生活在這裡，還不如死在這裡更好一點！

　　我離開了這個傷心之地，來到一座占地廣大、有無數庭院
的衙門——這裡是澎湖廳（Cho）。除了澎湖廳以外，其他日
本行政機關，也都設在這座衙門裡頭。我把日本政府核發給我

孤拔上將紀念碑。

的介紹函,交給澎湖廳長富田先生 [54]。富田先生是我見過最有

教養的日本人之一。他穿著極為講究,是個很難得能駕馭歐式

54　全名富田禎二郎(生卒年不詳),於 1897 年 11 月 30 日至 1899 年 2 月
　　14 日期間擔任澎湖廳長。

套裝的日本人。他曾在倫敦生活多年，渾身散發出「完美紳士」（perfect gentleman）的氣質。我從他那裡，進一步認識了島上的行政組織和經濟狀況。

儘管如前所述，澎湖是一個毫無吸引力的地方，就賦稅而言，卻無疑是個納稅人的天堂。在這裡只有 20 至 29 歲的男性必須繳稅，女性完全沒有賦稅義務，這樣的規矩已經行之有年。中國政府過去會發放特定額度的稻穀和種子給每位農民，他們則必須在收成時繳納每石 4 錢（相當於 4 錢 2 厘日圓）的田賦，也就是不到 8 又 2 分之 1 芬尼。由於田賦不容易監督，因此這項稅制後來被人頭稅所取代。那些中國官員懶得自己收稅，便讓各莊的頭人繳納一筆定額稅金。人頭稅最少 3 錢 5 厘，最多也只有 19 錢 8 厘，也就是一年不到 40 芬尼。這裡從未實施房屋稅或土地稅，即使到了今天仍是如此，所以肯定沒有任何人受賦稅壓力所迫。

難道這裡沒有坐擁龐大土地、必須多繳稅的富裕漢人嗎？我這麼問富田先生。而他回答我，就算是最有錢的漢人也不需要多繳稅，不過他們必須負擔手下僕人的人頭稅。

澎湖的稅收每年僅有 669 圓 75 錢，年度行政支出卻高達 120,000 圓，這種國家財政狀況堪稱當世僅見。日本人顯然無法靠澎湖群島來賺錢；就算請出日本的財神爺，恐怕也是無計

可施吧。

除了澎湖廳和位於媽宮的法院外，澎湖還有 5 間辦務署和數個小型出張所設立在各島上。為了維持治安，這裡派駐了武裝警察，另有兩間憲兵站，分別位於澎湖島和漁翁島。

澎湖群島於 1897 年的總出口額為 52,168 圓，[55] 主要出口品為花生（Arachis hypogaea），銷售額為 20,703 圓。除了花生以外，還有米、芝麻、番薯和油粕（Ölkuchen）。

這裡的花生長著黃花和三葉草般的葉子，在東亞貿易中被稱為「土豆」（ground-nuts），是福爾摩沙漢人生活中的要素之一。他們會用木鏟挖出地下的花生，用烤或煮的方式食用，或是將花生榨成食用油和燃油。

媽宮的入口額比出口額高出許多，這並不讓人感到意外；根據資料統計，去年度的入口額為 158,367 圓。

澎湖作為農地的價值恐怕不高，但媽宮除了軍港的功能，或許有潛力成為福爾摩沙的貨物轉運站，為日本帶來極大的效益。

福爾摩沙的港口條件不佳，無法停泊大型船艦，這是人盡皆知的事。由於熱帶地區的豐沛雨水，會持續將砂石帶入港

55　作者注：日本並未公布外銷日本的營業額，因此這部分不得而知。

埠，疏浚工程肯定會耗費數百萬的預算，投下去的錢恐怕很難順利回收，幾乎不用考慮全面性的翻修[56]。考量到這種狀況，或許最可行也最實際的做法，是讓所有大型貨船直接駛往媽宮，把媽宮當作福爾摩沙的貨物轉運站，並以戎克船作為兩島之間的交通工具，而不是讓貨船毫無防備地停泊在某座福爾摩沙港口的外海上。

我在媽宮城和港口晃蕩，和澎湖廳長聊天談話，已經過了不少時間。由於須磨丸號入夜後就要繼續駛往安平，我必須準備動身返船。為人和善的富田先生，這時已為我備妥一艘小型的官用輪船，讓我能儘早回到船上。

回到船上，我迅速用完晚餐，早早就寢，準備隔天一早抵達安平的錨泊地。

我再度看見荒涼貧瘠、寸草不生的平坦海岸。一棵被船員視為路標的巨樹，兀自矗立在熱蘭遮城的遺址之上。熱蘭遮城的城名，是第一次登陸福爾摩沙的荷蘭船隻的船名。這座要塞所在的臺灣（「抬高的海灣」），過去曾經是個小島，由於砂石淤積和地層上升，如今已成為福爾摩沙大陸的一部分 —— 荷蘭前來占領福爾摩沙時，這座小島僅透過一道弧形的沙洲和大

---

56 作者注：日本政府已於近日做出決議，對基隆港展開疏浚工程。

雙體船。

陸聯繫在一起。

時至今日，熱蘭遮城的舊址已是福爾摩沙第二大商業城市
——安平（Amping，Anping）。對於那些事先不知情的旅人
來說，船客在安平港上岸的獨門方式，肯定會讓他們大吃一
驚。

由於須磨丸號的下錨處離岸邊還有 1 英里多，我必須換乘
一艘所謂的「雙體船」（Catamaran），它是專為橫渡滿布沙
洲的海域而設計的。下船時，因為舷梯必須用來將行李箱運上
戎克船，船員會從雙體船上伸出一根竹竿，靠在輪船的舷欄上

—— 我就是利用這根竹竿爬下來的。

雙體船是一種用竹筒（大概跟男人的腿一樣粗）做成的竹筏，為了讓竹筏中段保持在水面下，竹筒被加熱彎曲成上翹的造型。船上找不到任何釘子，全都是用藤條綁起來的。雙體船的中央有一個浴缸式的艙桶，用來保護行李和乘客，海水高漲時，船夫會用竹蓋蓋住桶子，防止旅客被海水濺到。竹筏的另一部分，斜叉著一根綁在木塊上的桅杆，上面升著一面竹席製的大型船帆。雙體船上共有 2 名船員，一人在前，一人在後，兩人彎著腰一同操縱船筏。船上沒有龍骨，取而代之的是一塊約 3 平方英尺大的船板，接近沙洲時會迅速被收起來。而在竹筏後側，有一條長及艙桶的纜繩，供乘客抓握，以免翻船時被海水沖走。

整趟船程約半小時 —— 期間竹筏由於動力不足，必須用竹竿推進 —— 我們進入了一條水道，在安平港上岸。

安平這個地方見證了福爾摩沙數百年來的風起雲湧，有鑑於此，我想現在是時候簡短地回顧一下福爾摩沙的歷史進程。

我先前已經說過，安平坐落於一座荷蘭古城的舊址上。除此以外，荷蘭人還建立了另一座名叫普羅民遮城的堡壘，地點位於赤崁（Sakkam）—— 過去曾是一個蕃人部落。這讓他們占據了安平港一帶的重要戰略位置。後來這裡成為福爾摩沙的

最大城市，很長一段時間也是這座島嶼的首府，即今日的臺南府。

我接下來要簡述的一連串重大歷史事件，都圍繞著熱蘭遮城和臺南府一帶發生，對這座島的歷史發展有著深遠的影響。

在荷蘭人占領福爾摩沙的前兩年，現在福爾摩沙的主人──日本──是第一個企圖掌控這座島嶼的強權。只不過他們當時的殖民計畫全都付諸流水，也沒有留下任何痕跡，因此對於他們早期的這次嘗試，我們幾乎可以說是一無所知。我們只能從當時定居日本的耶穌會成員的年度報告裡，找到一些這方面的紀錄。

西元 16 世紀時，日本海盜時常襲擊中國沿海地區，導致中國政府接連向日本索取賠償。德川家康因此下達禁令，禁止日本人前往中國，也不准中國人入境日本。在這樣的情勢之下，福爾摩沙也就順理成章地成為兩國之間貿易往來的理想地點。1615 年，為了奪取福爾摩沙，德川家康召集了一支 3、4 千人的遠征隊，卻因氣候條件不佳，以及隔年德川家康的逝世，最終沒有獲得任何成果。假如沒有這些厄運發生，事情的進展想必會大有不同，日本或許當年就已經取得這座島嶼了。日本這次殖民計畫失敗的 9 年後，隨即爆發了那起我們已多次提及的侵略行動：襲擊澳門失利的荷蘭人退守澎湖，最終占領

了福爾摩沙。

　　儘管荷蘭人獲得福爾摩沙後，積極爭取日本的信任，希望藉此合法取得實質而利潤豐厚的貿易特權，然而他們派赴福爾摩沙的地方長官彼得‧納茨（Peter Nuyts）[57] 卻背棄了日本人的信任，導致兩國的關係迅速降至冰點——他設局邀請日本船長濱田彌兵衛前來參加宴席，卻趁機扣押了濱田船上的所有武器。當時凡是停泊臺灣港的船隻，都有將抵禦海盜的武器全數繳交給港口警察的義務，但濱田以日本已先行持有福爾摩沙為託辭，不願接受荷蘭的宗主權，拒絕交出自己船上的武器。為了彌補此事，荷蘭人多次低聲下氣地送上賠禮，才終於在1636 年獲得了幕府將軍的赦免。

　　儘管荷蘭人在福爾摩沙與日本人交涉時表現得如此失格，卻能機靈地贏得當地原住民的信任和友誼。他們遇到的首批排灣族蕃人，並沒有做出太多的抵抗——這些蕃人原本相信天上的力量會幫助他們擊敗敵人，但等到他們的期待落空後，整個部落便臣服於荷蘭人之下了。雙方的敵意迅速淡化，排灣族逐漸成為這些征服者的友好夥伴。

57　此處疑是作者誤植人名，其姓名應為「Pieter Nuyts」。彼得‧納茨（1598-1655），臺灣荷西殖民時期第 3 任臺灣長官。同時也是濱田彌兵衛事件的當事者之一。

　　荷蘭人主要逗留在沿海地帶，並未深入內陸地區，因此沒有接觸到太多的蕃人部落，減少了不少行政上的困難。

　　雖然這麼說，假如荷蘭統治福爾摩沙的時間更長一點，肯定會將勢力範圍延伸至整座島；在他們即將離開福爾摩沙之際，許多東部和北部——如蛤仔難平原等地——的村落已被納入他們的管轄之下，他們甚至派了一位傳教士進駐淡水。

　　荷蘭人來到福爾摩沙後，有位名叫何斌的漢人幫了他們很多忙。他為荷蘭擔任當地漢人與原住民之間的通譯，也因為非常熟悉地方事務，能夠提供這些新來者必要的地方知識。這位何斌後來從事投機生意，賠光了財產，只得背叛待他不薄的荷蘭人，將荷蘭的軍事機密——要塞地圖、戰略優勢、防衛策略和港口特性等——全都呈獻給漢人海盜國姓爺。

　　荷蘭人與原住民保持著良好的關係，但與漢人的關係就沒有那麼好了；他們尤其對荷蘭徵收的人頭稅大為不滿。荷蘭在改信基督教的蕃人協助下，鎮壓了多起漢人反抗和暴動事件，其中最血腥的一次事件發生於 1652 年。那些落網的叛亂分子遭到極盡殘酷的折磨，與基督教文明的精神大大相悖：有些被活活烤熟，有些被綁在馬後拖行，死後腦袋還被叉在木樁上！雖說荷蘭的殖民活動陰暗面似乎居多，但我們也不能因此完全忽略其正面影響。荷蘭人作為考慮周詳的殖民者，另一方面也

　嘗試透過愛和善心，來贏得原住民的信任。他們將宣教士派遣到四處各地，還將聖經翻譯成如今已經徹底失傳、只能在排灣族語中找到一些共通點的虎尾壠語。

　基督教能夠在原住民社群裡迅速傳播，相當程度得益於荷蘭士兵與原住民女性間的大量通婚。假如荷蘭繼續統治福爾摩沙，那裡如今想必已是一個基督教的文明社會，而不會是現在這些半開化的野蠻部落。

　荷蘭人的治理原則，是讓蕃人村落選出頭人，由這位頭人監督管理村落，並向荷蘭派任的福爾摩沙長官負責。荷蘭政府會贈予他們一把手杖，杖頂有荷蘭東印度公司的徽章，作為榮譽的象徵。

　荷蘭驅逐北部基隆的西班牙人後，福爾摩沙的局勢對荷蘭愈來愈有利；早先西班牙為了挑釁荷蘭，於 1625 年從馬尼拉出發，占領了基隆港和其鄰近小島。同一時間，荷蘭人也從西班牙人手中奪走了日本的貿易專賣權，並迫使西班牙人放棄經營日本；西班牙政府因此認定，為了僅是馬尼拉和日本之間的中繼站的福爾摩沙與荷蘭宣戰，並沒有太大意義，於是對當時與荷軍苦苦交戰的基隆長官波爾的里奧（Gonzalo Portillo）[58]

58　波爾的里奧（?-?），西班牙外交官，為最後一任西班牙駐臺長官。

送往馬尼拉的求救信置若罔聞。

　　1641 年 8 月 26 日，荷蘭指揮官杜拉第紐斯（Paulus Traudenius）[59] 寫了一封簡潔有力的信，寄至位於基隆附近、被西班牙占據的聖薩爾瓦多城內，希望向西班牙長官說明：兩軍的實力如此懸殊，棄甲投降，保障自己平安離開福爾摩沙，才是更明智的決定。然而面對驕傲的西班牙人，杜拉第紐斯的友好提議並沒有被接受。這次的衝突並沒有造成太多傷亡，兩軍短暫交戰後，北福爾摩沙便落入荷蘭的手中。就這樣，荷蘭不僅擊敗了他們討厭的競爭對手西班牙，也剷除了那些與西班牙人一起來到福爾摩沙、漢人和荷蘭宣教士深惡痛絕的道明會成員，將他們拘捕並遣送到巴達維亞接受法院審判。

　　獨占島上大部分土地後，荷蘭人開始全力改革農業和畜牧業，尤其是從中國大陸引進的外來種水牛，更是帶來許多助益。荷蘭的殖民事務有了好的開端，在島上的前景一片光明。只可惜這時卻出現了一片來勢洶洶的烏雲，愈來愈危險，最後成為一場政治風暴，徹底將荷蘭人吞沒。

59　保魯斯・杜拉第紐斯（?-1643），荷蘭外交官，荷蘭東印度公司駐臺第 6 任行政長官。在任期間，曾兩度出兵基隆、淡水，驅逐占領臺灣北部 17 年之西班牙殖民者。

　　接手荷蘭在福爾摩沙統治權的，是那位膽大英勇、野心勃勃、卓爾出群，令滿洲王朝聞風喪膽的海盜——國姓爺。他很早以前就看上了福爾摩沙，想將自己的根據地從廈門和金門附近的群島遷移至此。他試圖在中國大陸、福建、揚子江沿岸和其他中國城市等地站穩腳步，卻功敗垂成，而在與令其深惡痛絕的滿洲王朝交戰過程中也遭逢挫敗。於是他決定將上述計畫付諸實行。1661年4月底，他出動數百艘戎克船，率領著2,500名將士前來征服這座富裕豐饒的島國，期待能從這裡出發，完全掌握中國海的制海權。如果他想的沒錯，想必能在福爾摩沙的漢人島民間招募到不少人馬，一同起身對抗荷蘭人。

　　荷蘭派任的福爾摩沙長官揆一（Frederick Coyett）[60] 多年前就預料到國姓爺可能帶來的威脅，多次向巴達維亞高層請求支援，卻遭遇他的政敵刁難，遲遲等不到援軍來到。多虧了荷屬巴達維亞政府要員盲目的個人恩怨和政治短見，1662年2月1日，熱蘭遮城的荷軍終於不敵國姓爺的進犯宣布投降，並不失顏面地平安撤軍。然而那位雄心壯志的海盜王，並沒有因為攻下福爾摩沙而感到滿足。他的期望是能奪取福爾摩沙以南的

60　揆一（1615?-1687），原籍瑞典，荷蘭東印度公司駐臺末代（第12任）長官。

所有島嶼，因此在熱蘭遮城投降後的短短幾個月後，便已組織好新的遠征軍，要征服馬尼拉的西班牙軍隊。國姓爺將這件事交辦給他的親信——道明會修士李科羅（Victorio Ricci）[61, 62]。他隨即於 1662 年 5 月 10 日登陸馬尼拉。

李科羅的到來，在當地引起了莫大的騷動。那些住在馬尼拉的無數漢人，深信自己的時機到了，於是起身反抗他們痛恨的西班牙人，企圖擺脫西班牙政權的壓迫。西班牙人則獲得同樣信仰天主教的馬來人擁護，聯手報復那些不知好歹的漢人叛徒。靠著李科羅的折衝調停，才讓這種混亂的情勢有所改善。與此同時，李科羅卻暗中交代一位名叫 Natshiu 的人，率領 13 艘漢軍戎克船回福爾摩沙，向國姓爺報告他的使節團遭到無理對待，甚至慘遭屠殺。

收到這份錯誤的消息，那位野心膨脹、精力過剩的男人為之震怒，像野獸般地大發雷霆，陷入瘋狂，氣急攻心，終於在 5 天後的 1662 年 7 月 2 日〔編按：此處應為作者誤植，鄭成功逝世日為 6 月 23 日〕撒手人寰，年僅 39 歲。

61　李科羅（?-?），義大利籍天主教道明會神父，被鄭成功延攬為幕僚，
　　與菲律賓進行交涉。1662 年鄭氏攻下臺灣後，奉命至馬尼拉遞送招降
　　文書，即文中所提之事件。
62　作者注：國姓爺和他的父親——著名海盜鄭芝龍（一官，Iquan）——
　　都是天主教徒。

他的驟逝拯救了西班牙人。

根據同代人的記述，國姓爺是個天賦異稟、精力無窮的人。他的性格堅定、極端自我，與拿破崙一世十分相似。若不是他英年早逝，想必能撼動滿洲人的王位，甚至推翻滿清王朝。

國姓爺的兒子鄭經，遠遠不及他的父親來得優秀，因此得不到中國大陸地區的明朝遺老們的敬重。為了對付他，巴達維亞的荷蘭人和大陸地區的中國人聯合起來，成功驅逐了位於廈門和金門的鄭氏艦隊。戰敗的鄭家軍全數逃至福爾摩沙，而從這時開始，漢人便成為該地的主要人口，原住民因此被排擠，漸漸從平原地區轉進深山地帶。

儘管荷蘭和中國聯手戰勝了鄭家軍，但中國並未進一步支持荷蘭奪回福爾摩沙的計畫。由於荷蘭的實力並不足以讓他們趁勝追擊，擊敗鄭經，他們只好頑固而無望地占領並守住基隆的要塞和島嶼，直到 1668 年才妥協離開。如今在當地的石壁上頭，依然能看見刻著附有年分的名字，那正是這段歷史的見證。

那位國姓爺的兒子用盡各種方式，想要說服荷蘭人在福爾摩沙建立分公司，但他們似乎不信任他看似真誠的話語，並未接受這份有利可圖的提案。

　　福爾摩沙作為獨立的王國，只維持了 21 年的時間。接替他同樣英年早逝的父親即位的鄭克塽 —— 即國姓爺之孫 —— 順從民心，接受了中國皇帝的招降。降清以後，鄭克塽不得不舉家遷往北京，儘管坐享榮華富貴，卻再也沒有重獲自由，直到 1683 年過世為止。

　　從這個時候開始，福爾摩沙就一直處在中國的統治之下，直到 1895 年轉讓給日本，日本成為這座島嶼的新主人。這段期間內島上的內部變化，可參閱其他相關著作。容我在此結束這次簡短的歷史回顧，繼續講述我的個人經歷。

　　我下了船、登上陸地後，便動身前往安平的歐洲人聚落。

　　安平的歐洲人聚落由數十座與地面等高的平房所組成，裡面雜居著歐洲人 —— 當時安平共有 6 名歐洲商人，英國副領事也定居此地 —— 和日本人。此外還有幾棟中式房屋。

　　我的宿屋是一間被遺棄的歐式房屋，非常骯髒，環境一點也不舒適。就在此時，有位在安平定居超過 20 年的德國商人 —— 最近聽說他搬回德國了 —— 邀請我搬進他愜意的家中，於是我欣然地接受了這份邀約。

　　正如我很高興能在這個世界的角落，遇見一位待客如此熱情真摯的主人，這位離鄉背井、寂寞而親切的德國商人，顯然也很開心能夠再次聽見有人說自己的母語。

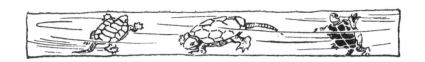

　　在這樣的情境下，人們會很快地拉近距離，有時只要幾個小時，就能建立遠勝平時數年的交情。

　　安平作為臺南府的港區，位於臺南府的西北方靠海 3 公里之處。臺南府是南福爾摩沙人口最多的城市，過去的人口據說比今日還多。奇怪的是，平時很可靠的「中國、日本及菲律賓年鑑名錄」（Chronicle and Directory for China, Japan & the Philipines）中所記載的臺南府人口數為 200,000 人。然而根據臺南縣長（Präfekt）的說法，實際的人口僅為 50,000 人，其中約兩成是日本人，讓臺南府成為僅次於臺北、日本人最多的城市。這裡唯一的歐洲人士是英國長老教會的宣教士。他們於 1865 年在臺南府成立分會，卻因為與當地排外的居民發生爭執，被迫遷往打狗。懷抱著高貴博愛情操的馬雅各醫師，在打狗成立了一間醫館。他的這項舉動，讓他深受漢人和鄰近地區的原住民愛戴。如今宣教團本部已再度遷回臺南府，聽說為社會帶來許多正面影響。1895 年，英國長老教會在福爾摩沙共有 1,250 名基督徒成員，分散在 20 個組織式教區和 18 個非組織式教區當中。

　　南福爾摩沙的歐洲商人（總共 4 名）都住在白糖和紅糖的主要交易地 —— 安平。糖業和其他農業部門一樣，都掌握在漢人的手中。由於他們安於自己古老的製糖工法，不願意接受新

的改良，導致產值至今仍相當低落。

他們會使用一架造型極為原始的石磨，將蔗糖原料放入兩片磨石之間，然後用水牛拉動石磨，讓石磨轉動一、兩圈榨汁，榨出的甘蔗汁則會透過竹管流入鍋爐加熱。就我所知，大約五成的蔗糖會在這個過程中流失。因此只要讓漢人們開始採用現代化的合理製程，就能大幅減少蔗糖流失的狀況。

他們會將煮好的蔗糖裝進造型奇特的陶罐裡，並用麥稈製的塞子封口。安平的蔗糖出口額，幾乎就占了南福爾摩沙的蔗糖全部出口額[63] —— 去年出口的白糖和紅糖總額分別為 344,908 圓和 964,197 圓。

其他重要的出口商品包括樟腦、芝麻、米、亞麻和花生粉製的油粕；然而每年大約 200 萬圓的總出口額中，蔗糖即占了 4 分之 3。安平乾燥的氣候不利於種茶；如先前所說，與此相關的實驗，成果都不理想。

從 6 月到 10 月底是西南季風盛行的季節，這時船隻要在安平上岸、運貨簡直困難重重，甚至完全不可能。那些原本只能停泊在海岸 1 英里外的船艦，經常為了躲避風浪，被迫前往澎湖，在媽宮港內尋求庇護。

63　作者注：總進出口額涵蓋日本以外的所有國家；如前所述，日本與福爾摩沙的貿易數據並未公開。

　　天氣熱的月分，安平地區的溫度大約落在華氏 95 至 96
度，入夜後則會驟降 3 至 5 度。年初的冬季時，這裡往往颳著
夾帶塵土的風，氣候乾燥，無疑比北部來得舒適、更易忍受。
但退潮後泥濘不堪的海岸，除了會散發惡臭，還是各種疾病的
溫床，讓人難以親近。

　　我先前已經說過，安平有多麼荒蕪、貧瘠和無趣。放眼望
去，賞心悅目的只有聳立在荷蘭統治時期遺址上方的那棵大
樹。直到 1874 年為止，人們都還能看到山丘上那座古老威嚴
的熱蘭遮城堡壘。然而出於地形位移、砂石淤積等原因，這座
堡壘逐漸退入內陸地區，離海岸愈來愈遠，不再具有防衛安平
港的作用。有鑑於此，中國欽差大臣沈葆楨下令拆除熱蘭遮
城，並運用拆下來的磚石，在安平以南 1 公里半、能夠俯瞰安
平港錨泊地的地點，建造了一座由法籍工程師操刀設計的新要
塞。

　　住在安平的歐洲人，唯一的休閒娛樂就是去「打狗暨安平
俱樂部」（Takao und Amping Club）。這個俱樂部總共有 5 名
會員，他們會聚在一起打撞球、讀報紙和聊天。對於他們來
說，外人的造訪總是一件大事情。而那位新來者就必須為這些
彷彿過著流放生活的俱樂部成員，講述福爾摩沙以外的種種見
聞。

30 年前的古熱蘭遮城。

　　跟住在北部的歐洲人一樣，住在南部的歐洲人對當前的日本政府也很不以為然。他們跟我抱怨島上新執政者的施政錯誤，當地局勢如何不穩，而盜賊又是如何像西西里或卡拉布里亞的黑幫一樣，與警方達成默契，導致強盜案件頻傳。根據權威人士轉述，鳳山警察署的署長竟不知恥地與惡名昭彰的頭號盜賊往來，甚至利用警察署長的職權將無辜人士定罪。有兩位西班牙宣教士向我掛保證，當時的鳳山廳長──他已經被抓起來關了──把 2 個清白無辜的漢人基督徒抓來砍頭，只是為了強占他們的妻子。

　　這些日本官員的惡劣行徑，讀起來大概有些令人不快，但作為一位有責任感的觀察者，如果想要避免自己刻意粉飾太平，我就必須講出這些行徑所造成的惡劣氣氛。

　　所有的歐洲人都認為，日本人不應該干涉漢人的生活方式，因為漢人一定會受不了。根據這些歐洲人的看法，日本人該做的事情只有徵收商品的進出口關稅，將鐵路延伸至打狗，以及修建通往東部的交通道路。

　　這番見解自然有其道理，但我認為還是必須讚揚日本在衛生方面的成果，以及訂定的相關衛生準則，儘管漢人對此非常反彈，尤其是對日本將所有可疑症狀的患者立即送醫的這種處置。只要你沒有既定立場，就一定會讚許日本人改善環境整

雙體船船匠。

潔，改變漢人骯髒的生活習慣的決心，雖然漢人一時無法馬上
接受這些改革措施。我還沒聽過有哪個民族會熱情地迎接征服
者的到來！但對那些因為政權轉移而利益受損的福爾摩沙歐洲
人來說，要他們保持中立態度，實在不是一件容易的事；假如
站在他們的立場上，每個人都會偏好過去規定更寬鬆的時代。

　　安平的景點不多，去碼頭逛一圈就看完了──你會看到建
造雙體船的船匠，以及將用竹席裝袋的砂糖搬上船的工人；運
氣好的話，也可能在岸邊望見漁民乘著滿載漁獲的竹筏返港。
這時你就可以安心地動身，前往福爾摩沙的舊首都、國姓爺過

去的居住地——臺南府。

臺南府位於距離安平 3 英里的內陸地區。由於舊的道路地勢過低，雨季時總會被水淹沒，日本目前正在兩地間修建一條路況良好、寬闊、架高的交通道路。當你走在這段路程上，沿途都能在兩側看見以堤壩隔開的魚塭。有一種面積很大，用來養殖、採收牡蠣的設施，讓我感到很新鮮。牡蠣是漢人很愛吃的食物之一。據說養蚵能為沿途這些魚塭的主人帶來可觀的收益，因此近 10 年來這份行業愈來愈蓬勃興盛。

養殖所謂「竹蚵」（Bambusauster）的方式如下：首先準備好足夠數量的、長 1 公尺的強韌竹竿，於竿身 3 分之 2 處剖開竹竿，並挑選適當地點，將剖好的竹竿插入泥濘的蚵田中。潮水會將成群的蚵苗帶進田裡。接著，蚵農會在剖開的縫隙中，裝進完好無缺的舊牡蠣殼，把竹竿的末端收攏，再用穿孔、加蓋的牡蠣殼將竹架封起來，避免卡在空隙裡的牡蠣脫落。完成這項程序的 1 個月後，游進蚵田的蚵苗，會接受潮水帶來的魚苗和其他養分滋養，長成小牡蠣。等到 4、5 個月後，蚵農就會把蚵架整串撈起來，帶到市場上叫賣。

儘管福爾摩沙的牡蠣產量豐富，卻仍不足以應付島上龐大的牡蠣需求，因此必須從中國大量進口牡蠣，才能滿足那些熱愛牡蠣的漢人的胃口。這些進口的牡蠣當中，就屬廈門的牡蠣

品質最好，但大概還是比不上歐洲產的北海牡蠣。

如今當地的蚵架數量約有 250 萬個，可以創造約 140,000 馬克的收益。值得一提的是，福爾摩沙的牡蠣產季不像歐洲在冬季，而是在夏季，這時的牡蠣既新鮮又結實。

有一種運用人工石塊的新型養蚵法，正開始出現於臺南府一帶，但還是在打狗地區的潟湖更為常見。

首先將不同尺寸的礁石疊起來，這些礁石會在漲潮時被潮水淹沒約 3、4 個小時，蚵苗則會在這時游進礁石的縫隙當中。石蚵的生長過程與竹蚵無異，差別只在採收石蚵時，會將牡蠣從礁石上摘下來，以便重複利用礁石。

儘管這些魚塭和蚵田沒什麼看頭，但還是能為行經這片泥灰色荒涼之地的旅人提供一些刺激，讓這段止於臺南府城門口的路程，顯得不那麼遙遠漫長。

有長達 200 多年，臺南府都是這座島嶼的首府，全城面積寬逾 9 公里。1725 年興建、有著城垛設計的堅實城牆，環繞著這座南福爾摩沙最富裕的城市，城牆上共有 8 座塔樓型的城門。過去曾有軍力強大的占領軍駐守此地。

這座城市稱不上美麗。大多是鋪有稻草或蘆葦屋頂的竹屋或土厝，只有在市場裡才見得到磚式建築。跟其他的中式城市一樣，城裡也看得到空地和田地，以及農莊般的獨棟房舍。有

臺南府城門前的中式房屋。

幾棟獨立的屋子圍著仙人掌或林投樹（Pandanus）的籬笆，籬笆間能瞥見大花紫薇（Pride of India）盛開的紫色花團。臺南府城有許多長著百年老樹的地方，我猜是過去荷蘭人所種下的樹；這些樹有時生成一落，有時獨自聳立在農莊裡，或者是寺廟的龐大廣場上。城裡的市街上蓋著讓人看不見屋頂的布幕，道路鋪著正方形、黏滑的砂岩石塊 —— 有些已經掀起來了 —— 而比較狹窄的巷弄，用的則是磚頭。不管走到哪裡，都遇得見從豬窩裡鑽出來的懷孕母豬拖著大肚子過街，必須費盡千辛萬苦才能穿越這個城區。

我走向知事官邸。他住在一座腹地廣大，有穿堂、大院和好幾棟別屋的衙門裡。衙門的建築群中還有兩間廟宇，分別祭

祀著農神，以及討海人的神明──秀才（Sieutsai）[64]。

　　知事指派了一位職員來陪我。他先帶我去了有名的臺南孔廟。臺南孔廟占地廣大，廟裡的神桌上供著巨大的祖先祭壇，以及跳羚造型的牲禮架。舉辦祭典時，人們會宰殺豬、雞或其他四腳動物，將牲禮去皮，然後供在牲禮架上獻給神明。然而儀式結束後，這些供品就會成為祭司的桌上佳餚，或是分給那些下等民眾。這種捐贈祭品的舉動，經常引起人們拳腳相向──為了奪取祭品，這群貪婪的暴民會像飢渴的猛獸般撲到彼此身上。當我經過那些簡陋的住房，看見到處都是悲慘可憐、染著惡病的殘疾人士，更加感受到這幅景象的恐怖。

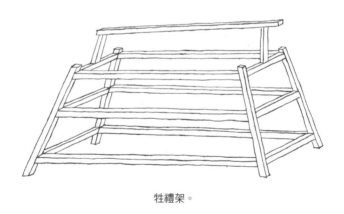

牲禮架。

64　此處應是作者誤植名稱。

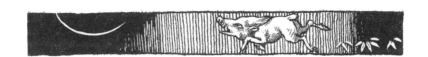

他們帶我參觀的廟宇當中，最大的就屬延平王廟了。不過延平王廟的內部無甚可觀，倒是前院裡長著兩棵美麗的大芒果樹，樹蔭下有幾個漢人攤商在賣鳳梨，十分賞心悅目。

Rio-Ko-Kai-Kau 是一間由中國官員和富裕漢人市民創建的高級會所，裝飾富麗堂皇，和毫無雕飾的延平王廟形成強烈對比。會所的產權由國家和市府共同持有，別屋則充作日本警察局使用。屋頂下的額盤簷飾和屋脊主要由浮雕磚瓦所組成，上頭繪有遊行的隊伍；牆壁上則裝飾著風格化的花磚。而襯托各庭院過道的精美石柱，採用的是深受人們喜愛的蟠龍乘雲樣式；美麗的鏤空木雕裝點著頭頂上的屋梁。至於那些白色的牆段，則布滿了取材自中國神話和英雄故事的繪畫。

離這座雅致會所不遠的是府城的市集。天氣異常酷熱，市集上頭鋪著遮陽用的布幕或木網格，我很高興能夠走訪這裡。太陽的光影變化舞動，在苦力赤裸的棕色肌膚上閃爍，令人眼花撩亂，必須不時看向灰色的地面，或是暗影幢幢、宛若林布蘭式繪畫的商店，眼睛才能得到休息。

前方傳來鑼鼓亂響和尖銳刺耳的嗩吶聲，逐漸朝向這邊靠近；那是一支詭異、令人瞠目結舌的遊行隊伍：數十位音樂家——或者該說是噪音製造者——走在隊伍前頭，隊伍的中央有4名騎坐在馬上、穿著傳統中式禮服的男童和女童——男童和

延平王廟前院的鳳梨市集。

女童各 2 名——最後壓軸的則是坐在神轎上的國姓爺像,以及持香的挑夫。

我不明白這支遊行隊伍的用意為何,他們告訴我,這是為了取悅神明,讓神明的心情平和,避免惡病在這座城市裡肆虐。

關帝廟(Han-te-bio-Tempel)那邊,還有更精采的場面等著我去見識。

在這座廟宇的前廳,桌上和牆上掛著或擺著各式各樣、數不清的劇場道具:面具、假鬍子、戲服、刀劍、皇冠等等。這裡的演員用一種不可思議的方式在自己的臉上化妝、戴上披風式的鬍鬚,接著奔向廟口的戲臺,在臺上搬演歷史劇的戲碼。戲子們用假嗓子唱戲詞,有中式提琴在伴奏;還有 2 名剛在廟裡打完疫苗、一臉慘相的漢人孩童在哭號,跟臺上的戲子們較勁,使樂聲因此更加悠揚美妙。

一個醫療團隊在廟裡設下據點。許多母親帶著小孩遠道而來,讓他們在此接受診治;這是日本人近期不顧漢人反對、強行推動的衛生政策。放聲尖叫的戲子、打針完號哭的小孩、嘎嘎作響的中式提琴……廟裡廟外的一切所構成的生活集錦,就算是最厲害的幻想家,恐怕也想不出能與之匹敵的場面。

庭院後方的臺階通向一座開放式廳堂,我坐在廳堂裡,看著這一片混亂的景象。帷幕的壁龕裡有一座英雄關羽的塑像,

塑像前有張供桌，上面放著香爐和燭臺，天花板上則掛著各種尺寸造型的燈籠。前面提到的那座戲臺，設立在廟口房屋環繞的市場上，戲臺兩側有風車葉片造型的側臺，演員們身穿明朝官員的戲服，頭戴冠冕式的帽子在臺上演出。那些來看戲的人，要感謝一位附近店鋪的老闆；他以 5 圓的價碼，請來戲班子為街坊鄰居演戲。在地居民此刻正聚精會神、目瞪口呆地聆聽著演員們以貓叫般的嗓音唱出戲詞。

至於我自己，則是放棄了繼續欣賞藝術的機會，來到廟宇附近的一處高地。那裡是普羅民遮城的舊址。早在 1879 年，普羅民遮城就矗立在這座高地上，城邊有綠樹成蔭、種著百年老樹的大型庭院環繞。荷治時期，這座城池緊鄰著海岸，從陸地向外，與熱蘭遮城共同護衛安平港的安全。

漢人們在從前的城址 —— 如今還能看到部分城牆的遺跡 —— 蓋了一間廟宇，來袪除那些可恨的「紅毛番」 —— 這是漢人對荷蘭人的稱呼 —— 所遺留下來的不良影響。

廟宇的腹地很大，日本人把它作為軍醫院使用，細心維護，一塵不染；各式新發明的醫療衛生設備，也都一應俱全。

我沿原路折返，回到剛才的市集。這裡看得到許多作坊兼商店的店鋪，製作並販賣如金銀飾品、髮髻、帶狀頭飾、新娘禮冠、腕帶和腳帶、耳飾等各種漢人喜愛的裝飾品。我還走進

了一間雕刻或雕塑作坊，除了製作木頭雕像以外，還會用皂石雕刻深受漢人愛好的神像和全套神壇。

值得一提的是，我在中式食品店裡看到不少德國廉價進口啤酒；在進口品當中，德國啤酒算得上是相當有分量 —— 安平地區去年的德國啤酒進口額為 70,657 圓，全福爾摩沙則為 185,491 圓。不過這種廉價啤酒能滿足的，大概只有那些辮子留得很長、啤酒品味卻毫無長進的民族吧！

我來到一個魚市場，裡面大量販售著各種你想像得到的魚類。這裡賣的章魚特別多，牠們被人活活叉起、當場生吃，畫面真是讓人厭惡。那些生物會全身糾結起來，觸角不停地抽搐；但那些習於酷刑場面的漢人，顯然對這些生物的痛苦無動於衷。戶外到處都有人在燉煮或烘烤海產。牡蠣不計其數，但看起來多麼不堪！ —— 黏稠的去殼牡蠣成千上百地堆成一落一落，讓人看了想吐，一點食欲也沒有。見到這個景象，我後來有很長一段時間都不敢吃牡蠣了！

在夕陽的餘暉之下，我走過有無數蚊子飛舞的水池與池塘，穿越臺南府的城門返回安平。到了安平以後，我發現這裡的歐洲人全都齊聚在我的東道主家裡。氣氛歡快無比。在樂器的伴奏下，我們的主人以優美的歌聲演唱了幾首德國藝術歌曲，唱得真是好極了。

　　我們度過了熱鬧的夜晚。那晚我睡得很好。許久未聞、從未想過會在此地聽到的藝術歌曲樂聲，在睡夢中依然迴盪著；我的意識逐漸模糊，樂聲與小孩打完疫苗的哭聲，以及戲子婉約動人的細嗓，雜揉成一團無法辨識的聲響。

　　隔天中午，我乘坐一臺小型蒸汽駁船 —— 這家駁船公司以發行股票的方式成立，跟幾乎所有的福爾摩沙企業一樣 —— 前往 30 公里以南的打狗。跟我同行的是一位英國商人，他和所有本部設在安平的歐洲商行老闆相同，將打狗的分部交給漢人買辦經營。我們乘坐快捷的蒸汽駁船，沿著平坦海岸向南行進，眺望著岸上一望無際的甘蔗田。我們很幸運地遇上順風時刻；儘管海象不佳，一旦我們升起船帆，很快地便在 3 小時後抵達目的地。我們逐漸接近打狗，看見山勢陡峭、海拔 400 公尺高的猴山矗立在我們的面前；猴山的對面，則是近乎垂直拔起、海拔 120 公尺高的薩拉森頭（Saracenenkopf [65]），山上蓋有一座燈塔。薩拉森頭的名稱來自 60 年代末期、在福爾摩沙西岸從事製圖任務的英國砲艦「薩拉森號」（Saracen）。

　　進港的狹長入口寬僅 60 英尺，黑色岩壁聳立在航道兩側，岩壁間有茂盛的綠色植被，秀麗動人。洶湧的海濤在礁石

65　即今日的旗後山。

上激起高大浪花，潮水亦十分湍急，讓人意識到進港的危險，而且顯然只有小型船隻才能通行。

這個形若拱門的海上入口外觀相當有趣、稜角分明，令人印象深刻。穿過這個入口後，便來到一座寬闊的天然潟湖。這座潟湖只有極少數的地方能讓戎克船和小型蒸汽船下錨，大型船隻必須停泊在港外的錨泊地。

在海上通道的左側猴山的山腳下，沿著小小的碼頭，有一排數量不多的建築物，是歐洲人開的商行；不久之前，打狗還是歐洲商人的主要聚集地，就像今日的安平一樣。這裡如今已經沒有歐洲商人居住了；他們只會來這裡，用戎克船將貨運至安平，以便裝運到更大型的船艦上。

日本統治福爾摩沙之後，當初由赫德爵士領軍、全數採用歐洲職員的中國打狗海關，理所當然地停業了，住在打狗的歐洲行政官員也全都消失了。

打狗當地的歐洲人，如今只剩下一位英國醫師。他過去是馬雅各醫師成立的醫館負責人，在打狗已經生活了 15 年之久，也許更久也說不定。他專門為安平的歐洲商人看病。能言善道的他，5 年前即開始擔任日本政府的顧問（「Advisor」），收入頗豐；至於他是否勝任這個職位，日本人究竟有沒有聽進他的建議，就不得而知了。

　　打狗的沒落有很多原因，[66] 其中最主要的原因是往返香港的蒸汽輪船不再來到打狗，而改停靠安平，因為安平鄰近人口眾多的臺南府，對於進口貨的需求遠比打狗來得大。時至今日，打狗給人的印象，是一座全盛時期已過、逐漸步入衰頹的國際貿易城。

　　潟湖式港口和大海之間隔著一道寬約 1 英里的沙嘴，這道沙嘴將曾是島嶼的薩拉森頭和南部平原連接在一起。來自南方的沉積物，以及雨季時流入潟湖的河流所帶來的土壤，形成了這道沙嘴。沙嘴靠潟湖一側，圍著灌木叢與矮樹籬。漲潮時，部分的沙嘴會化為泥沼。薩拉森頭的山腳下是旗後（Kion），住的大多是漁民，歐洲人一般會將旗後算作打狗的一部分。

　　登上薩拉森頭後，在英國醫生的宅邸左側有一座浪漫的古要塞遺跡。要塞的城牆設有城垛，從前的人會用城垛作為掩護，以大砲抵禦來犯的敵船。染料木叢和叢櫚間的山岩上，鑿有一條以石牆加固的寬闊臺階，通往高地上建造的燈塔；這裡經常有濃霧，使海岸變得更加危險。靠海的一側沿岸駐紮了好幾支砲兵隊，防止敵軍在砲兵隊的射程範圍內上岸。

　　從高處眺望，景色多變而充滿驚奇──西側可見蔚藍的大

66　作者注：1897 年時，打狗的出口額仍有 208,332 圓（主要出口品為白米，共 162,307 圓），入口額則為 346,537 圓。

海，無數的戎克船張著船帆，像天鵝般劃過浪花滿滿的海面。薩拉森頭的山坡一階階地落向有一整排漁人小屋的沙嘴。

打狗潟湖猶如一座有美麗湖岸環繞的湖泊。湖裡錨泊的中式戎克船，顏色繽紛鮮豔，船首還有一雙刻出來的大眼睛，看起來十分魔幻，彷彿是成群的水生傳說動物。

但最美麗迷人的景象，還是那道通往打狗港的海上入口。它是由薩拉森頭和對岸陡峭的猴山所組成的。而猴山上也駐紮了一支保衛港口的砲兵隊。

猴山——我直到後來才登上猴山——是一座礁石形成的山，得名自棲息在其山壁上、外型酷似紅毛猩猩的猴群。根據專家判斷，猴山應該是一座死火山，曾經位於海平面之下，後來才因地形位移而浮出水面。猴山的外觀，確實很能印證這個說法：這座怪石嶙峋、溝壑縱橫的山頭，山頂狀似火山口；崎嶇的山岩上僅覆蓋著一層薄沙，生長著稀疏的植被，大半是高尖的青草和叢櫚。漢人農民會用叢櫚纖維編織雨衣，造型類似日本農民的蓑衣（Mino）。

下山的路上，我順便造訪了薩拉森頭山腳下的旗後。旗後的街道散發出惡臭，開的大部分是中式雜貨店，實在是不怎麼吸引人。這裡的市場倒是十分熱鬧有趣，頗值得一看。討海人和搬貨的苦力們，聚集在樹下或通風帳棚裡的路邊攤，以幾枚

孔方錢（「cash」）的價錢飽餐一頓。街道上和碼頭上，到處看得到成堆的稻穀，等著被放進打穀機裡脫殼。打穀機不論外觀或構造上，都彷彿是放大版的咖啡磨豆機。

除了景色優美，以及比安平及臺南府更豐富茂盛的植被以外，打狗就沒有其他可觀之處了。我於是決定前往下個目的地，只是考量到時候不早，不確定是否該在打狗過夜；聽說這一帶現在很不安全，前幾天才發生過好幾起襲擊事件。不過由於我不想浪費任何時間，希望儘快抵達位於東岸的卑南（Pilam），因此不顧大家的勸阻，當晚便啟程前往鳳山（Hozan）。

在壯麗的夕陽下，我乘著船橫渡這座潟湖，來到南岸的鎮上找轎夫。航行途中，我驚訝地瞥見高大、青綠的甘蔗田間，有一棟長長的建築物隱身其中，屋上掛著一個十字架。那是西班牙道明會所設立的宣教據點；他們於 1626 年來到這座島，卻於 1642 年荷蘭人驅逐西班牙人、襲擊並摧毀西班牙定居地時被捕。道明會接下來的幾次宣教計畫都沒有得到長久性的成果；直到 1860 年，才在福建宣教團的主導下，重新建立起福爾摩沙的宣教據點，在島上站穩腳步。時至今日，道明會已在臺南府、打狗、彰化（Sonka）、萬金庄（Bankimseng）等地設有 4 個宣教點，共有 1 千多名信眾。其中，位在山區的萬金庄是道明會的總部，他們在鄰近地區的宣教活動獲得極大的成

果；當地的蕃人部落，今日已有 3 分之 1 的人信奉基督教。這些西班牙神父已在此證明，即使不仰賴燒酒的誘惑，也能教化福爾摩沙原住民。

當我在某個村莊裡找到轎夫、準備繼續我的旅程時，天色已經暗下來了。那些驚慌失措的轎夫，在番薯田和稻田間、比地面高約 1 公尺的蜿蜒小徑上狂奔，帶著我跑過山隘，而山隘的路旁，林投樹、高大的蘆葦和青竹伸出鬼魅般的枝葉。

抵達鳳山時，已經 9 點多了。

鳳山大道鋪有品質極佳的石子路，這是我進城後感到驚訝的第一件事。鳳山是個富庶之地，再加上當地的有力人士樂於投入地方建設，才使得鳳山擁有如此醒目的文明設施。

鳳山城人口約 10,000 人，大概 1,000 人是日本人，都是過去幾個月移入的人口；一年前，鳳山的日本人還不到 200 人。由於鳳山經常受到土匪襲擊，當地駐紮了一支 1 千人的部隊。儘管鳳山縣廳的人向我保證，自從槍斃了那位令人聞之喪膽的土匪（Tohui）領袖後，搶劫事件就大幅減少，但我想在此引述一則《日本每日先鋒報》（*Japan Daily Harald*[67]）的長篇報導，來說明在我抵達鳳山不久前，鳳山的公安人員承受了多大

67　原文誤植，此處應為「Japan Daily Herald」。

的壓力。以下是這則 1898 年 5 月 21 日的報導內容：

> 在可見的未來，南福爾摩沙極有可能爆發大規模民變，類似 1896 年 6 月島內發生的起義事件。[68] 由於日本士兵濫殺無辜的百姓婦孺，鳳山地區的民怨已經累積到了最高點。

在島上作亂的土匪（Tohui）主要集中在鳳山一帶活動；先前，日本當局在距離鳳山縣不到 12 英里處發現了一個土匪的山寨，決定派兵征討。土匪們於是躲進了一個洞穴，時間為 4 月 19 日至 21 日。而根據日本人自己的報導所述，這群土匪離開洞穴後轉換了陣地，從此便不知去向，甚至沒有折損任何人馬。

日本軍隊試圖迎戰土匪，卻因火力不足 —— 除小型武器之外，他們只帶了一副山砲，並在通往土匪藏身處的小徑上朝洞口開砲 —— 慘遭痛擊，多名軍士傷亡。挫敗受辱的日本部隊，嗜血的欲望似乎未被滿足，在回程途中，襲擊了距離軍匪衝突地約 7 英里、鳳山約 5 英里的敵對村莊 Looh-ah-heng。

日出時分，Looh-ah-heng 的莊民醒來發現多處失火，並在

68　此指 1896 年發生的雲林大屠殺。

衝出家門時被包圍村莊的日軍砍倒、槍殺。

據莊民向記者所述，這起事件中共有24位男性、2位女性和4位小孩慘遭殺害；200棟房舍中，只有6棟未被燒毀。此時此刻，受害者們仍在甘蔗田和竹林間尋找「庇護」。

繼續旅程以前，我去拜訪了鳳山縣知事木下周一[69]。他曾在萊比錫留學，會說德文。他提醒了我一些旅途上該注意的事情。聽說我要從枋寮（Biorio）前往巴塱衛（Parō-ē），他表示這是一項非常大膽的計畫──據他所知，尚未有歐洲人嘗試過這條路線。他特別建議我要攜帶可以跟蕃人以物易物的商品，以便在他們提供協助時予以報答。為此他安排了一位職員，帶我去市集挑選蕃人喜愛的各式物品：深色布料、金屬鈕扣、針、火柴、小錫罐、金屬鏡子，以及其他類似的小玩意。

採買花了比預計更多的時間，直到上午10點，我才得以從鳳山動身出發，根據我的氣壓計所示，這時的氣溫已高達列氏26度。[70] 我為我那些可憐的苦力感到傷心，他們必須扛著

69　木下周一（1851-1907），日本明治時代官員。後於1898年由鳳山轉調臺中，任臺中縣知事一職。

70　列氏溫標（Réaumur Scale）由法國科學家列奧米爾於1731年提出，曾經在歐洲特別是法國以及德國相當流行，但隨後均由攝氏溫標所取代。列氏26度等於攝氏32.5度。

芒果樹下的休憩站。

轎子，頂著豔陽，走過光禿禿的平原地帶，偶爾才會行經地勢起伏或山間的道路，路上有茂密的灌木林籠罩，樹枝會劃過穿行其間的轎子。大部分的田裡種植番薯和比人高兩倍的甘蔗，但也有不少香蕉和鳳梨。田地周圍經常有高達 20 英尺的林投樹作為籬笆。

當我們抵達 Se-kan-sho 時，我為我的轎夫們感到慶幸。村落裡有間警察進駐的小廟，中午我們便在此享受遲來的歇息時光。廟埕上立著幾株壯麗的芒果樹，從蓄水槽裡喝完水後，我手下的人便在樹蔭下休息。跟故鄉農莊一樣層層疊疊的堆肥；有著美麗羽毛的母雞在四周活蹦亂跳，這些母雞無論是在哪座養雞場，都會是養雞業者們的驕傲。小豬仔在竹棍搭成的、通風良好的豬圈裡嘰嘰地叫。水牛惬意地在嬉戲的小孩間漫步，嗅聞著他們身上的氣息。

這些農莊旁長著高聳而優雅的竹林，但最美麗的是一種以漢人 Len-Tsiu-Hen 命名的植物；它那如詩如畫的魅力，令人怎麼也看不膩。Len-Tsiu-Hen 高 8 至 10 英尺，葉子長 1 英尺、寬半英尺，葉脈繁多，葉色是高貴的墨綠色；但那泛光、葡萄狀的紫色花簇，更是美不勝收。

這個由數座農莊環繞的庭院，凌亂卻詩情畫意，是我在福爾摩沙看過最迷人的景象之一。然而當我來到充作警局的小廟

Se-kan-sho 的漢人農莊。

解渴，並找人訴說我對這片寧靜的田園風光的喜愛時，那裡的人顯然對此有不同看法。聽到我的話語，那些警察放聲大笑，並告訴我的通譯：別提什麼「田園風光」了；就在 5 天前，才有大約 30 名盜匪，襲擊了距離當地半小時路程的 Ran-boi，並奪走了至少 17 頭水牛。

我們一行人歇息了數個小時，是時候繼續動身了。充分的休息使我們精力充沛，我們穿行在甘蔗田和番薯田之間，不時經過大型的竹林；在東邊，遠方的群山泛著藍光；西方則可見白色的船帆，從低矮的、海堤狀的砂丘後方露出來。我們穿越了不少被淹沒的土地，並多次搭乘船筏渡過淡水溪[71]。

在淡水溪的河口，我們目睹了一場趣味盎然的小型海上衝突。2 名用船筏載運竹簍的船夫用長竿撐船，行駛在淺水河域上；突然間，兩個人爆發了激烈口角，開始用長竿朝對方潑水，接著就真的打了起來，直到雙方當中較聰明的那個人跳入水中，鑽進水裡，把對方的船筏給掀翻了；站在上面的那個人大喊出聲，連同他的竹簍和裝備一起從岸邊的方向摔入水裡，只得在對方的圍觀和嘲諷下，在水中撿拾他的裝備和竹竿。

緊鄰著河口，停泊著許多詩情畫意的中式戎克船，在落日

71　即今日的高屏溪。

淡水溪上的戎克船。

染紅的水面上，它們彷彿泅泳在火海之中。河岸上則有一群人，正在將堆積如山的花生裝袋、運送上船。

　　天色逐漸轉暗，我們也抵達了東港（Toko）。到了當地，我先去拜訪了一位住在古老小廟裡的警官。

　　這位和藹可親的人民保母，恐怕是我生平所見最滑稽的人物之一。這名無心的喜劇演員彷彿拿自己的身體一點辦法也沒有，舉手投足如此笨拙窘迫，連我在一旁看著都忍不住尷尬起來。他最後安排了 2 名警員陪我前往今晚的宿屋。那是個糟糕透頂的地方 —— 我光是寫下這些字句、回想起當時的情景，就

不禁打起一陣寒顫。

不久前，有幾名苦力厭倦了拉人力車，於是決定落腳在這個人口約 1,300 人、其中有 30 人是日本人的鳥地方，經營旅店生意。為了這個目的，這幾位志向遠大的日本子弟租下了一間被遺棄的、門廊會散發可怕霉味的老舊中式小屋。這間豪華飯店的後側，加蓋了幾個用竹席隔開的小房間，從房間裡可以欣賞外頭布滿垃圾的庭院，以及從庭院水溝裡滿溢出來的、噁心透頂的不明液體。旅店當然也沒有門，一般來說這大概也算不上什麼大問題；但由於鄰近地區的盜匪習慣入夜後來東港打家劫舍，沒有門實在讓人有點神經緊張。對此，那位滑稽的小個子警官很快便想到對策──他命令 2 名荷槍實彈的警員守在我的門口，並向我保證說，他們晚上會待在我這裡，以便在莊上遭遇襲擊時保護我的安全。我還能有什麼要求呢？

我如此舒適地安頓下來後，便開始煮飯，並請人從漢人開的雜貨店那裡買來兩瓶德國啤酒助眠，喝得一滴不剩。我為此付出了沉重的代價，因為隔天早上醒來時，我身體疲憊得不得了。不過值得慶幸的是，我們的東西都沒有被偷。

我們再次上路。這次有 2 名帶著獵槍的政府職員同行，他們剛好也要到南部去。離開東港後，我們很快地渡過了幾條泥濘的河道，並為了縮短路程，涉水通過了漲潮時會被水淹沒的

漁民的住處。

海岸地區。一個馬蹄鐵狀的海岬向海洋延伸，形成了一道小小
的海灣，而在海灣的附近有一座貧窮的漁民聚落。

　　你很難想像比生活在這片悲慘之地的人更可憐、卻也更無
欲無求的人了。他們幾近赤裸、衣衫襤褸地過苦日子，幾乎只
靠生長在鄰近沙地裡的高大蘆薈維持生計。一片蓋著蘆葦的帳
棚式竹席，構成了這些可憐蟲的住所。一堆地瓜，就是他們所
有的存糧。零散的漁網、一個竹簍和一張破爛的席子，就是這
些膽小害羞、眼巴巴地望著我們的漁民的全部財產。他們困
頓、毫無企盼的神情，透露出天地不仁的時間韻律。他們的日
常生活，就是用他們殘破不堪的捕魚器具，在這個風雨連連的
所在，捕撈為數不多的漁獲，用魚交換馬鈴薯和其他稀少的生
活必需用品。他們對金錢非常陌生；由於拍攝漁村小屋的緣

錦葵樹（Malvenbäume）。

故，我給了一位生病年邁的女屋主幾枚銀幣；然而從她那生疏而困惑的神情可以看得出來，手上拿著錢幣，對她來說是多麼不尋常的一件事。

這些漁村小屋的周圍是如假包換的熱帶風光。蓄水槽用牡蠣堆而非石頭圈起來，籠罩在枝葉繁茂、有著檸檬色大花的錦葵樹，以及有羽毛撢子狀樹冠、樹幹蜿蜒曲折的林投樹叢的陰影之下。

這些漁民所用的牡蠣岩，是從鄰近的小琉球島（Sho-Loo-Choo-Tō，Klein-Liukiu，又名「拉美島」〔Lambay〕）取來的。小琉球島的名稱 ——「Liao」意指「小」（Klein）—— 是相對於福爾摩沙中世紀時的老地名 ——「Ta-Liukiu」—— 而來的。

漁民。

　　靠近岸邊的地方，漁民會用一種竹竿如剪刀狀交疊、上面
垂掛著漁網的漁具捕魚。如同農夫犁田一樣，這些漁民會拿著
漁具，在岸邊的淺水區域來回走動，並不時把漁網闔上捕撈獵
物。

　　從海岸往內陸走，我來到附近一座規模較大、卻一樣貧困
的漁村。一棟竹屋裡，傳出小孩們喋喋不休的聲音；那是一間
村裡的學校，有 15 名孩童正在爭相地喊出自己的學問。在我
的請求之下，老師暫時中斷了課程，於是我趕緊為這群小朋友
拍了張照──這些心情愉快的小孩，顯然不介意我們的到來。

村莊裡的中式學校。

　　要說漢人有什麼好的一面，那肯定是他們對教育的熱誠。他們對教育事業的重視，比一些西方文明國家有過之而無不及。富有的漢人不只將教育自己的小孩視為自身的義務，還會為下屬的子女建造學校，比方說阿罩霧的林朝棟，以及其他許多漢人。

　　離開這座漁村後，我們沿著海岸線行進了數個小時。這天，大海壯麗無比，海水如此蔚藍，我彷彿置身在夏日的愛奧尼亞海邊。

　　正午時分，我們在某個小海岬旁的一座廢棄中式農莊歇息。有幾名警察已在農莊裡安頓下來。我們可以在此展望南方美麗的小琉球島。很奇怪地，當地的漁民會去島上獵鹿，獲取在漢人間價格昂貴的鹿茸販賣。漢人相信服用鹿茸粉可以強身健體，因此願意花大錢買鹿茸——各地都有人向我保證，鹿茸時常可以賣到一個 50 圓的高價。經過短暫的休息，我們又再次上路，沿著壯麗的海岸線而行；對於那些苦力們來說，這是一件特別愉悅的事，因為他們有幾個小時可以享受浪花濺上來的清涼海水。我們不時會遇上一些衣著簡陋、揹著竹簍的男男女女，正在等候著靠岸的帆船所載來的親友。還會看見漁民熟練地拋出手持漁網——這裡的海岸以漁獲量多而聞名。海上吹來輕柔的海風，我陶醉地從坐轎上看著海浪嬉戲，泛起白色的

浪花，在蔚藍的海面上劃出一道道遼闊而壯麗的弧線。我出神地傾聽著海潮的聲音，回想起遙遠的過往、在如夢似幻的地中海岸度過的那些時日。

五、從枋寮經力里社、巴塱衛、
太麻里，抵達卑南

我們一行人來到枋寮毀壞的城門前時，太陽還高掛在天頂，一位撫墾署的職員已接獲地方首長的通知，帶著多名警察出來迎接我們。他們領著我走進這座半毀棄的、綠意盎然的美麗小城，並安排我入住一間和東港旅社同樣時髦的旅社。[72] 但對此我已做好心理準備。來到這種地方，最好要有豁達的心態，不然只會敗興而歸。

來到這間骯髒的下等旅社，才剛放下行李不久，剛才在城門口迎接我們的那群人便全來了，還有 5 名奉命陪我前去卑南的警察，以及憲兵、漢人通譯和許多人。每個人都遞名片給我，並希望拿到我的名片作為回禮。由於日本人對交換名片這件事的熱衷，我的名片老早就發完了，於是我便攤臥在睡墊上，現場製作了數十張名片。發完這輪名片後，假如那些幫我

72　作者注：枋寮人口數為 600 人，其中 10 人為日本人。

揹行李的新苦力也跑來找我要名片，我大概也不會驚訝了。

會完客，我走到了下方的海岸──枋寮位於一座沙丘上──在那裡觀看漁民精神抖擻地修補船隻、竹筏和漁網，將漁獲掛在夯入地面的柱子上晒乾，其中有大量漢人喜愛的鯊魚鰭，看起來很像輪船的螺旋槳葉片。

回到莊裡後，我又去買了些給蕃人的東西：兩打每瓶 7 錢的三星上等三燒酒，大批用檳榔葉包起來的檳榔果實，以及重要的生石灰。還有其他類似這種、歐洲人難以欣賞的東西。

枋寮的旅社不只環境糟糕，價格也貴得離譜。他們讓我睡在一個地上爬滿蟑螂、壁虎和各種爬蟲的住處，只給我一張睡墊，竟然收我 5 圓（10 馬克）住宿費。我把價錢殺到一半，隔天一大早便毫不眷戀地離開了這個鬼地方。

早上天氣很好，一整天豔陽高照。我們踏出城門時，天氣熱得不得了。道路的兩側有結實累累的秀麗稻田；東方的平原上，聳立著一座海拔 3、4 千英尺的、波浪狀的山脈。我們多次行經有著優美農莊的村莊，宛如出自奧地利畫家佩滕科芬（August von Pettenkofen[73]）的畫筆──宏偉的百年紅樹林和

73　奧古斯特‧馮‧佩滕科芬（1822 年 5 月 10 日－ 1889 年 3 月 21 日），出生於奧地利維也納。他擅長以樸實的手法，描繪匈牙利農民和吉普賽人的生活情景。

榕樹，掩蔽著有蘆葦屋頂、瓜藤環繞的聚落建築。蒲葵綻放綠意，一旁擺放著 3、4 公尺高的梨狀耙子，耙子上掛有給水牛吃的禾稈。載滿甘蔗的二輪手推車，嘎啦嘎啦地駛入林投樹籬圍繞的農莊。還有成堆的番薯塊，晾在太陽下的竹席上晒乾。

我們在一個名叫水底寮（Sui-te-rio）的村莊停留了片刻，與住在當地的蕃語通譯會合。他是一位與排灣族貿易、會說排灣族語的漢人，也娶了排灣族的女性為妻。

在水底寮休息時，有人招待我們吃一種加糖的米糕，外觀美味可口。

等那位蕃語通譯的苦力揹好行囊和口糧後，我們便出發了。為了與那位蕃語通譯溝通，我們還額外請來一名日中通譯。這位通譯是漢人，卻很狡黠地改穿日式服飾，還留了一頭日式髮型，並對所有跟漢人有關的事物都表露出明顯不屑。如果不是他的日文口音不夠標準，他肯定會被當作日本人，不會有人猜想到他其實是「天朝子民」（Sohn des Himmlischen Reiches）。後來的旅途中，我多次注意到類似這種現象，並發現這兩個民族之間髮型上的差異，不只是對我們歐洲人而言，對東亞人來說，也是區分兩者最直接、最可靠的方式。

離開水底寮庄後，我們行進在草木茂盛的耕地，以及灌木林交雜的平原地帶，又差不多走了一個半小時，接著便開始陡

峭的上坡路。我們只能緩慢地在灌木叢間穿行攀升，較高的樹木則大半被燒掉了。

我們大概在炎熱的豔陽下攀爬了一個多小時，才在一個山谷的坡地上見到了一群正在勞作的蕃人；不遠處可以看到他們寒酸可憐的小屋。他們身處的那塊土地不久前才被焚燒過，此刻他們正在清除上面殘留的樹幹和樹根，準備將這裡留作己用。有幾處坡地完全或部分碳化了；一切都死去了，沒有留下一絲生機，地面上的生物徹底遭到抹殺。

當我們一行人翻過山頭，接連出現在他們的面前時，那些蕃人顯得非常驚訝。一條可以眺望深谷和草木不旺的地域的小徑，通往他們那僅由數間小屋組成的寒酸部落。一群骯髒的女人在一間屋子的前簷嚼著東西，並徒手從碗裡舀出看來很難吃的生薑料理吃。

這些蕃人小屋的構造如下：將兩根斜放的梁柱，倚靠在一對夯入地面、以橫梁連接的立柱上；側牆和長及地面的屋頂鋪上竹子或藤條後，接著再覆蓋一層蘆葦。

小屋的入口很矮，我幾乎是用彎身匍匐的方式才得以進入；屋裡的天花板也很低，我差點無法站直身子。他們還在室內升火、濃煙瀰漫，不見天日的氣氛更是令人難受，於是我很快地便逃了出來。

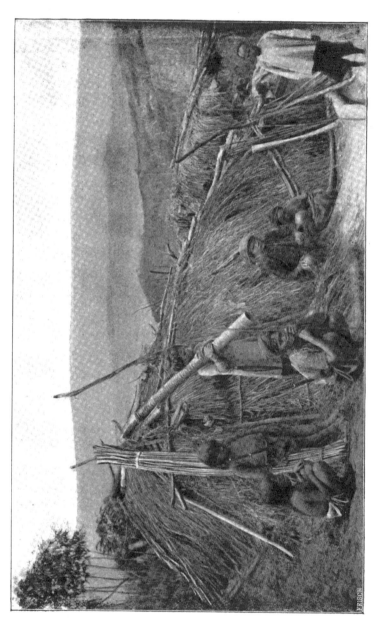

往力里社路上的蕃人小屋。

　那些女性和小孩眼角發炎的陰鬱雙眼，流露出動物般的空洞神情，以及無止境的匱乏感。

　女人和少女們的手部外側和手腕處有條紋和三叉狀的紋身。有些人正在編織末端有蘆葦環的麻布袋，蘆葦環間繫了一條帶子。其他人的肩上則揹著充作水桶的竹管，像是在揹步槍。

　散居在鄰近山谷裡的居民屬於排灣族；力里社的頭目是他們的共同領袖。他們主要以農耕維生：薑、芋和菸草是他們的主要作物。他們會用這些農產品，以及麻布織物等手工藝品，和定居鄰近平原地帶的漢人交換魚乾。這種交易行為是他們不幸、單調的生活裡唯一的調劑。

　我們預計過夜的下個目的地，是先前提過的力里社，那是一個約有 300 戶人家、700 位居民的地方，被在地人視為首都。當力里社人和距離約 10 里（相當於 25 英里左右）處的姑仔崙（Kwanan）庄起衝突時，一般是前者會獲得支援。

　距離排灣族頭目所在的村落，還有很長的一段路途，儘管天氣炎熱，我還是決定繼續動身。我們攀上一座山稜，在此眺望廣闊的大海和小琉球島。不久後吹起了一陣清涼的微風，稍微緩解了旅途的勞累。遠方有時可見一絲絲的煙霧，暗示那裡有零星的蕃人住所。多處高原打斷了起伏的山脈。嚴重龜裂的

土地，彷彿張開嘴討水喝的口渴之人，只有西南季風帶來豐沛的雨水。這時候，雨水會順著山坡，將大量的土石沖入山谷。乾涸的河床在山谷間蜿蜒，而山上也缺乏有活水的山澗和泉源。

由於缺水，這裡的植被十分稀疏；陡峭的山坡上只見乾瘦的青草，少有灌木；偶爾會有栗樹、肖楠或長青的橡樹伸向蔚藍的天空，形成植被的島嶼。我們路上沒看到什麼生物；只有五彩繽紛的昆蟲或絢爛的蝴蝶，不時在晴空中飛舞。

突然間，我在長著高蘆葦的山脊上看見長矛矛尖的閃光。那是一支蕃人隊伍；他們看見我們，驚訝地停下腳步。

我們的通譯先上前說明我們沒有惡意。儘管如此，還是有些人害羞地跑走了，但有 8 個人決定留下來。我把香菸遞給他們，他們有些遲疑地靠過來，但仍讓我欣賞他們作工精美的武器和工具。他們最後終於放下戒心，允許我替他們拍照。

排灣族人有馬來人的外型：身材矮壯有力，骨架不大，皮膚呈古銅色。有寬大的臉孔，造型勻稱的口齒，以及厚實的塊莖狀鼻子；他們將蓬鬆的亂髮剪至額頭，後側則留著及肩的長髮，或用頭帶綁起來。脖子上掛著長及胸部的紅漿果項鍊 —— 他們相信這種紅漿果帶有魔力。有些人的耳朵上戴著問號狀的金屬耳飾，與他們的玉手鐲一樣，無疑出自漢人之手。

南福爾摩沙的蕃人旅隊。

　　他們的服飾非常簡單，穿著兩件比膝蓋高一個手掌的圍裙；大部分的人還會再加上一件羊毛或麻布製的、長及肚臍的淺藍色短開襟外套。我很驚訝地看見一名少年戴著一頂白色花冠，與他那古銅色的肌膚非常相襯。我起初以為戴花冠乃是因為他們的審美本性，卻很快地發現這樣的打扮只是出於實用性的考量；我們後來在路上遇到了一整隊年輕人，他們為了遮陽，全都戴著白花編成的花冠，這種白花的中文叫做「Shu-yon-hoi」。

　　無論如何，我完全沒有料想到居住在這片荒涼山區裡的蕃

人，竟會打扮得如此詩情畫意，而那 5 名荷槍實彈的憲兵，在這群頭戴花飾的牧羊人面前，也顯得頗為多餘。

這裡的山脈呈圓拱形，陡升陡降，高度落差達數百公尺，因其翠綠色的山坡宛若一座凝固的海洋；天際線的盡頭，則是寬 20 至 30 英里的西部平原，以及蔚藍的太平洋。

我們漫步在山間，一路上沒有遇到水源與遮蔭，路途因此更加痛苦煎熬。我們全都口渴得要死，花了數個小時尋找水源，卻一無所獲，只見處處乾枯的水道。這樣找了 4 個小時後，我們才在小徑另一側的山谷裡，望見我們魂牽夢縈的小型泉水；然而它的流速和水量必須多出 10 倍，才夠滿足我們整隊人渴求的唇舌。

待所有人都喝完水、梳洗完畢，苦力們也裝滿各自的葫蘆水壺後，我們便神清氣爽、精神百倍地朝向目的地進發。

我們再度遇見持械的蕃人──還有一些蕃人女子，她們也戴著防曬用的花冠。那些男人的矛尖底部垂掛著用羽毛串起來的漢人頭顱。與上次一樣，我們也派出那位蕃語通譯，前去表明我們並無惡意。那些蕃人男子撇著頭，以驚訝而疑惑的眼神目送我們離去。

我們來到一個山脊的鞍部；從東面吹來的濃厚雲霧，將我們籠罩其中。霎時間，從右側山坡的樹叢中傳來一聲槍響，卻

遍尋不著開槍的嫌疑人，也沒見到蕃人的蹤跡。

我們還在考慮這是警告性的射擊，為了通報我們的到來，還是前方有人對我們懷抱敵意，卻步入一片伸手不見五指的濃厚雲海。出於安全考量，我們讓那位蕃語通譯和 2 名憲兵先去探路。但這種陰森可怕的狀況很快便結束了，陽光穿破並驅散了雲霧，我們再次置身於明亮的天光中。

我們向上攀登，不久後登上了一座山稜，蕃人們從谷底攀上來，又迅速消失在另一側的山谷中。我們的通譯指向西方。我們今天旅行的目的地 —— 力里社 —— 就位於我們腳下的谷地。

夕陽紫紅色的光芒逐漸暗沉，神祕的夜幕降臨世間。

我們朝著山谷的方向，沿著陡峭荒僻的小徑而下。走到半路，突然有個蕃人帶著妻子從樹叢裡冒出來；那是力里社的其中一位頭目，今年才 28 歲。他們倆在我面前深深鞠躬，頭部碰地；那位頭目接著拿走我的防護帽，交換他的花冠，並將花冠戴在我頭上。他也取走我手上的登山杖。這位年紀輕輕的蕃人王子似乎想藉此表示，他願意像自己的頭顱般保護我的頭顱，而我在他的領地裡不需要武器。

他才剛戴上我的帽子，便開始像提羅爾邦返家的登山者般大聲呼叫。從下方傳來好幾聲回應，如雜響般湧入我的耳中。

可以感覺到，村裡似乎發生了什麼不尋常的事。

衣著鮮豔的身影，使這座黑漆漆、梯田式的村莊變得熱絡起來；他們像螞蟻一樣，從屋子裡爬上低矮的屋頂。

整座村莊因歐洲人首度造訪而人聲鼎沸。穿著紅綠披風的大人小孩，站在離我們稍遠的地方，或是從屋頂上訝異地望著我們。

頭目家前的階梯形廣場有一棵壯麗的闊葉樹，外型似胡桃樹，我便坐在樹下休息。許多半熄滅的火光，在星辰間閃爍著光芒。

據我的通譯所說，這裡是 Kuliu 頭目的家；他不是大頭目，而是村莊裡的 6 個頭目之一。但依照當地習俗，由於他是第一個和我致意的人，他有權利接待我。其他頭目很快便來進行拜會儀式；他們是一群身手矯健、有古銅色肌膚的人物，身穿紅綠斗篷，頭戴花冠；在重新升起的火光之下，顯得十分詩情畫意。

第一輪問候後，我遞了幾根香菸給這幾位權貴人士，他們卻困惑地打量著香菸，在手上轉來轉去。這一次不用通譯我也看得出來：這些自然之子沒看過香菸，只認得他們的小菸斗。

應眾人要求，我在他們面前抽了根香菸，他們隨即很上手地抽起來了。等大家都熟絡了，他們便像來到卡斯坦蠟像館

Kuliu 頭目。

（Castans Panoptikum）[74]、頭一次看見新喀里多尼亞人的天真
柏林市民簇擁上來，仔細地觀察我，並伸手觸碰我的身體。

　　放下戒心後，我也更能仔細地察看我的這群同夥。我那位
老實的東道主 Kuliu，這時突然扛來一個陶壺，並像兄弟似地
擁抱我，將我拉進室內，拉進他的「好地方」（gute Stube）。

74　卡斯坦蠟像館成立於 1869 年，總館在德國柏林，並於德國境內設有多
　　所分館，曾是德國最知名的蠟像館之一。後因不敵電影業的崛起，於
　　1922 年正式倒閉。

　　尷尬的時刻來臨了。屋子裡的角落生著火，靠牆擺著長椅般的石板，我們在石椅上各自坐定。他們用瓜殼做的碗向我敬酒，碗裡裝著氣味難聞的發酵液體。所有人都把目光投向我這邊。眼見非喝不可，我突然靈光一閃，趕忙用左手指著入口。他們全都像接獲指令般往那邊看，我則趁機將這碗瓊漿玉露倒掉。這種「令人沉醉的美酒」，據說是用玉蜀黍釀成的，必須在竹筒裡放上 4、5 天後才能飲用 —— 它最好永遠沉睡在竹筒裡不要出來。

　　我的小聰明沒有起到太多效果，因為很快地他們又斟給我一碗酒，而這次他們鐵了心要看我喝下去，搞清楚它合不合我的胃。

　　我恐懼得滿頭大汗；我很明白，面對他們的盛情款待，若是我做出不友善的行為，恐怕會有很糟糕的後果；但另一方面我也知道，如果我將這碗酒喝下肚，恐怕會有好幾天 —— 甚至好幾個禮拜 —— 身體都好不起來。

　　我慌張地往狹小的窗外張望，想找到那位蕃語通譯的身影，卻徒勞無功。最後是有名同行的日本人，聽到我絕望的呼喚趕了過來，並找來我的中文通譯，這位中文通譯接著才把正確的人給帶來了 —— 那位我熱切盼望的、通曉排灣族語的蕃語通譯。

　　我對著這些未開化、愛喝酒的新朋友們——套用德國作家伊默曼（Karl Leberecht Immermann）[75] 在《明希豪森》（*Münchhausen*）裡的說法，他們才剛開始「舔舐啟蒙時代的冰柱」（an den Eiszapfen der Aufklärung hinauf zu lecken hatten）——說道，儘管我非常喜愛也尊敬他們，但由於我「罹患嚴重胃病」，醫師禁止我飲用任何茶以外的飲品，因此無法和他們一起喝酒。

　　聽到這個說法，他們不可置信地搖搖頭，有個人似乎在跟另一個人說：「得嚴重胃病的歐洲人，原來長這個樣子啊！」

　　我暫時得救了。鑽過 1 公尺高的低矮入口，重新回到室外，我想起自己一整天只嚼了幾片巧克力，肚子便咕嚕咕嚕地叫了起來，我於是決定餵飽我體內嗷嗷待哺的飢餓小人。蕃人的友誼是件美好的東西——雖然有時很折磨自己的胃——但也無法單靠它填飽肚子。

　　屋前的廣場上此刻聚集著力里社的「達官顯要」（haute volée），我肯定不能在那裡煮飯；在室內我也不敢用火，因為通風不好，怕會燻到低矮的臥室天花板。

75　卡爾・勒貝里希特・伊默曼（1796-1840），德國小說家、劇作家和詩人。《明希豪森》（1838）乃其創作的諷刺小說。

　　我決定放棄熱食，在屋子裡開一罐醃牛肉來享用。但在此之前，我得先拜託我的好友 Kuliu，把那些爭先恐後擠進來的閒雜人等掃地出門。他很熱心而積極地完成了這份任務；只可惜他卻忘了把自己也一併請出去。

　　他在我身旁蹲了下來，順勢便把右手伸進我的醃牛肉罐頭裡，想要拿幾塊肉嘗嘗，好像這是天經地義的事情。面臨這樣的親密攻勢，我想起了「施比受更有福」這句話，於是決定讓自己享受一次施捨的幸福，將一半的醃牛肉倒在一張紙上呈給了他。收到這份贈禮的他深受感動，內心的激昂情緒全映照在他那張燦笑的鬼臉上。Kuliu 確實是個貪吃鬼；他後來還去找日本人討東西吃；於是我對於他隔天飽受消化不良所苦，一點也不感到意外；因為當我想再請他吃點什麼的時候，他卻只能頂著一張苦瓜臉，指指他的胃，婉拒了我的好意。

　　與我們在來路上遇到的蕃人一樣，力里社一帶的蕃人也是排灣族人。排灣人分布在南部和西南部的沿岸地區，以及南部的山區當中。排灣族人的體格壯碩勻稱，身材中等；身上最美麗的部位是那一雙雙水汪汪、棕黑色的大眼睛。

　　排灣族源自一顆裂開的巨石，從巨石中生出了一男一女；排灣族人將其視為自己的祖先。排灣人宣稱他們是南福爾摩沙最早的居民；所有的證據都指出，排灣族源自於一座馬來島

嶼。

住在東部平原的排灣族經常與知本族混居 —— 知本族可能來自隸屬日本、距離福爾摩沙東北方 110 英里的宮古群島 —— 他們對知本族俯首稱臣,並承認知本族的優勢地位。

在排灣族人的記憶中,有位名叫卓杞篤(Tokitok）[76] 的人物,享有崇高的威望。他生活於本世紀的 60 至 70 年代,曾經是一位影響力很大的頭目;他成功地聯合所有的蕃人部落,想要將壓迫他們的漢人驅逐出這座島嶼。假如他沒有英年早逝的話(他死於 1873 年）,這項計畫肯定會對漢人造成更加沉重的打擊。

排灣族沒有明確的宗教觀。他們不造神像,對更高的存在也沒有清楚的概念;但他們相信靈魂轉世。狗和雞被他們認為是靈魂暫時棲息的絕佳場所。也因為如此,儘管他們會養雞來賣,卻從不吃雞。

根據力里社人的說法,他們可以和其他聚落居民互相溝通,但僅至位於東岸的巴塱衛(Paro-ē）為止;過了巴塱衛之後,他們的語言就不通了。

76　卓杞篤(1810?-1873?）,瑯嶠十八社大股頭人。因涉入羅妹號事件,於 1869 年與美國駐廈門領事李仙得以書面方式立下條約,後稱南岬之盟。

　　和去其他地方時一樣，我來到這裡以後，也在通譯的協助之下，蒐集到一組常用的詞彙，並整理成一份清單（參見附表）。

　　在力里社的排灣族人之間，父親的身分地位總是由兒子繼承；如果沒有繼承人的話，則會由他們的親戚代為選出新的家長。

　　排灣族人奉行斯巴達式的家庭生活；他們完全不會特別照顧小孩，因為他們認為弱者沒有必要活下來。此外，排灣族的家族感也比文明國家更加強韌，因為他們沒有其他需要分散注意力的事，而文明人的注意力則必須用在許多不同的愛好之上。與許多亞洲民族不同，排灣族的女性並不會對男人唯命是從；在男人面前，她們自由而無所畏懼，享有平等的地位，並照著自己的方式，在她們那小小的生活圈裡過著無拘無束的生活。這點和印度女性——沒錯，還有日本女性——那種唯唯諾諾的態度截然相反。

　　我曾經多次目睹上述的行為：比方說，我看過一位女性不小心將貴重的大鐵鍋摔壞在石板上，然後平靜地向她的丈夫報告這個損失；而那位丈夫聽完後儘管十分痛心，卻完全沒有透過責罵或毆打的方式來發洩他的憤怒。

　　排灣族少女都很早婚，而且有權自由選擇自己的伴侶。因

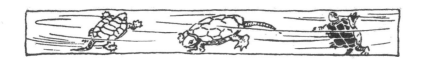

為儘管她們的父母親可能表示反對，她們卻依然可以追隨愛人而去；而她們的意中人也權力不大，只能要求她們搬進自己的家裡。

排灣族男性奇特的求愛方式，和某些其他蕃族的求愛方式一樣。

晚上或清晨，單身者會到意中人的屋前放一束木柴，並讓對方看見自己。如果對方拿走了柴薪，那就表示自己被接受了；如果沒拿，那就代表對方拒絕了自己。因此這裡的人不會說有人「領了個籃子」[77]，而會說有人「柴火沒送出去」。

為了求愛成功，單身者必須送給少女的父親和長兄包含刀劍、槍械等的各種禮物。接著送給全家人兩只大鐵鍋；新娘和未來的岳母則會各收到一塊可以用來織新衣的布疋——相較之下，她們收到的禮物最少。頭目會替兩位新人證婚；兩人從此便結為連理。隨後，雙方的親友會喝酒歡慶這樁喜事，喝到人人都醉倒為止。成婚之後，年輕的妻子會搬進男方的父母家；年輕的新人會分到一間自己的房間。女方從此便被視為男方的家族成員。

---

[77] 「領了一個籃子」（einen Korb bekommen）是一句常用的德文片語，用來形容一個人「求愛遭拒」。

　排灣族主要以打獵來的獸肉為食；但他們也吃植物性食物，種植如玉米、甘薯、豆類、小米、薯蕷等作物，以及一種耐旱的稻米。

　10 月的玉米收穫祭（Fest der Maisernte）是他們單調生活的唯一亮點。Kuliu 邀請我在這段期間重訪力里社，因為這時候的部落非常歡樂。現在這裡沒什麼看頭，他遺憾地補充道。可惜排灣族人很愛喝醉酒，還是惡名昭彰的危險獵頭人。儘管我們多次拜託他們，讓我們見識一下他們的戰利品，但他們卻固執地不斷拒絕，因為他們擔心日本人一旦得知放首級的地方，便會挑個好日子來把它們統統打爛。

　力里社最有意思的是蕃人的家屋。這些黑色、低矮的長方形房屋以板岩建成，並如階梯般沿著山壁扶搖而上，外觀令人有些望而生畏。它們那扁平的屋頂和低矮的入口，使得它們看起來與其說是給人住的，反倒更像是大雞舍。肉眼可見之處，這些造型簡單的建物完全呈現灰黑色。而大半籠罩在參天的南酸棗（Chancin-Bäum）[78] 樹蔭下的屋前空地同樣鋪著石板，周圍則建有 1 公尺高、有三面大幅傾斜的石板牆。[79]

78　「Chancin」音近「chanchin」，可能是日文的「香椿擬」（chanchin-modoki，學名為 choerospondias axillaris），即中文所稱的南酸棗。

排灣族房舍和屋前的空地。

　　房屋的正面長約 20 公尺，沿著牆面擺放著離地約 1 英尺的石板長凳。穿過兩個約 1 公尺高、4 分之 3 公尺寬的方形洞口，便來到了室內。入夜後，人們會用石板從屋內把入口封起來。由於生活在這片極樂之地的居民完全不愁吃穿，不會有人出於窮苦而起犯罪的貪念，因此即使只是隔著石板，還是令人

<hr />

79　作者注：這種建材在山中十分充裕，是透過鐵鍬棍取得的。和所有排灣族的武器和工具一樣，鐵鍬棍也是用漢人生產的原料鍛造而成的。一個赤裸、駝背的長髮工匠，鼓動風箱、煽著火焰，將鐵塊吹得紅通通的，看見這幅景象，相信人人都會想起一位打磨愛劍的戲子。

3 位排灣族頭目。──有雕飾的屋頂橫梁。

感到安心；就這點來說，就算是國內最先進的大鎖和門閂也相
形失色。

不過這些建築最特別、最有趣的部分是正面屋簷下、選
用 Kankaga 樹的堅硬木材所製的橫梁；這些門楣上，可以找
到這個原始民族展現出來的創作欲。依我所見，布赫納教授
（Professor Buchner）[80] 的見解 —— 亦即裝飾花紋的原型並非
線條和幾何圖案，而是人體造型 —— 在此獲得了印證。沿著 2
英尺寬的橫梁，可見很原始的飾帶狀雕刻，刻著呈水平姿勢的
人形，還有蛇和奔跑的鹿 —— 只不過後者的角，造型更像是山
羊的角。飲酒作樂的喜悅，也獲得了感官上的表現：張著嘴的
人頭下刻有大大的清酒杯，而人頭上則長出過長的細瘦手臂。
不論是人眼或獸眼，都是由琺瑯（Glasfluss）製成的。[81]

在屋頂橫梁的下方有兩個窗戶形的小通風口，只能讓有限
的天光透進室內。室內分成兩個房間和兩條窄廊，中間隔著由
石板堆成的牆壁。而屋頂同樣由石板蓋成，裡面的一側隔著一
層木板。

80　此處疑指 19 世紀德國醫師 Max Buchner（1846-1921）。他曾在北德意
　　志－羅埃德航運公司（Norddeutscher Lloyd）擔任船醫，之後以探險家
　　和民族學家的身分周遊列國，出版過多本遊記。

81　作者注：琺瑯是蕃人和漢人中間商交易來的。

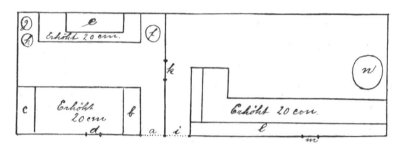

力里社頭目家的室內配置圖。

（a）入口。（b）和（c）睡鋪。（d）窗口。（e）睡鋪。（f）磨玉米的臼。（g）和（h）陶製水壺。（i）入口。（k）隔間門。（l）靠牆的木長凳，20公分高。（m）窗口。（n）火堆。（圖中三處草寫字體：架高20公分。）

　　力里社沒有柔軟的床可以睡；我的睡鋪是一張鋪著熊皮的、2公尺長的石板（見示意圖中的「a」）。我的對面（b）睡著同行的日本人，而我那位小林則在一塊架高的石板上（e）有了枕辮子之處。

　　在屋內，我於 Kuliu 的熱心協助下用醃牛肉填飽肚子，用茶水解完渴後，便回到外頭的空地，眺望這個昏暗的場域——這個地方好似一個蜿蜒在山崖上的大型黏土石堆。零星的火光在夜色中閃耀；遠方傳來蕃人的歌聲；這裡也有人負責領唱，其他人則僅僅反覆合唱副歌的段落，每次的副歌都以顫音結束。歌聲逐漸平靜下來；一陣倦意突然湧現，我靠著護牆睡著了。

　　當我睜開惺忪的睡眼，我發現頭目正坐在我的身邊、在枝

繁葉茂、挺拔的南酸棗樹蔭下，枝葉間依稀透著月光。他年輕的愛妻——年方 23 歲的 Lim-Lim-ban——溫柔而充滿信任地依偎著他，看起來內心十分平靜。他們倆共抽著一根插在長管上的小菸斗。他們驚訝地看向我，而我的眼神對上了那兩雙水汪汪的深色眼睛；他們的神情好似在探問著我此刻的心緒。

美妙的靜謐降臨在山谷中；歌聲早已沉寂，聽不見任何人籟，只有遠方傳來的無盡蟬鳴，迴盪在夜晚和煦的空氣中；而高聳的金字塔狀山峰，也鬼魅般地矗立在滿天的繁星間，似乎還在成長茁壯。

我緩緩地起身，接著走進小屋。由於一整天的奔波勞累，我的下屬們全都睡著了。Kuliu 把家裡的另一半讓給他們當臥房，自己則跑去朋友家過夜。有人建議可以安排 2 名警察替我守夜，但我婉拒了這項提議。睡在蕃人的部落裡，感覺比在任何一間大都市中上鎖的房間還要安全；更何況讓更多人擠進這間飄著霉味、通風不佳的空間，只會讓室內環境變得更加難以忍受。我筋疲力竭地倒在堅硬的床鋪上，隔天醒來時卻還是渾身疲憊，感覺就像是我在菲萊神殿[82]的塔門上露宿、只為欣賞

82　菲萊島（Insel Philae）位於埃及的亞斯文（Aswan），是一座尼羅河中的島嶼，島上建有古埃及神殿，祭祀女神伊西斯（Isis）。菲萊神廟

排灣族刀。

隔天日出的那次經驗。

　　我在屋子前面——已經有一半的村民聚集在這裡了——用很不徹底的方式梳洗了一番後，便仔細地走訪了這個地方，也見識了一些武器和器具。如我先前所提到的，力里社的居民會從漢人手上買來原料，並自行加工成武器。他們的蕃刀長約 2 至 3 英尺，刀尖呈鳥喙狀。蕃刀套著木質背面的刀鞘，刀鞘上通常有花紋裝飾。我也多次看到人形的花紋，其中包括一對構成對映體（Antipoden）的人形花飾。[83] 當地人也喜歡動

以刻有埃及神話的石雕及石壁浮雕聞名於世。19 世紀末以降，由於興建水庫而逐漸被淹沒，已於 1980 年搬遷並重建於鄰近的阿吉奇亞島（Insel Agilkia）上。

83　作者注：參見第 251 頁的圖片。（編按：即本書第 305 頁圖片）

排灣族刀。

物造型，而且顯然鍾愛蛇的樣式。刀鞘的正面大多是沖孔的黃銅片，上面刻著縱排交疊的各種花飾——諸如海浪、三角形等——因此可以從穿孔的護套看見刀刃的反光。但也有些刀鞘不用黃銅片；這時蕃刀就完全依靠刀鞘凸出的下緣支撐。刀鞘背面上緣長約 20 公分的突起物，是排灣族蕃刀的獨特之處，它的作用是為了防止刀鞘的稜角刺進肉裡，有時是刀鞘的一部分，有時則是另外綁上去的。

　　排灣族人會在鳥喙狀的刀鞘尖掛上各種打獵的戰利品、鷹羽，或是——蕃人們的最愛——獵首得來的可惡漢人頭顱。蕃刀的刀柄包著沖孔的鐵片或敲平銀幣製成的金屬片（Flinsen）[84]。

84　依據前後文推斷，此處「Flinsen」（一種德式煎餅）應作「Flitter / Flinder / Flinter」（金屬片）。

　　蕃人通常會將蕃刀用繩條或皮帶綁在臀部，或者斜揹在肩膀上。除了蕃刀，許多人也會佩帶匕首狀的小刀；小刀的刀鞘和蕃刀的相似，然後大多掛在放打火石和各種小雜物的皮包，或者紅色或綠色布料做成的斜肩包上。

　　有些男人的胸部或手臂上有紋身，據說這是頭目家族才享有的特權。紋身的圖案也多半是直線或三角形。

　　早上留在村裡的居民沒有機會採摘花草製作花冠，頭上綁著深藍色的棉質頭巾。

　　儘管頭巾的布料是漢人做的，頭巾上五彩繽紛的美麗刺繡——通常是幾何圖案，特別是三角形的圖案——卻是出自排灣

力里社的排灣族。

力里社的排灣族。

力里社的女性織工。

族織工之手。蕃人會從漢人那邊取得亞麻製品和棉製品，但會用原始的織布機自己製作麻布：操作織布機的人會坐在地板上，用腳撐住織布機的下半部，讓上半部放在大腿上，並用前臂牢牢固定住織布機。

當我正在拍攝女性織工的工作照時，突然傳來一陣激烈的槍響，我們全都嚇了一跳。對面山頭高草覆蓋的隘口飄起濃濃的煙；那裡顯然爆發了蕃人之間的武裝衝突。

我就這樣意外目擊到了蕃人私下的戰爭與敵對、非官方的殺戮；我於是清楚意識到自己此刻正置身在野蠻之邦，與文明徹底切斷了聯繫。

　根據他們的說法，今天早上有 50 名力里社的男人外出獵鹿，卻與來自敵對姑仔崙部落的人狹路相逢。

　這件事讓 Kuliu 和其他蕃人全都動了起來；男人們到屋子裡拿武器、準備儘快動身。由於這起衝突很可能從山上蔓延至山谷，姑仔崙人如果將我們當作他們的敵人，我們的處境可能變得十分危險，因此我底下的那些人，為了保護我的人身安全，也趕緊做好動身前的準備。

　我匆忙地將三燒酒、紅條子、鐵盒、火柴、縫紉針和其他類似的珍品，送給了我的東道主、她的夫人、村莊長老和其他人。Kuliu 發表了一篇很長的離別演說，其內容如下：他由衷地感謝我的光臨，他們絕不會忘記這次訪問，因為我是第一個踏進力里社的白人。他邀請我 10 月再來參加玉米收穫祭，因為他們會和其他友好的部落一同慶祝這場盛會，如果我也能來那就更好了。他接著向我道歉，表示他無法像原先計畫的那樣，和他的族人陪同我前往東岸的巴塱衛，但他會靜候我的佳音，他現在隨時都可能要動身對抗襲擊族人的敵手。

　我們誠摯地與他們道別——這時已經上午 11 點了——接著便在列氏 30 度高溫的炎熱氣候下從力里社出發，爬上了和衝突地點反方向的陡峭山坡。

　出發後的頭一個小時，就對我們的體力造成極大挑戰。我

們一登上山脊，便全員鑽進一個山坡下的陰影處休息吃午餐。

隨後我們穿越一座缺水的高地山谷 —— 這些山谷得益於火山的形成，見證了4千年的地下過往。然後我們走過幾處山脊，以及炎熱、半燒焦的悲慘山坡，山坡多石的地面有稀疏而呈棕黃色的草地。在這片荒野中，只有一個景象讓人看了心情愉悅，就是我那位小林：他顯然對蕃人編花冠遮陽的習俗印象深刻，因為他用蕨葉在頭上做了一個頂蓋，還用他的辮子把頂蓋纏起來固定。

辛苦地爬了3小時的山，我們來到一處茂密的楓樹林，並發現一棟有鬆軟石牆包圍的廢棄蕃人家屋。家屋附近有一個泥濘的水窪；由於我當時已經快渴死了，還是在認真地用干邑白蘭地消毒後，忍不住喝了裡面的水。

接下來的路程，帶著我們進入壯闊的原始森林；無數的鳥禽隱身於茂密的植被之中，鳴唱並歌頌著生命的歡樂，難以辨識其品種。深藍色的龍膽優美而溫和地閃耀。石楠鋪成多彩的地毯上，點綴著雪絨花般的劍蘭，以及花冠華麗的各式蘭花。有一種帶著劍形大葉的植物特別吸引我，漢人稱作 Gne-to-hoi，它的葉柄頂端開著圓筒形的、花瓣飽滿的美麗紫花。

對遊歷福爾摩沙的人來說，福爾摩沙最大的魅力就是它那結合溫帶和熱帶花卉、中歐闊葉林和純熱帶植被的美麗森林。

　我們馬不停蹄地趕路，夜幕卻已突如其來地降臨。我們在深沉的夜色中——熱帶的黃昏只會維持短短幾分鐘，一旦太陽下山，很快便會陷入一片黑暗——摸索前行，走在多石、有樹根和其他低矮路障的山路上。

　我們終於在 7 點後抵達一座略有坡度、長約 80 公尺、寬 50 公尺的臺地，周圍建有石製塹壕（Steinschanzen）和一條水溝；此地有兩棟帳篷狀的、被風整個吹亂的茅屋。這個不怎麼吸引人的地方名叫浸水營（Shiusuiyei），今晚我們就要在此過夜。它過去是一個有防衛的營地，駐紮此地的漢人士兵理當限制住蕃人的行動，卻從未真正達成這個目標。

　就在這時，暴風雨伴隨著濃霧襲來，颭過了整座臺地，將原本就已殘破不堪的蘆葦屋頂整個吹走了。飢餓的憲兵和苦力想要生火煮飯，努力卻全都付諸流水。我們也無法點火照明；最近的水源離營地很遠，我們在黑夜與夜色中費盡千辛萬苦，才說動那些迷信又怕鬼的苦力們穿過夜色，摸索著到山坡下把我們亟需的用水取上來。

　儘管我已經累壞了，還是勉強打起精神，把飛揚的茅草盡量收集起來，塞在我的位置附近，讓風不會這麼猛烈地透進來。同一時間，我那位小林將我的睡袋、毛毯和一些食物從背包裡拿了出來。我嘴饞地吃起一個醃火腿罐頭，卻很快地把

夜宿浸水營。

自己搞得口渴難耐。但營地的水少得可憐;我們沒有更大的容器,而那些苦力當晚打死也不肯再去取一次水。我只好壓抑我想吃火腿的念頭,開始啃餅乾。士兵們身上只有帶米,在風雨中煮不起來;幸好我身上帶了兩大盒餅乾,便把其中一盒貢獻給我的這些護衛。

儘管在枋寮接到準備好3、4天份食物的命令,小林身上卻只帶了一些甜點。這位平時脾氣很好的小夥子,於是就這麼生氣地坐在那裡,詛咒起這個只有惡靈、沒有食物的鳥地方,並發誓就算有人拿重金誘惑他,也絕不會再跑來這裡。為了平息他的漢人脾氣,我把裝滿火腿的罐頭給了他,他卻誤以為罐頭裝的是醃牛肉,於是儘管飢腸轆轆,還是憤怒地喊道:「No Sir, belong beef.」(不,先生,屬於牛肉)[85],並把罐頭退還了我。直到我說服他裡面裝的不是「beef」(牛肉)而是「pork」(豬肉)後,他才高興地吃起來,而他五臟六腑內的浪潮也明顯地平息下來。

我疲倦地爬入我的睡袋;為了防範突襲,一位帶著步槍的警察躺在我的附近。我一下子便沉沉入睡了。

夜裡天氣穩定了下來 —— 至少暫時如此。晨昏時分,我的

85　作者注:在洋涇浜英文裡,漢人會用「belong」(屬於)來代替「is」(是)。

　苦力們在營地附近找到一個老舊圓桶，便扛著圓桶去取梳洗用的水。我們腳下是一片濃濃的雲海，頭頂是萬里無雲的青空；看來今天天氣會很不錯。我才剛拍完兩張營地的照片，陽光就化解了山谷深處的雲霧，雲霧猛烈地湧上來包覆住我們。由於風靜下來了，我的人馬煮起米來，作為一整天的糧食。接著我們便出發了。

　前兩個小時幾乎都在陡下。我們必須穿過經常被光影閃爍的高草──這種草有鬆動、微微顫動的圓錐狀花朵──阻礙的小徑。假使在這樣的叢林裡遭遇伏擊，恐怕連敵人的蹤影都難以察覺，任何旅隊──就算武力遠勝過對方──想必都會慘遭殲滅。

　從某些空曠的地方，可以望見翠綠而水量稀少的姑仔崙溪蜿蜒地流過山谷；東方的海面大部分仍被厚厚的雲層所遮蔽，只能偶爾從雲隙間隱約瞥見。

　我們終於從草原走進壯麗的森林。我們在森林外緣的一棵枝繁葉茂的肖楠樹下歇息。肖楠有閃閃發光的柳葉形小葉，在靠近樹幹的位置構成保護性的樹葉；樹幹的材質極為堅硬，適合用來製作家具和器具，而且非常耐用。

　接下來的道路不再是乾燥而碎裂的板岩路面，而是厚實的、有繁茂植被覆蓋的黏土路面。

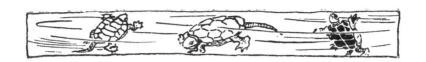

　那一天，在神聖的靜謐中，我目睹了大自然揮霍在這個地球角落的所有奇觀，不禁被一股深沉的遺憾擄獲，哀嘆自己既沒有帶帳篷、也沒有獲准在這片福爾摩沙最美麗的原始森林中露宿，得以在此佇足一段時日。如果能夠在這裡採集植物標本，追逐蝴蝶、如琥珀般發亮的甲蟲，以及其他的昆蟲，那會是一件多麼值得感恩的事情啊！

　儘管陽光將景色染成一片火海，彷彿將潮濕的原始森林地面都給蒸乾了，我的目光卻仍一次次地重新被勾住，並對此地的壯闊與美麗留下深刻的印象；無數昆蟲的鳴叫，以及隱身於茂密枝葉間、長著羽翼的歌手的啁啾，也讓我此時疲憊的精神，重新振作了起來。

　這片原始森林的效果不在於繽紛的色彩；相反地，由於濃濃的綠意蓋過了一切，起初你會有一種錯覺，彷彿綠色是這世上僅存的顏色，某種程度上色彩其實是單調的。主色調無窮的漸層和變奏，枝葉上豐富美麗的光影變幻，這些湧入眼簾的陌生印象，讓人一開始很難辨識這些表象的性質。如果人們對於對比的需求無法在這種單調的色彩中獲得滿足，主色調的形式和漸層卻具有過度飽和的豐富多樣性，有時會讓我心中產生一股不安；那種毫無節制、恣意妄為、簡直是惡魔般的生殖力，讓習慣於貞潔自持、某種約束，以及北方自然界有節制地成熟

原始森林。

與生長的我感到有些畏懼。

這片由死去植物不斷滋養的柔軟土地，生長著藥草、青草和上千種的植物。紅樹林、不同品種的棕櫚樹、樟樹、肖楠、麵包樹、野生橡樹和無數熱帶花卉的豔麗子嗣，挺拔地伸向天空。狀似活潑而樂天的蕨樹長著靈活的蕨葉，威嚴而優雅地繁殖交配，並為周圍的環境蓋上輕快的印記。草的種類多到數也數不清，有纖細、有如仙女羅網般滴著露水的小草，還有一切地球上最有用、最壯觀的草種；那些往往生長得高大無比的翠竹，風吹過時會發出輕柔可愛的颯颯聲，但一旦暴風雨來襲，風聲卻會加劇成令人戰慄的、淒厲的鬼哭神號。

外貌經常會騙人，這句話同樣可以在這座原始森林裡獲得印證。因為儘管許多樹木已經快要被覆蓋的苔蘚層和樹皮層給謀害、早就離死期不遠了，那些陰險的藤本植物卻仍然營造出一片生機勃勃的假象；這些爬藤如常春藤般可愛地輕柔擺盪，卻也同時在尋找棲身之處，並像露珠似地攀上樹幹，逐漸吸乾樹上來自土壤的全部營養。

這座森林包藏了所有層次的表現形式；具有崇高的美和莊嚴傲氣的形體，與怪誕和走樣的形體共處一地。大自然在此地最奇特的蘭花品種裡傾注了豐富的裝飾圖案；蘭花那魔幻而陌生的美，宛如失落的天堂花園的殘跡。紛亂的花環纏繞在我們

長著蕉樹的山坡。

頭頂上的樹枝之間。鐵蘭（Luftpflanze）生長在腐朽樹幹的末端，甚至是某個氣根上，並從潮濕的空氣和土壤中腐爛植物飄散出的氣體汲取養分，搆也搆不著，而且只有最銳利的雙眼才看得到。

我們辛苦地穿過會割傷臉、手的草叢，來到一處像山谷似下沉的林中空地。舉目所及，覆蓋著陳年苔蘚的樹幹上長滿了蘭花。蘭花的花冠呈雞毛撢子的形狀，旁邊垂掛著嫩綠的柳葉狀花葉。林間的深處閃爍著有刀刃形的葉片鳶尾花和劍蘭；在它們魅人的紫色光彩之下，周遭的一切全都黯然失色。大葉片的彩葉芋（Caladium）聳立在路邊、覆蓋著爬藤和紫色總狀花序的淺綠灌木叢間，它們多肉的葉莖上開著號角狀的花朵。成群的美麗蕉樹長著閃耀的果實和柔韌的樹葉，上方樹枝的黑影在葉片上不停地閃動。

我們在山谷中上上下下地爬了好幾個小時，下坡路段往往很濕滑，接著又是討人厭的、長滿樹根和藤本植物的林間小徑；卻始終都沒有聽見水源聲。

中午 1 點，我們來到一個聲名狼藉的地區；這裡是力里社人的死對頭、先前提過的可怕姑仔崙社人的領地。我們戒慎恐懼地通過這個地帶，隨時準備好要面對突襲，但我們什麼活的東西都沒遇到。費力地下了 1 個小時的坡後，我們來到姑仔崙

溪的岸邊。姑仔崙溪是一條寬度適中、頗為平坦的山區河流，但據說雨季時河水會漲得很高。它的河床布滿鵝卵石、大石塊和沖刷下來的土壤，兩側則是陡峭的山壁，山壁上泰半是人跡罕至的森林和灌木林。

我們在一個向外凸出的山崖下方午休；生長在溪邊的美麗觀葉植物，映照在蔚藍、有少許雲層籠罩的天空的反光中，長長的葉柄隨著活潑地躍過岩石的浪潮來回彎折。我們把濕透的衣服全部脫下，在清澈的溪水中洗了個遲來而暢快的澡。寒酸的點心吃起來卻無比美味，而短暫的午休——我們後來被一陣細雨叫醒——則讓疲憊的身體重新振作了起來。

姑仔崙溪在多石的溪床上蜿蜒，於下游處擴展至 30 英尺寬、3 至 4 英尺深，溪水也變得湍急，涉水過河時，水經常會淹到臀部那麼高。我們就這麼渡了數十次溪，接著在一個溪谷的曲折處遇到了 10 名從林中出現、扛著獵物的蕃人。

這些蕃人來自位於幾英里外山區的姑仔崙社。他們一看到我們，便像受驚嚇的野生動物般逃開了；我走過去放了幾瓶三燒酒，我的通譯也朝他們喊了一些安撫的話語，他們才放心了下來。他們當中膽子最大的那個人首先走向前來，檢查了瓶中的內容物，其他人便漸漸聚了上來，最後只剩下 3 個放不下戒心的人躲在後頭。

　　這些穿著皮製短上衣的蕃人，有些扛著弓箭，有些揹著中式長管曲柄獵槍，給人一種原始、粗獷的深刻印象。他們留著及肩的長髮，綁著手工編成的髮帶。有些人頂著遮住脖子的便帽式頭巾，看起來很像從前歐洲的國土僕傭（Landsknecht）的打扮。

　　我們送給他們火柴、彩色鈕扣、紅色羊毛帶等更多小禮物，他們也更加放下了戒心，還回贈了我兩頂刻著裝飾花紋的皮製便帽。我其實更想要一位年輕小夥子手上的皮製上衣，但那件上衣是他從父親手中繼承來的，他不願意割愛。

　　當我準備再次上路，那些蕃人為了表示感激，送給我一塊幼鹿的後腿肉。我還想跟他們買一些獸肉，但他們不願意再多賣給我，並解釋說這必須先徵得頭目的同意才行。

　　我們離開姑仔崙溪的溪谷，在原始森林中走了 1 個小時，來到一片乾枯的河床。走在這片河床上面簡直是酷刑，因為每一步都感受得到草履下銳利的岩石。這條似乎走也走不完的天堂路，右側聳立著垂直的岩壁，棕櫚藤纏繞的熱帶樹木從岩壁上垂下來，活潑的猴子在樹枝間跳來跳去。

　　我們在日落時分抵達巴塱衛。巴塱衛位於福爾摩沙東岸，人口約 90 人，蕃人和漢人各半，是個極為寒酸的聚落。

　　方圓幾英里內的日本行政單位，僅有一間 4 名職員的郵政

局辦公處和一間 9 人的憲兵所。由於這一帶不像是有人會寫信的地方，我很驚訝這裡竟然找得到郵政局；總而言之，是為了要實現連結南部和東西岸零星的軍事據點和郵政局的戰略性目的才設立的。通過蕃地的郵袋，會在日本憲兵或警察的陪同下由蕃人運送，這是因為漢人職員始終都有遇襲的風險。

如同先前已經多次提及的，自從福爾摩沙成為日本領地後，即有兩艘輪船負責沿岸的航線；但由於可怕的暴風雨，輪船經常無法安全泊港 —— 在東岸尤其如此 —— 海路完全靠不住 —— 我之後會學到慘痛的教訓 —— 因此來往東西岸的郵件大多選擇走陸路。

郵政局是一棟蘆屋，我被安排住在裡面。這裡的可憐人過著悲慘的生活。但這些半農半獵的當地居民要求不高，平常只吃自己種的米和馬鈴薯就滿足了。

不過只要想起當地吃垃圾的無數餓豬和惡犬，我就感到厭惡；看著這些野獸埋伏在每一堆向牠們招手的垃圾旁邊，只是為了上演互搶垃圾的爛戲，真的是令人噁心透頂。

他們在郵局小屋裡為我整理出一間隔間。隔間的牆壁是由劈開的、間隔 1 英寸的竹竿組成的；還有兩個沒有門板或門簾的門口，讓人無法在這個空間裡從事一些不欲人知的行徑。

我在炭火上用罐頭奶油烤那些姑仔崙人給我的鹿腿肉，真

是好吃極了 —— 那可是我長久以來第一次吃到的新鮮的肉。

正當我還在烤肉時，一個小小的遊行隊伍激起了我的好奇心：隊伍前頭是敲著鑼鼓的樂手，後面則有人捧著幾個燒著線香的香爐。

住在這個聚落裡的漢人，聚集到一個被當作祭壇或宮廟的房屋去。房屋裡的神桌上擺著許多中等大小的坐立神像；這些神像是那些迷信者和一名道士從福爾摩沙最南端的南灣（Nanwan）請來的，希望藉此讓這位靈媒施展法術，使幾位罹患瘧疾的當地人重新恢復健康。治病儀式在隆重的牲禮下訂在某個晚上舉行，而我來得正是時候。

吃完飯後我訪問了那個聖所，房屋門口有幾隻會咬人的守門惡犬。竹厝裡煙霧繚繞，幾乎什麼也看不見，後方牆上掛著許多長相古怪的神像和一個髒汙、被熏黑的刺繡。40 至 50 名女性和半裸的苦力，緊緊地擠在後方靠牆而置的神桌旁。神桌上有一個貼著金箔的神龕，神龕裡則坐著一尊神像。那些供品顯然是獻給祂的，因為旁邊其他幾尊神像看來沒有受到相等的待遇。在這位神明面前的香爐裡燒著垂直而立的香炷，還有無數寫著字的符紙被丟進鐵爐裡焚燒，以示對神明的尊敬。

祭祀用的香煙，加上在這間狹窄、缺乏氧氣、熱死人的房間裡，像羊群一樣擠來擠去的苦力身上蒸散的汗水，不難想像

任何人走進來都可能因此喪失知覺。但如果這些漢人可以忍受，那我也一樣可以忍受，更何況我還對這個特別的儀式抱持著極大的興趣。

那位可憐的神明，顯然要承受比我更嚴苛的耐力考驗：因為神桌上放著一個錫製燭臺，點著植物蠟做成的紅蠟燭，而那蠟油竟持續不斷地滴落在這位尊者的鼻子上，流下祂腳上的高筒靴。

這場儀式的主角是那位從南灣請過來的道士。他裸著上身、頭戴有紅色垂飾的道冠，像一隻著魔的公貓一樣，一面對神像嚎叫，一面晃動腦袋，並不停地用右手做出波浪狀的手勢。

眾人靜默地盯著他朝神像念禱詞 —— 我猜他念的大概是禱詞吧 —— 然後激動地上前圍住他，請他向神明問事。接著又是一輪公貓嚎叫！過了幾分鐘後，那位天選之人把頭靠在神像前的神桌上，開始用右手中指敲打桌面，請求神明開示。過了一陣子他停下來，抬起頭來傳達這位仁慈神明的答覆。似乎所有人都聽懂了祂的話：每 10 戶必須殺一隻豬來獻祭，不然神明就會繼續在巴塱衛降下災厄。

於是根據神明的指示，這裡明天將會舉辦宰牲祭；但我明天非動身不可，實在讓人扼腕不已。但在此之前，我還得在這間「郵政局」裡度過可怕的一夜。

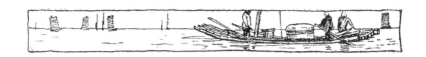

　需要清靜的我才剛躺上床墊不久，我的那些鄰居就開始放起爆竹，酬謝這位驅逐疾病的神明，讓我非常害怕那些在附近爆炸的煙火，隨時可能會點燃屋子的茅牆。

　這個危機才剛度過不久，我剛以為能夠享受一點清靜，隔壁家的兩個蕃人小鬼頭就開始大哭起來 —— 我們這兩棟房舍挨得非常近 —— 而且短時間沒有停下來的跡象。

　儘管面對這重重的阻礙，因為我實在累壞了，最後還是睡著了。這時有面竹牆上的竹竿卻突然劇烈晃動了起來，而我也因此驚醒了。我驚恐地彈下床，以為有人要闖進來。但再三追查之後，發現聲音竟然出自一隻大猴 —— 牠被綁在隔壁的小房間裡，想透過搖晃屋子的竹牆來排遣無聊。從這時起附近終於清靜了下來，不過只維持到大約上午 3 點，因為在我的枕邊 —— 就在這座皇宮的牆外 —— 巴塱衛的公雞已經召開朝會，開始比賽誰可怕的啼叫比較大聲。太陽終於在這首詼諧的間奏曲中升起了；我睡眼矇矓地準備出發，但受傷的那隻腳還腫得很厲害，實在沒辦法繼續長途跋涉；於是為了讓腳好起來，我請人弄來一把由兩側長邊綁有竹竿的竹凳做成的坐轎。坐上這張有 4 名漢人轎夫、臨時湊合成的寶座後，我便啟程離開這裡了。

　剛出巴塱衛不遠，我們渡河來到海邊。我們一路北上，右側是波濤洶湧、難以掌控的海洋，有凌亂的鳥群沿著海岸飛

翔；左側則是山壁長滿植被的陡峭山峰，緊鄰著海濱。闊葉
樹、巨大爬藤和棕櫚的原始森林，構成一堵無法穿透的城牆。
露出來的岩石很稀少，多半是板岩和砂岩。而海灘上長著像網
子般匍匐地面的藤本植物；它們粉紅色、旋花科似的花朵，入
夜後會自動閉合，肥大的葉片則和無花果樹的葉片相似，撕開
時會流出乳汁般的液體。

　　洶湧的浪濤是我們的進行曲。走了幾個小時，我看見山上
有一塊空地；房屋和看起來像田界的記號，在在顯示出那裡有
個蕃社。中午時我們抵達大竹高溪（Towa-choko-kē），這裡
的溪水從峽谷注入海中。我們橫渡的許多山區河流，據說在雨

巴塱衛旁的河流。

季時會有幾個月完全無法通行。

　　從海岬到海岬，連綿的海岸宛若一道道柔和的弧線；藍色的海浪，在岸外染上水底翻湧的灰綠色色調，讓人聯想到地中海的海濱。成群的鸕鷀和海鷗在海灘附近嬉戲，不時還會有巨大的海鵰在空中持續盤旋，鼓動著牠們那有力的羽翼。龐大的

用竹筒汲水的蕃人。

蝗群好幾次像投石器般地衝撞我們，提醒我們注意牠們令人不快的存在。

我們繼續往北，山上的雲層也愈來愈厚。我們將藍天拋在身後，走向北福爾摩沙的多雨地區。

接下來的好幾個小時，我們沒有在這片偏僻的海岸上看見任何生物。我因此很高興能在森林邊緣看見一群猴子；牠們察覺到我們後，便靈活地在樹枝上盪來盪去地竄進林中，消失在我們窺探的視線之外。

我們又走過了幾個荒蕪的地段 —— 焦黑的樹幹和燒焦的棕黃色矮林悲哀地伸向天際 —— 終於首次發現了人跡：有一群蕃人在挖根莖，用帶著敵意的眼神從高處俯視我們。在不久的從前，如果有人在這片荒蕪的東海岸遭遇船難，並落入這些野蠻的原住民之手，最後都不會有什麼好下場。

天色逐漸變暗 —— 我們還要 1 個小時才會到太麻里 —— 我們離開海灘，改往內陸的方向走，在田野間遇見幾名乘著水牛的蕃人。

當我們抵達一座大村落，深沉的夜色已經籠罩我們。有群蕃人坐在家門前的火邊，我們的出現嚇了他們一大跳。過了這個村落不久，我們今天的目的地 —— 太麻里 —— 就坐落在一片美不勝收的椰子林中。我今晚的落腳處，是另一座位於美麗的

椰子林外、有上千隻螢火蟲在屋外飛舞的郵政小屋。

　　理所當然地，當同行的辦務署職員把我指派給那位郵政職員時，那位郵局職員並不是很開心，但因為我有臺北的中央政府寫的介紹信，他無論如何都得接受這個命運。他整理出一間小房間，給我、日本人和漢人三個人，如果我們都緊靠著躺平在地板上的話，勉強還算夠大。跟到每個地方時一樣，我在這裡也盡量避免造成這位資源拮据的小職員的額外負擔，只跟他要了一些旅隊的人需要的火，還有少許照明，而且通常會留下幾個罐頭作為補償。

　　這棟小竹屋外觀看起來多舒服，屋內的防護就有多糟糕；因為灰塵會從裂開的竹牆裡吹進來，開始下起雨後，屋頂還漏水漏個不停。其他同行的人員和苦力，則跑到鄰近的村莊找地方過夜。

　　加里坂（Karipan）、七家譚（Shikatan）和太麻里等三個村落，構成一個人口約 1,400 人的地區。日本人的話，共有 7 名憲兵、25 名士兵生活在此，外加 1 名郵局職員。後者配有 4 名蕃人作為助手；他們會攜帶刀劍和長矛等武器，揹著郵袋在轄區內送信。還有若干漢人商人在這裡定居，經營和排灣族人以物易物的生意。

　　我在屋裡的火上熱罐頭湯時，聽見一陣鈴鐺聲劃破夜晚的

寧靜。我走到室外，看見好幾名小夥子飛快地跑過去——他們頭戴羽冠、腰上繫著一條有長形鐘的鈴鐺腰帶。我問屋主這些跑者是做什麼的，他說那是隔壁村落派來的信使，負責在村與村之間傳遞集會、節慶或戰爭的消息。

今晚在太麻里將舉辦收穫祭，人們會在祭典上跳 Shimunai。

我聽到這個消息非常開心，於是趕忙吃了點東西充飢，便與同行的人前往 Āran——太麻里人的集會所或市政廳——前的會場。

抵達會場前，必須先穿過一片棕櫚林。林中有一處生機盎然的山泉，有人在那裡用竹筒汲水，還有人用腳踩的方式洗衣服。

走出棕櫚林，太麻里便出現在一塊林間空地上，明亮的火光指引我前往會場。

有許多臺階通往棕櫚樹蔭下的 Āran。Āran 的前方挖了一座廣場，慶典就在這裡舉行。

這裡聚集了盛裝打扮、來自 3 個村落的居民。許多人的頭上戴著紅花瓣的花環，其他人的花冠則是一種胡桃大小、名叫「Gasala」的果實做的，有黃色的，也有綠色的。

當地人正在慶祝年度三大祭典——播種祭、成長祭和玉米收穫祭，後者祭祀的是蕃人的穀神克瑞斯（Ceres），豐收女

神帖卡露帕達（Teckarupada）[86] —— 其中之一的前祭。

成年人只會在三大祭典上跳舞，年輕人則更為頻繁。

這一晚的舞者約有 50 名少男少女，他們交叉雙臂、手牽手，在巨大的營火旁圍成一個圓圈。他們一隻腳往前跳，另一隻腳向後甩動，並維持這個姿勢幾秒鐘的時間。這些動作遵循著特定的節奏同時進行，速度也愈來愈快。舞蹈進行之際，一位歌喉很好的領唱人唱著簡短的樂句，祈求村裡能夠豐收，居民也能身體健康。

看著這些身段優雅、古銅色皮膚、頭戴羽冠的小夥子們圍著火堆起舞，真是個非常美麗的情景。

那些少年只在臀部纏上一條人工編織的布巾，再加上一條鈴鐺腰帶，有節奏地隨著舞步發出帶有迴響的叮噹聲。他們把黑髮綁在頭巾裡，或者戴上附有金屬片和紅布面紗的頭冠。頭冠上還插著雞羽或海鷗羽，隨著舞蹈的節拍擺動。脖子上則戴著瑪瑙、琉璃、紅漿果、貝殼或其他飾品做成的項鍊。

少女們穿著襯衫 —— 襯衫會遮住手臂，並在頸部從一條低於膝蓋一掌長的貼身長裙上透出來 —— 上面套上一件寬袖短外

86　帖卡露帕達，是西拉雅族信仰的東方天空女神之一，亦為西拉雅十三神之一，負責掌理穀物蔬果。此處疑為作者誤植。

大頭目 Setang 和幾個太麻里人。

套，外套的袖長僅及上臂的一半，帶有彩帶鑲邊。她們的胸前和頸部掛著項鍊——跟少年們一樣——而頭髮通常會用頭巾綁起來。舞蹈過程的同時，成年人們也成群地圍著會場，齊唱禱歌的副歌。大部分的太麻里人有著野蠻、近乎野獸般的外貌，眼神凶猛而銳利。Setang 頭目則是個例外；他的五官十分柔和，在這個環境中顯現出一股貴族氣息。他頭上那頂狀似貝雷帽的短帽，象徵著他的尊貴地位；額頭上有只閃爍的大飾針，看起來像是一朵向日葵，在豹牙處有如菊科花序。根據我聽到的說法，他是知本族的後裔，而——根據目前的假設——知本族是很久以前從宮古群島（位於琉球群島以南）移居來的，並

穿著 Gatschakka 的太麻里人。

且逐漸在南部的部落中贏得優勢地位,部落們會推選知本族人
作為頭目。

　　跟力里社的居民一樣,太麻里的排灣族也留著及肩的頭
髮,前方則修剪至額頭上方處。他們平常只穿著腰布,但慶典
時會加上一條長褲。這些長褲到膝蓋為止會如同綁腿似地緊貼
著腿部,但從膝蓋至臀部則會像口袋般岔開,並且跟漢式長褲
一樣僅僅遮住大腿的前側。這種節慶長褲(Gatschakka)有著
富麗的彩色棉線刺繡。他們也常穿以紅色或綠色帶子編成的綠
斗篷,長度低於膝蓋一掌寬、袖長僅及上臂一半。他們的斜肩

太麻里人。

包也會縫上同樣材質的帶子或刺繡，以及 5 馬克硬幣大的白色貝殼鈕扣。男人們也會配戴貝殼、瑪瑙、琉璃珠或銀幣做成的項鍊或胸鍊。他們會將銀幣穿孔、用繩線串起來——日本人最近才為了鼓勵蕃人把錢財交出來，針對這種行為發布了禁令。

　　我的出現自然在村裡造成了極大的轟動，但即便每個見到我的人都露出驚訝的神情，他們還是以禮貌又客氣的方式對待我。營火逐漸熄滅，那些可愛的、棕皮膚的舞者們，拖著疲憊

大麻里的男子集會所（巴拉冠，Palangkan）。

卻盡興的身軀返回各自的村落，而我也踏上了歸途。為了傾聽遠方逐漸遠去的鈴鐺聲，我在魔幻月光下的棕櫚林中駐足了片刻，直到森林陷入深沉的寂靜，才終於在無數螢火蟲的引導下，回到我簡陋的住處。

我於隔天早上 6 點起床，這時已有 2 位頭目站在我的房門口。他們送了我一塊幼鹿的後腿肉，我道謝著收下，並立刻拿來當作早餐享用。補充精力之後，我便帶著 2 名蕃語通譯，在大頭目的帶領下前往太麻里村。

我們走過一片森林。在椰子樹宏偉的樹冠之間，高大的 Chiton 開著火紅的鮮花，還有長滿灌木叢的美妙藍色旋花，宛若置身華麗的仙境。

他們最先帶我進去看的家屋中，有一間旁邊環繞著錦葵和大葉的蕉樹——那是「巴拉冠」（Palangkan），裡面住著地方上所有未婚的男子和青年。後者一旦成年後，就不能繼續住在父母家裡，而且也必須把父系家裡的食物，拿來巴拉冠裡面吃。另一方面，根據蕃人的習俗，已婚男子亦不得進入這間單身漢之家。

這棟建物的四周圍著木條柵欄，正面則立著一座 3 至 4 公尺高的支架，隨時都有一名住戶在上頭警戒，並在晚上或商討重要事務時，負責召集這所巴拉冠的居民。穿過前庭會來到一

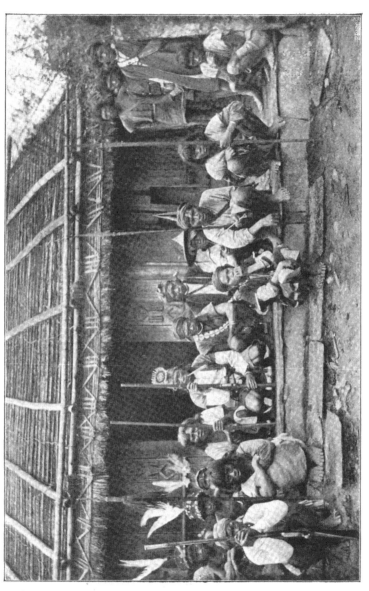

大嵙崁市政廳。

個隨時生著火的大廳，這裡的住民就睡在大廳後頭的墊子或毛皮上，還會將他們的武器、酒器和其他器具，掛在後方的支柱和支撐梁上。如果屋中的蚊蟲孳生過多，居住品質大為降低，居民就會將這棟房子燒掉，然後再蓋一棟新的。

不過村子裡最大且最有趣的建築，無疑是先前提過的那棟 Āran。它是一棟有蘆葦屋頂、沒有窗戶的木造建築，屋前有許多階的臺階。建築的入口前立著一片大約 14 英尺高、3 至 4 英尺寬的石板，石板上刻著獵神茄芝萊（Kachirai）的外觀。整體而言，它的造型讓人聯想到一具直立的埃及木乃伊。當地人會在每次大型狩獵前祭祀這位神明：他們會在檳榔裡夾進某種西班牙椒的紅色種子，接著祭祀者會把檳榔放在掌心，舉高雙手，最後將檳榔放在神明的腳邊。在寬敞的對開門兩側的木板門柱上，還刻

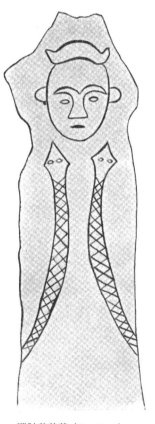

獵神茄芝萊（Kachirai）。

了另外兩尊神像。左手邊的神像是男神 Pogatan。這個雕像呈裸身跪姿，頭上戴著冠冕造型的頭飾，眼睛、乳頭和肚臍則鑲入了從漢人那裡換來的白色琉璃珠。右手邊則是呈相同神態的女神 Tipurai。

走入室內首先會進入前廳，接著穿過寬大的門口來到沒有任何光線照明的漆黑主室。這間主室以三根圓柱狀的支柱隔成三個區塊。在最大的那根支柱上可以再次看見 Pogatan 神像，只是這回尺寸更大了。主廳是 3 個村落頭目的集會處，沿著牆壁擺著一排蓋有竹席的矮平臺，用來充作座位或置物空間。支柱和牆壁上有許多鹿皮作為裝飾，鹿皮上另掛著武器、斜肩包和其他用具。一進門的左手邊牆壁上，則裝飾著鹿首、猴首、山豬首等戰利品。一頭在戰鬥中殺死了一

Pogatan 神。

名排灣族獵人的山豬，首級上綁著彩帶。大廳的天花板除了垂掛各類武器，還有竹編的食品容器，以及集會前後的酒宴上使用的各種器皿。而實際供人居住的排灣族家屋，則是以竹子或蘆席混黏土建成的。屋牆的外側有劈開的竹子做成的護牆，和內牆距離約 6 英寸。這種家屋的外牆會吸收陽光，因此在夏季時會比只有一般牆壁的屋子更涼爽。至於室內整潔的部分，太麻里的居民在這方面遠勝過漢人一大截。但排灣族人像猴子一樣，喜歡為彼此抓身上惱人的昆蟲，這種習俗恐怕就不符合每個人的品味了。

排灣族人會將糧食貯存在屋子或開放式的倉庫內；倉庫裡面放著牛車、農具和裝滿糧食的桶子。

太麻里的倉庫。

　　太麻里一帶種植的作物有馬鈴薯、豆子、玉米、旱稻、芋、番薯、薑和菸草；但比起農耕，排灣族人更喜歡狩獵。很奇怪地，他們很少捕魚；他們沒有船隻，釣具和魚網也很不及格。他們的家庭關係不如力里社人來得無可挑剔，經常發生女人另結新歡，導致男人們彼此仇視的不良事件。另一方面，當地的少女也幾乎不會在未經父母允許的狀況下結婚。單身者必須依據其財力，送給女方父母一頭牛、一隻豬、布匹、銀錢、一個大鐵鍋、槍枝和刀劍。而死者的安葬方式相當特殊；當死者嚥下最後一口氣後，家屬會用布或牛皮將死者裹起來。接著他們會在屋子的正中央挖一個很深的洞，並將屍體 —— 連同陪葬的珠寶和武器 —— 以坐姿葬在洞內。這裡的人似乎極為害怕傳染病；人們會根據頭目的命令，避開具有傳染風險病患的處所。他們很少使用藥草（釀柚子汁是一種很受歡迎的藥品），更相信女巫的咒語和其他這類的把戲。專業的吸蛇毒者會負責治療蛇咬傷 —— 蛇咬傷在這一帶算是很常發生 —— 而且報酬可說是相當優渥。

　　迷信在排灣族人的生活中扮演著重要角色。舉例而言，他們認為出門時打噴嚏非常不吉利。如果有人在打獵或爭鬥時打了個噴嚏，那就代表有惡靈想要妨礙那個人的計畫，這位不幸的打噴嚏者會立刻打道回府，並把計畫推遲至其他時間。

　　排灣族人也非常看重鳥的飛行，尤其是一種狀似鷦鷯、有著黑色羽毛的鳥的飛行。如果這種鳥從你面前飛過，那就是很好的兆頭；但如果牠垂直飛向天空，或是沿著順路的方向飛行，那就是一種惡兆。所有當天的活動都會因此推遲，就連婚禮也不例外。排灣族人和其他蕃族很重視鳥的飛行，他們卻很少從實際的角度關照這些動物；因為儘管這裡有很多雉雞、鷓鴣和其他鳥類，卻很少被他們當作獵物。

　　女巫也享有無比崇敬的地位，不論是狩獵、捕魚或打仗，都會先請她們占卜吉凶。占卜時，人們會前往一座偏遠的山谷──沒有人可以從山谷裡帶走任何石頭和土壤──向鬼神問事。山谷中的迴音被認定是鬼神的聲音。而如同德爾菲神諭，那些轉告給眾人的鬼神的話語也總是神祕而模糊，以便依據當下的需求做出各種不同的詮釋。占卜儀式後總會舉辦盛大的酒宴──酒宴可說是排灣族人的最愛。

　　只有最美麗的少女有資格擔任女巫，且必須通過由老女巫主持的、繁瑣冗長的授職儀式。這些女巫的生活方式，與村裡的其他姊妹並無差異。

　　排灣族人很愛喝烈酒，但這種愛好對他們的健康毫無助益，因為已經有證據顯示，很早就開始喝燒酒和三燒的孩童，可能會面臨早夭的命運。1885 年的一次流行病就特別針對那

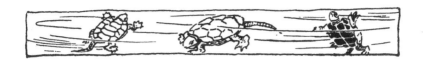

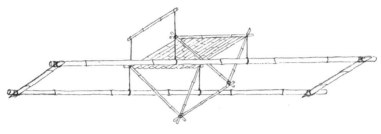

蕃人做的竹轎子。

些重度飲酒者，奪走了許多生命。嚼檳榔的惡習也盛行於排灣
族人之中；就連剛斷奶的 2、3 歲幼童，也會跟著大人一起嚼
檳榔和抽菸。

　　我在村子裡逛了一圈回來，這時已經中午了。我於是準備
整裝出發，但首先和大頭目道了別，並送給他一塊用來做披風
的黑藍色布料。至於那些圍聚在屋外送行的其他蕃人，我則將
一片紅帆布用刀切成 16 塊差不多大的布塊，連同裝有鏡子、
火柴、針的紅色小鐵罐分送給他們，還加贈了幾瓶三燒酒。他
們則回送我一大堆香蕉；我把香蕉掛在蕃人替我趕製的竹轎子
上。我坐上這張涼爽透氣、由 4 個排灣族轎夫扛起的轎子，穿
過了那座棕櫚林。

　　我們抵達海岸時大概過了 10 分鐘。可怕的暴風雨正要襲
來，洶湧的浪濤朝著海岸咆哮，彷彿要將我們吞噬殆盡。厚實

的灰色雲層陰沉地俯瞰著我們；北風卯足全力地迎面吹來，我們這支離開巴塱衛後納入了幾名新成員的旅隊——如今人數已經來到 25 人——必須使出吃奶的力氣才能在沙灘上前進。

高聳的山壁緊鄰大海。兩個赤身裸體的狂人手持長矛和刀劍、披頭散髮地朝我們衝過來，在這片可怕的景色中看起來格外嚇人。暴風雨愈來愈凶猛。浪潮傾瀉而下，彷彿要將彼此吞噬，奮力地濺起漫天的浪花。我焦心地想著，在這樣惡劣的天氣下，明天肯定無法在卑南搭乘小艇、登上停泊在外海錨地的輪船。

我們沿著茂密的森林海岸走了好幾個小時。恐怖的暴雨從濺起泡沫的浪頭傾注而下；那些我們必須要橫渡的河流和溪澗，水勢都漲高起來了。

山峰逐漸退去，取而代之的是長滿野玫瑰和其他灌木的草原。廣闊肥沃的知本平原便坐落於此；鯉魚山（Rigiozan）綿長的山脊如同汪洋中的島嶼般聳立其間。

我們撇下左側的知本村[87]，穿過這片放牧著瘤牛（Zebuochen）和水牛的草原。耕地四周圍著灌木和乾樹枝，

87　作者注：根據那位通譯的說法，知本人為了紀念他們臆測的日本起源，虔誠地收藏著一頂祖先從日本帶來的舊鍋具，並相信失去它會讓整個村莊的人生病，因此絕對不肯將它交出去。

田地則大多種植玉米，兩者都算有受到細心良好的照護。

　　我於晚上 7 點抵達卑南，這裡便是我在福爾摩沙徒步旅行的終點[88]。

88　作者注：我原本計畫要前往東海岸的花蓮港（Kalenkō），從那裡搭船前往基隆，但由於日本政府拒絕核發許可給我，於是不得不放棄這項計畫。事實上，自從 1 月 28 日以來，這一帶的蕃社便不斷發生流血衝突；在這樣的情況下，日本政府不願也不能保障我的安全。儘管百般不捨，我也只得接受這項禁令，更何況這個其他方面都待我不薄的日本政府說的並沒有錯。

六、滯留卑南、周遊南岬、返回基隆

阿美族人。

　　早在 17 世紀中葉，卑南便已為荷蘭人所知；當時荷蘭在
福爾摩沙的勢力如日中天，卑南一帶有 37 個村落承認荷蘭
的優勢地位。荷蘭勢力被逐出福爾摩沙後，卑南也如同整個
東岸，再次陷入長達兩個世紀的野蠻處境。直到 24 年前，中
國政府才開始嘗試於卑南和許多東岸地區建立穩固政權，卻
在過程中面臨當地人的強烈抵抗，中國軍隊於花蓮港大敗，
慘遭蕃人屠殺。但卑南的原住民仍逐漸被漢人所排擠，今

日約有 1,220 名漢人定居卑南。日本近期將該地設為卑南省
（Provinz）的行政首府，其轄區北起蘇澳（So-ō）、南至阿塱
壹（Aro-ē）[89]。這片幅員廣大的地區，行政支出完全無法由稅
收負擔，因為當地微薄的農作物稅收每年僅勉強達 4,000 圓。

位於卑南的廳舍有 30 名職員，還有一間撫墾署，以及一
支超過 300 人的衛戍部隊。基於上述原因，這裡也成為大阪商
船會社的輪船停泊點，但輪船每個月只會跑這條沿岸海路兩
次，而且還不一定靠岸。除了日本職員和士兵以外，卑南還有
大約 450 名日本居民，從事零售、旅館經營、酒店女侍之類的
商業活動。

黃昏時分，我步入卑南寬敞、積滿沙塵的街道；沿路可見
成排的、半傾倒的營房式房舍。一幫喝醉酒的士兵從日式茶館
和妓院裡步履蹣跚地走出來。日本攤商蹲坐在燈光昏暗的小店
裡，身旁放著他們販賣的商品。我朝著廳舍走去，準備遞交我
的介紹信。

我知道卑南廳長已經前往臺北，拜見新上任的福爾摩沙總
督，而目前代理廳長職務的書記官，正因高燒臥病在床。

---

89 1897 年 5 月，日本將臺南縣臺東支廳獨立為臺東廳，並將廳治設於卑
南街。作者此處應指此事。

　　他們把我安置在廳舍旁一間由編竹和黏土建成的小屋裡，屋裡以竹席分成約 8 個隔間。廣場上還有一排類似的房舍，是廳舍職員的住處。

　　那間安排給我的房間，房門和窗戶都是竹編的，若要避免外人擅自入內，就得用橫桿從裡面抵住門窗。每間房間都有通向廣場的獨立出口。室內有一座離地 1 公尺的平臺，幾乎罩住了整個空間，只留下一條狹窄的走廊，母雞喜歡在平臺下跑來跑去，儘管那裡沒有任何吸引牠們的東西。

　　廳舍的先生們很好心地給了我一張竹製船用座椅 —— 不到兩個月前，前任總督乃木伯爵才坐著這張椅子來到卑南。我就這麼住進這棟遮風避雨的小屋，在席子上享受久違的乾淨與舒適。

　　那天夜裡，守夜人的拍子木（Hioshiges，Klopfhölzer〔敲擊木〕）[90] 不斷發出尖銳高亢的聲音，警告鄰近的小偷這裡有人看守 —— 效果如何就不得而知了 —— 吵得我無法安睡，隔天一大早就醒來了。早上才 7 點，就有幾名職員來見我，我自己也在幾小時後去對面的廳舍回訪；在一間棚屋式的房間裡，有數十名職員坐在桌邊讀寫。

90　拍子木（Hyoshigi），為兩片硬木或竹製成的日本傳統樂器，通常用細繩連接起來，演奏時互相拍打發出敲擊聲，類似國樂的梆子。

代理廳長職務的書記官中村先生[91]，已經在此等候我了。他展現了最親切的待客之道，積極主動地為我多次找來從鄰近村落前來撫墾所辦事的蕃人頭目；但儘管我的蕃語通譯費盡心力，我卻只從他們口中問出了少許的消息。有次我碰巧在拜訪撫墾署時，發現署裡聚集了來自不少於 74 個不同村落的阿美族頭目，正在領取本月的薪俸。他們的薪俸介於每月 1 至 7 圓不等，領薪俸的頭目必須維持族人的秩序，避免衝突事件，並向撫墾署彙報地方事務。早在清治時代，蕃人頭目就有領取官方薪俸。日本政府原本以為可以終止這個慣例，地方上卻因此出現動盪，日本憲兵和前哨部隊慘遭殺害，最後還是選擇延續發薪水的辦法，藉此維護社會安寧。

在我於卑南認識的所有蕃族中，阿美族是體格最好的一族。阿美族人大多身材高大、骨骼粗壯、肌肉發達，膚色比排灣族人更黃，毛髮也比其他蕃族更濃密。他們通常有著寬大的嘴巴和厚實的嘴唇；下巴和顴骨十分突出，鼻梁往往顯得有些凹陷，眉骨則相當顯眼。

阿美族散居於卑南平原和鄰近的山區中，目前人口超過 8,000 人，是這一帶人口最多的部族。但必須注意的是，阿美

91　此處應指時任臺東廳書記官的中村雄助。

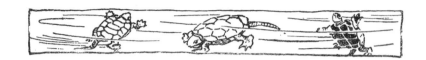

阿美族人。

族這個稱呼可能是個集合名詞，涵蓋了分布於東福爾摩沙廣闊
地區的許多不同部族。

　　日本人類學家鳥居龍藏[92] 將阿美族分為北部阿美群和南部
阿美群，並將居住於奇萊平原七社的南勢蕃（Lam-si-hoang）
歸類為北部阿美群，總人數約 3,800 人。但他認為南勢蕃恐怕

92　鳥居龍藏（1870-1953），日本德島縣人，是臺灣人類學與考古學的開
　　創者。提出日本民族文化形成的理論，以及對日本周邊地區的考古學、
　　人類學調查成果。於 1896 至 1900 年間四度來臺進行學術調查，範圍包
　　括臺灣全島及紅頭嶼（今蘭嶼）等。

有不同的起源，因為每個社都有各自的傳統文化，而且外型上也有所差異。

多重起源說有幾點根據，其一是部分的南勢蕃有栽種麵包樹的習俗，但全福爾摩沙只有該地區才找得到麵包樹的蹤跡。

根據鳥居龍藏的分類系統，分布於木瓜溪（Bokkwa）和秀姑巒溪（Shukoran）溪谷之間的北部海岸阿美群，是北部阿美群的分支，目前僅存 3 社，且不久前才被如今稱霸當地的加禮宛族（Kalewan-Stamm）逐出原本的聚落地。

位於北部海岸的馬太鞍社居民，講述了以下這則起源神話：很多很多年以前，有一對男女住在馬太鞍地區的高山上。當時的平原還是一片汪洋。海水退去後，這對男女從山上來到平原定居。他們就是我們這一族的祖先。起初他們完全不會耕田，但有兩位名叫 Tanya 和 Kusha 的人來到此地，傳授他們耕田的知識。直至今日，我們仍會每年舉辦兩次感恩祭，紀念這兩個人的恩情。

直到不久以前，北部海岸的阿美族仍處於極度原始的狀態。要到 24 年前，他們才從移居福爾摩沙東岸的漢人身上，學會如何使用鐵器。在此之前，石器和鹿角一直是他們唯一的工具；前者至今仍能在土裡尋獲許多遺骸，後者則用於挖掘土地。

　　根據鳥居的分類，南部阿美群共分為三大亞群：山谷阿美群、南部海岸阿美群和卑南阿美群。山谷阿美群定居在流入卑南平原的溪谷中；南部海岸阿美群分布於秀姑巒溪溪谷和卑南溪溪谷之間的沿岸地區；卑南阿美群則大多住在距離卑南街（Stadt）約 1 英里遠的馬蘭社（Maran）。

　　阿美族曾經是卑南平原的主人；但因為其他蕃族看不起阿美族 —— 他們認為阿美族是移民而非原住民 —— 如今阿美族的地位十分低微，也從屬於其他蕃族。在所有部族共同參與的慶典上，有鑑於阿美族的卑微身分，阿美族不能和其他部族一起吃飯，而且要等到最後才能用餐。

　　鳥居的阿美族群分類法很模糊，而且可以沒完沒了地一直細分下去。針對這點，撫墾署和廳舍的先生們都認為，更好的做法是將阿美族視為一個包含不同蕃族（Wildenstämme）的籠統名詞，尤其是因為這些蕃族之間只有細微差異，基本特徵卻完全一致。

　　我很想去附近一帶走走，看看鄰近的阿美部落馬蘭社，以及屬於卑南族的卑南社。

　　如同先前所述，阿美族人定居的馬蘭社距離卑南街約 1 英里遠。向著內陸的方向前進，可見呈半圓弧形的山脈將卑南平原包圍其內。沿路是灌木林與草原，要等到接近馬蘭社的地

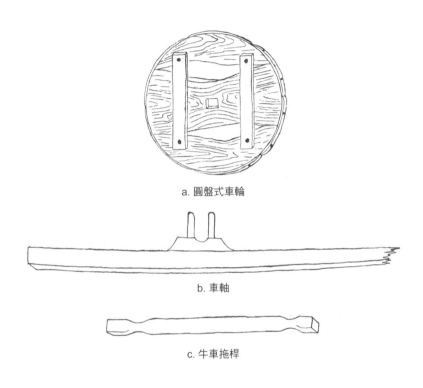

a. 圓盤式車輪

b. 車軸

c. 牛車拖桿

南福爾摩沙的牛車。

段,才看得到玉米田和馬鈴薯田。由於當地深受蝗災所害,稻田相對來說較為少見。卑南平原的土地非常肥沃,只要付出一點心力耕耘就能獲得可觀的豐收。

牛車在無盡的日常軌道上行過街道;還沒探出灌木林,可怕的吱嘎聲就已經早一刻鐘宣告它們的到來。如同威尼斯的貢

多拉船一樣，福爾摩沙也與二輪牛車的樂音難以分割。牛車的輪盤式車輪安放在轉動的車軸上，車軸兩側各有一根拖桿，車輪上則裝著由 5、6 條木片拼成的、很不平整的輪箍。

日本正著手在這座平原上鋪設優良的鐵路，並試圖以 25 至 30 錢的日薪，吸引蕃人投身興建鐵路的工作。這項延宕已久的計畫，起初聘請的是漢人，卻因為漢人害怕蕃人而面臨人力短缺的問題，於是才研議直接聘用蕃人。

為了在不傷荷包的狀況下逐步改善福爾摩沙的交通建設，由於蕃人無須繳稅，日本政府正在考慮讓他們在休耕期間服一些勞役。這種勞役制度在爪哇早已實施多年，而在荷治時期的錫蘭也有讓原住民服勞役抵稅的政策。多虧了上述制度的實施，這兩座島嶼皆擁有品質精良的交通道路，為殖民地的繁榮帶來許多貢獻。

日本政府於半年前著手在蕃社開設由日籍教師指導的學校；從各方面看來，這都是一項值得稱頌的計畫，肯定能在可見的未來結下美好的果實。截至當時為止，福爾摩沙共設立了 4 所蕃校，其中有 3 所位於東岸的馬蘭社、卑南社和花蓮港，還有一所位在島嶼最南端的恆春（Hentchun）。未來的一年內，預計還會設立 10 所蕃校。這個計畫的實現將會帶來許多好處，因為依我所見，如果日本人希望贏得下一個世代的忠

誠，並逐步將蕃人教育成農民和文明人，這會是最好的做法。唯有如此，他們才有可能將尚未開墾的龐大土地納為己用，達成他們的各項目標；同時避免這些土地落入勢力已經過於強盛、他們也無意深交的當地漢人之手，並與文明化的蕃人建立更深厚的關係。

那位全心投入工作的日籍老師黑葛原[93] 告訴我，這裡的學童大約上午 6 點便已到校上課，但出席率卻很不穩定，因為這些馬蘭小孩必須將時間分配在學習和牧牛上，而後者通常占據了大部分的時間。

馬蘭的校舍是一棟蘆葦土厝，裡面十分涼爽通風。學校的設備包含 10 把學生椅、1 張桌子和 1 面教學板。校舍有 5 分之 1 的空間被用作教室，剩下來的空間是教師宿舍，與教室間隔著一面 6 英尺高的牆壁。

眼見我們的到來，黑葛原先生中斷了課程，並倒茶給我們喝；然後非常好心地接受我的請託，繼續開始上課。

學童的家長們倚靠在教室的牆上，聆聽智慧如何被灌輸給他們的後代：但年幼的弟妹卻匍匐於學生椅下，在他們致力學習的兄長的腳趾頭上玩鬧。老師把幾張白色紙板貼在教學板

93　此處應指黑葛原藤太郎，他於 1897 年 10 月出任臺東國語講習所馬蘭分校場（即今日的臺東縣立新生國民小學）的首任校長。

馬蘭的校舍與學童。

上，板子上寫著大大的日文字，小孩子們要學會讀這些生字。除此之外，還教了乘法表和其他有用的知識。課程的尾聲，學生們一同演唱了日本國歌〈君之代〉。那些頭髮亂糟糟的孩子——大概有 50 個人——學得非常認真；就連他們的家長也對課程展現出濃厚的興趣，而面對老師偶爾的訓斥，犯錯者也會立刻原地接受處罰。

跟所有的日本學校一樣，這裡也沒有安排宗教課程；但教師會致力將禮貌、孝順和效忠頭目的精神傳授給他管教的這群孩子。

這位樸實殷勤的文化使徒，顯然對他在這片荒野中的處境感到滿意；一位歐洲人恐怕無法理解這種心境，因為他不像那些堅定的基督教傳教士擁有狂熱的宗教精神——這種精神的影響深遠，讓這些傳教士能夠面對無數艱難的處境。

這位教師也跟我親切地稍微說明了馬蘭人的地方習俗；他們的語言與距離 3 刻鐘遠的卑南社差異極大，兩者幾乎無法相通。我抄寫在附表中的筆記內容，可以證實這個內容。

馬蘭社的人口約 1,000 人，由 2 名頭目統轄，居民分散在這座平原上。直到不久之前，馬蘭和卑南兩社仍處於長期的紛爭中；要等到 4 年前，兩個村落的人民和日人聯手對抗漢人叛軍，雙方才逐漸友好起來。

　　馬蘭社坐擁大量可利用的土地，至今還有 3 分之 2 的土地尚未開墾，處境十分令人羨慕。每個家庭都滿意於耕種的收成；但必須取得頭目的許可，才能開墾新的土地。這片幸運之地沒有貧窮的問題，因為每個人都有維持生活所需的土地資源。

　　畜牧在馬蘭非常重要；牲畜經常是人們的主要財富。根據頭目的說法，那些最富有的人都擁有 30 至 40 頭水牛。除了畜牧和農耕以外，馬蘭社人還會獵鹿和獵山豬。

　　當一個家庭人數過多時，就會進行分家；分出去的家庭會另外蓋一棟新屋。

　　馬蘭人沒有醫生的概念；他們生病時會泡藥草茶來治病。

　　有人往生的時候，只有直系親屬可以參加葬禮 —— 他們會表現出非常悲痛的樣子 —— 根據當地習俗，喪後 3 日期間，任何外人都不得踏入喪家。穿著衣物、綁上頭巾的亡者，會以蹲臥的姿勢葬在離家不遠的地方。馬蘭人和阿美族一樣敬老尊賢，但葬禮的過程卻極其粗暴；他們認為遺體不再需要得到尊重。亡者入葬之後，填平的墳墓上會立一塊小木板；臨走前，每個人都要在墳墓上灑一把土，還會在上面吐口水，並對亡者講一段警告的話語，其內容大概是：亡者應對自身的命運感到滿意，現在開始要好好待在原地。在他逐漸衰老的那些年間，

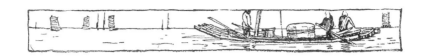

　　儘管造成諸多不便，人們仍對他十分體諒；但此刻他不應該再次升起想要回家的念頭，因為如果他這麼做了，他們會用對待其墳墓的方式來對待他。說完這段溫馨感人的道別辭，接下來總是會舉辦盛大的酒宴，而酒宴上完全不會再提起亡者的名字──他已經不是他們的事了。[94]

　　馬蘭的結婚習俗和力里社的排灣族相同。求婚者會在愛人的家門口放一束木柴。如果對方家長把木柴拿走了，就代表他們接受求婚者成為家中的女婿；在村落長老將少女許配給他之後，他就會搬進岳父母的家裡，負責照顧他們的生計。男人會致贈女方家裡許多聘禮，其中有一半會在婚禮上送出，以至於婚禮的時間經常拖得很長。這時這位訂婚者還不能搬進未婚妻的家裡，但他卻已經擁有丈夫的權益，可以在月色下和未婚妻散步，即使待婚依然能享受性愛生活的甜蜜。你可能會懷疑，在這樣的條件下，單身者難道不會把結婚這件事忘得一乾二淨？但這種情況從來不會發生，因為這樣的行為會招來恐怖的懲罰，讓犯錯的人從此落入「社會性死亡」（gesellschaftlich unmöglich）的境地。

94　作者注：由於這些蕃人對死者和其墳墓毫無尊敬之意，儘管那位聲名遠播、威震四方的頭目 Pinalai 逝世至今不到 50 年，我費盡心力，卻依然只找得到最少許的殘跡。

　　住在海邊或河邊的阿美族人，對待新生兒的方式相當粗魯。那些剛來到世間的小嬰兒，每天都會被放進一盆冷水裡。等到他們能單獨行動，生父會把他們丟進鄰近的河裡，讓他們在水中掙扎打水，認為這麼做可以幫助兒子成年後精通游泳和潛水的技巧。

　　一件很有趣的事情是，根據頭目的說法，這裡的人名沒有男女之別：他們喜歡在叫別人名字時，在前面加上「Chi」這個音節──「Chi」的意思相當於日文的「San」──比如說，Chi-Ramuro、Chi-Panai。一些常見的名字包括：Ramuro（玉米）、Pinai（稻米）、Tokus（山）、Kuras（脫殼的稻米）、China（鹽）。

　　很奇怪地，馬蘭一帶的蕃人不會織布；考量到他們過去只穿著獸皮製的衣物，這個現象顯然其來有自。今天的阿美族人大多穿亞麻布的衣服，布料則是從漢人那邊交易來的。很特別的一點是，這裡是男人而不是女人負責製作兩性的服飾。而那些所謂的「女紅」──如刺繡、編織等等──也是男性的工作。

　　馬蘭的巴拉冠──當地人稱之為 Nusubi ──很有趣；白天它被用作議事廳，晚上卻只有未婚者可以入內。巴拉冠的前面有一把竹梯，有幾根橫梁靠在竹梯上形成一個立架，守衛人

有瞭望塔的巴拉冠。

會爬到立架上呼叫住民前來集合。抵達實際的建築物前，會先通過一個圍著隨意疊起的石牆、正面大門狀似絞刑臺的前院。這棟主建物以蘆葦和稻草蓋成，門口會通向庭院。而沿著牆壁、在火堆的周圍有成排加裝護欄的睡鋪，距離地面很遠，看起來很像是劇院包廂。

　　玉米田剛播完種，村民正在為播種祭做準備。他們扛來插在竹竿上的山豬腿和三燒酒，要在祭典上大肆慶祝。不過我決定不參加這場祭典，而選擇繼續前往距離僅 1 小時路程的蕃社

卑南社。但臨行前，那位老師首先在學生面前感謝我的造訪和對其工作所展現的興趣，我則對他的善意表示謝意，並勉勵那些學生奮發向學、乖乖聽老師的話。接著我們便在那位老師和所有學生的陪同下 —— 他們愉快地用一根長竹竿提著我的相機踏青 —— 穿過草原和田野前往卑南。

卑南的阿美族已經大致融入知本族，幾乎沒有留下什麼最初的特徵。他們起初定居卑南平原，但人口如今僅約 3,000 人，而且只分散在零星的村落，而光是卑南就有約 700 人。

就外觀上而言，我發現他們的體型沒有其他阿美族人來得高大，但據說他們比其他族人更聰明。他們的額頭、顴骨和下巴特別突出；雖然不與其他阿美族人通婚，外型上卻看不出什麼明顯的差異。卑南人的鬍鬚也格外稀少，他們還會用鉗子把剩下的鬍鬚剃乾淨，並用相同的方式將眉毛剃成一半的寬度。卑南社的男人不常紋身（紋在胸部或手臂上的直線和幾何圖案）；至於女性，只有頭目的妻子和女兒有權在手背上刺青。

卑南人不會繼承父親的名字。這裡的小孩 6、7 歲的時候就會離開父親家，在專供小孩居住的巴拉冠過夜。12 歲至 17 歲之間的少年被稱為「Takobakoban」，17 歲至 30 歲之間的青年則被稱為「Magusaran」。村落的大頭目叫做「Kuroran」（一種魚的名稱），小頭目則叫做「Ampalan」。根據當地教師的說法，

下列人名特別受到歡迎：Ampal、Abutayan、Ihpuyas、Uron、Kinhon、Saroashi、Bontol、Rabus、Sannagowan、Chipokka、Aratai、Jinqui、Pantei、Dak-Dak、Daiwan、Okaku、Sisin、Ana、Inan、Bunon、Shuin、Iban、Kastol、Dariy anoshi、Renagan。16 歲至 26 歲之間的少女被稱為「Buraburayan」。

　　卑南社的單身者無須送禮給女方家長或新娘；當地人不會將社會因素納入考量。這樣的感情關係堪稱理想，因為婚姻完全取決於雙方意願。如果女方家長相信雙方情投意合，就會將女兒許配給單身者──或者說，單身者會成為岳父母的家族成員，並為女方的家族利益付出心力。

　　我費了一番功夫，才讓卑南社頭目告訴我當地的葬禮儀式。那位頭目很迷信，聽見我的問題整個嚇壞了，一直跟通譯說他不想談這麼可怕的話題。直到不敵我的反覆追問，他這才告訴我說，卑南社人會將亡者以橫躺的姿勢下葬；而作為最後的贈禮，家屬會為亡者穿上多件新衣。亡者被葬在屋子的起居室下方；如果太多屍體腐爛導致房子不堪居住，他們會拋下整間房舍任其傾頹倒塌。

　　卑南人蓋房子的工法和其他部族一樣。附圖是卑南頭目家的室內配置圖；除了空間較大以外，它的結構和其他村裡的房屋並無二致。屋內有竹牆區隔室內空間。儘管室內的灰

塵很多，但沒有髒汙或垃圾。年長的頭目夫婦睡主臥室，主臥室裡有張離地約 1 英尺半、鋪有席墊的四方形睡鋪（f）。年輕的夫婦則連同小孩在進門右手邊的隔壁房（m）休憩——不過小孩還小的時候會睡在一張竹席的後頭。主室裡有一口箱子（e），上面有掛步槍和長矛的竹架。隔壁房間有個火堆（l），火堆上有個鐘形大竹簍掛在天花板上；小米粥在火堆上的大鐵鍋裡煮好後，人們就會把竹簍放下來保溫兼防塵。

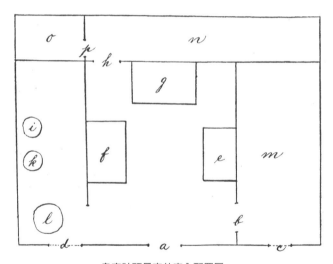

卑南社頭目家的室內配置圖。

（a）主要入口。（b）年輕夫婦的臥室入口。（c）和（d）窗口。（e）大箱子。（f）年長夫婦的睡處。（g）放在櫃子上的室內祭壇。（h）一間狹長房間的入口，房間裡儲放著各種雜物。(i)和（k）陶製水壺。(l)火堆。（m）年輕夫婦的臥室和起居室。(n)雜物間。（o）倉庫。（p）倉庫入口。

牆壁上除了鹿角以外，還有準備用來做衣服的皮革。這位頭目似乎已經非常漢化，在家裡的櫃子上放了幾尊中式神像。這棟蘆葦屋頂的房屋正面有突出的屋簷，即使是雨天也能在下面坐著和工作。較大戶的人家會有加裝屋頂的、用來儲放玉米和其他農作物的倉庫，以及沒有側牆的儲物棚，裡面放著牛車和農具，屋梁上還垂掛著大量小米束。

　　卑南和馬蘭兩社治療重症者的方式非常奇特；他們會找女巫來念咒，但她必須先喝個爛醉才能和鬼魂溝通。治病儀式的流程如下：那位被找來的女巫通常會在病人前跪下，將握緊的雙手放在病人的額頭上，並用手中的一支細棒在病人面前來回揮動。開場儀式結束後，女巫會以額頭觸地，開始詢問病人生病的真正原因，以及免除痛苦的方式。這時她會呼喚鬼魂，祈

頭目家。

求病人順利康復。表演完這項特技後，女巫便會離開現場，將病人交託給治病的善靈或惡靈。但那些儀式剛開始便拿著米酒、聚集在病人家的親友和鄰居，此時卻會大聲地飲酒作樂、不醉不休。顯然他們對如何尊重病人的看法和我們很不一樣。

我也在卑南社造訪了當地的蕃校，它的內部配置和馬蘭的蕃校並無差異，只是這裡的學生年紀更大，甚至還有 3 位女學童。大部分的學童穿著布質或鹿皮的紅罩衫，頭戴花冠或皮革便帽，便帽上刻有紅色或黑色的線條圖案，以及拙樸的動物或人物造型。有些人頭上纏著樹皮或樹枝做的髮箍，防止頭髮從側臉滑下來。這些學童顯然很重視他們的佩刀，有些把刀放在身邊，有些人則和花冠一起掛在牆壁上。

這裡的教學方式和之前的蕃社一樣。但學童所展露的非凡音樂天賦，讓我十分驚訝；他們能夠用清澈美妙的嗓音，精準地重複老師所演唱的歌曲，實在令人激賞。早在 17 世紀，當時的荷蘭宣教士便曾盛讚當地小孩學習荷蘭文時輕而易舉，對各種音響效果也展現絕佳的聽力。

到處都有人讚賞日本對福爾摩沙蕃人所實施的寬容政策，並對漢人所遭受的惡行睜一隻眼閉一隻眼。但我很懷疑他們在蕃人身上所花費的大量資源，是否能夠將蕃人教育成優秀的農民；或許日本會在未來遭遇挫折，並因此調整現行的理蕃制

度。而且也難保他們付出的心血，最後反而讓漢人坐享其成，因為儘管日本商人獲得各種優待和保障，但還是很難跟更精明現實、坐擁更多資本的漢人競爭。福爾摩沙的漢人就像一塊巨石，而日本人恐怕沒有足夠的力氣搬動它。

回到市區後，有幾天的時間我都在等待開往基隆的輪船。我多次前往大阪商船會社的辦公處詢問船的動向，最後才獲知它可能停靠在福爾摩沙南端的南灣躲避風雨。

航班延誤讓我非常困擾。我完全不確定自己能否準時搭上5天後啟程前往日本的輪船班次。

我在市區散步打發時間。有一次我經過了一間獨立院區的醫院，裡面總是有瘧疾患者，因為隨時都有至少4分之1的駐軍士兵發燒住院。

漢人過去曾在此駐紮了多達3個營的衛戍部隊，而其中每年都有超過50名軍人死於瘟疫，遠比陣亡人數更多。1874年登陸福爾摩沙北部和東北部的漢軍，一年內就有約1,500人因高燒喪命。為了紀念這些死者，人們在鯉魚山的山坡上蓋了一座狀如廟宇的開放式紀念堂；它隱身於灌木與樹叢之間，有野鴿群在堂裡棲身，裡面安裝了許多寫有死者姓名的小木碑。目前這座紀念堂已經有部分倒塌，而在日本的統治下，相信很快便會被夷為平地。歐洲瘧疾最嚴重的地區——如龐廷沼地

（pontinische Sümpfe）[95] 和西西里東南部等地──去年的瘧疾死亡率僅千分之 8，顯見福爾摩沙的瘧疾遠比歐洲更加致命。

　　由於我的輪船遲遲不來，我因此有空接受代理廳長的邀請出席一場小餐會；這場餐會位於市區外草原上的一間日式茶館。除了我以外，還有好幾位行政官員受邀參加。他們的生活習慣只有受到歐洲文化很表面的影響。造成這種奇怪印象的主要原因在於，根據一項愚蠢的政府規定，這些官員必須在擔任公職期間穿西服出席公開場合。這項規定的初衷是，比起穿著更合適的和服，穿西服更能獲得其他國家的尊重。這種想法完全錯誤，因為我們會把許多與西方禮儀不同的東亞文化特殊性視為天經地義的事，而一旦日本人開始穿上和服，也不會讓人感到那麼突兀。

　　除了上述這點，這頓茶館裡的晚餐沒什麼值得一提。這是一場所謂的歐式「餐會」；但光是那毫無規則可循的上菜順序，就足以讓一名西餐廳主廚氣得火冒三丈，更別提那些餐點的烹調方式。在那一團混亂之中，我們首先吃了雞和牛排，

95　龐廷沼地位於義大利中南部，今日的拉齊奧大區一帶，古羅馬時期即是著名的瘴癘之地。1930 年代，義大利獨裁者穆索里尼下令整治該地區，目前除齊爾切奧國家公園（Parco Nazionale del Circeo）境內，已全數開墾為農地及住宅用地。

接著喝湯，再來是冷歐姆蛋捲 ── 在此期間還上了香蕉和甘蔗 ── 然後又是雞肉燉肉。我的歐洲腸胃被翻攪得天翻地覆；那些食物像融冰時的大型浮冰卡在我的體內。

餐桌上的話題比餐點好多了，我聽到了不少有趣或有用的軼事。但由於我還要整理隔天出發的行李，而且輪船一大早就到了，於是我簡單說了幾句，願日本文化順利在福爾摩沙落地生根的祝福話，便早早告退了。

上午 6 點時，我就聽見附近的海邊傳來悠長的輪船汽笛聲。儘管輪船下午才會出航，一位住在隔壁的年輕職員叫我們立刻上船，因為等等卑南這裡的風浪就會大到上不了船。我匆忙地又拍了好幾張照片後，便趕往輪船辦公處兌換我的船票，並叫我的漢人幫手先把行李拿到海灘那裡。

風勢逐漸轉強；我用最快速度跑過沙丘，並欣喜若狂地看見輪船還停泊在距離岸邊 5 分鐘遠的地方。岸邊有一艘很寬敞、沒有龍骨的接駁船矗立在洶湧的波濤之間，裡面已經坐著好幾名要搭船的日本人；我理當也要坐上這艘船。我們抵達沙灘，儘管船員們知道我們也要搭船，卻還是把船開出去了。我的日本同伴原本已經趕到船邊、正要翻上船去，卻被他們擋了下來。我憤怒地聽著別人跟我們解釋說，由於現在風雨過大，完全無法上下輪船，因為不到一分鐘前才有幾名漢人在眾目睽

睽下、連人帶船遭襲來的浪濤吞噬。

　　海灘上的水手和工人一副沒事的模樣，平靜地坐在那裡，我因此認定剛才的消息只是為了掩飾船員不願載我上船的謊言罷了。但站在岸邊的多名官員都跟我證實這起意外的發生，並向我保證，面對這麼危險的風浪，那艘船真的不能再繼續等下去了。聽完這段話，我也不得不接受我的命運，平常心地看待那些漢人表現出冷漠、事不關己的態度，即便是面臨性命攸關的事也一樣。

　　一個小時以後，那艘叫人引頸期盼的輪船，便駛往遠處依稀可見的火燒島（Kashōtō）[96] 停泊避難 —— 那裡可以躲避東北季風帶來的浪潮侵襲 —— 完全無視我們的存在。有人安慰我們說，如果明天氣候好轉，船肯定會回來，因為還有船貨要卸在卑南。

96　作者注：這座與世隔絕的島嶼，東西長 7.5 英里，南北寬 2 英里，島嶼東側有極佳的樹林。直到 1897 年 3 月，日本才任命委員會前來接收火燒島。根據卑南廳舍人員的說法，火燒島上約有 800 名島民；他們過著半開化的生活，頭髮還綁成辮子，顯示他們曾接受過漢人的統治。他們源自福爾摩沙西南岸枋寮以南的小琉球島。島民主要以農耕維生，在海象較好的 5 月至 8 月期間，也會從事捕魚活動。他們會將漁獲供應給卑南的居民。這些離群索居的島民生性溫馴而信任，起初被來自卑南的日本人占盡便宜和剝削。後來大家擔心他們可能察覺並起身反抗，因此決定在政府人員進駐或派出所蓋好之前，嚴格禁止外人登島。

日本接收火燒島之聲明。

　　有鑑於行程耽擱，我因此有時間深入認識卑南一帶的人事物。在此過程中我結識了卑南最有趣的地方人物之一，也是當地的聖女貞德——陳達達（Tatta）女士。她是卑南社頭目的姊妹。1895 年，中村書記官前來此地探查地形，卻遭遇叛軍襲擊；生命垂危之際，正是這位女士將他藏匿起來，並率領族人把叛軍驅逐出阿美族的領地。她不久前才和一位名叫張義春（又名新才，Zanii-sum）的漢人結婚，至今在族人間仍享有崇高的聲望。

　　在下頁的這張相片裡，她穿著漢人服飾坐在前排左側，手

中村與陳達達。

上刺有符合頭目之女身分的紋身,並置身於族人之間;許多人的刀鞘尖端掛著深受喜愛的戰利品——獵來的漢人髮辮。大部分的卑南人頭上纏著兩端有刺繡的黑藍色頭巾。

　　那些戴帽子的人是「護鄉兵」(Gokihoe;意指「祖國護衛」),在卑南和花蓮港各有一個連隊。這支志願軍的人也是卑南阿美族人。他們被安置在卑南的一個營區裡,絕大多數是鄰近地區的獵人,服役條件和埔里社的平埔蕃一致。他們通常來自遙遠的聚落,無法每天從家裡通勤,才會一起住在這裡。不過他們每週六中午都會放假回家,並於週一一大早收假返營。這支志願軍的設立無疑地將會提升蕃人對日本人的好感;他們

陳達達與卑南族人。

歡欣地接受日本文化的洗禮，尤其是日本對於衛生環境的追求。

為了降低東福爾摩沙蕃人的死亡率——特別是打擊盛行的天花和其他傳染病——日本政府派了 3 名醫生到東岸來，分別駐紮在卑南、璞石閣（Bokusekikaku）和花蓮港（漢名奇萊）。

蕃人給醫生看診自然免費；如果說這項醫療服務目前只能造福當地居民，未來醫生的行醫範圍還會進一步擴大。日本尤其希望能夠讓疫苗施打更加普及，並且已經從蕃校的學童開始著手進行這項計畫。接下來的一年內，還會有 11 名醫生被派遣至蕃地行醫；因此可以預見，那些此刻無法獲得醫療服務的地方，很快地也能受惠於這項德政。

我也去了卑南的遊憩亭（Lustpavillon）。那是一座位在小山丘上、被野生灌木包圍的八角形涼亭；日本人喜歡在天氣熱的時候來這裡乘涼吹海風。這裡景色十分優美，看得到東方的火燒島，以及環繞卑南平原的西方山脈。

不想錯過在火燒島避難、隔天清晨就會抵達的輪船，我們決定前一天晚上和衣而臥。上午 4 點半，那令人引頸期盼的汽笛聲終於傳入我的耳中。我立即帶著 4 名蕃人打包行李，趕緊奔向沙丘後方的海灘。

那艘讓人盼望已久的「宮島丸號」（Miyajyma Maru）冒著煙，終於出現在我們的眼前。日本郵政局的人也在軍隊護衛

下帶著信號旗趕了過來。由於海象相較於昨天可說非常平靜良好，大型接駁船完全沒有翻覆的風險，我們都相信這次肯定能搭上輪船。

然而事實卻不是如此！

那位船長似乎沒想到要來載我們；輪船拐了個大彎向北而去，很快地便消失在我們的眼前。

起初我們全都驚呆了，回神過來一陣咒罵。岸上的每個人都認為，不讓大家上下船實在太沒道理了。那位職員明白我的憤慨，於是對我說，這種鳥事他們早就習慣了，再也不會為此大動肝火。那些從基隆載往卑南的船貨，經常要好幾個月後才會送達——有一位商人12月底時在基隆寄貨，但直到今天（當時已經4月7日了）貨都還沒收到。

我試圖告訴那位日本人，輪船公司收了政府那麼多補助金，要提供準時而像樣的船運服務，怎麼可以經營地這麼離譜；而如果福爾摩沙的辦事效率和態度都這麼差勁的話，那日本政府接收福爾摩沙恐怕也不是一樁美事。我想要寫一封投訴信給位於臺北的總督，向他說明東岸惡劣的經營現況，促進福爾摩沙的繁榮發展，讓一切順利步上軌道。為了達到這個目的，我需要他們的簽名背書。但他們之中沒有人有勇氣為真理和秩序發聲；每個人都敷衍我說，他們被問到時願意口頭作

證，但不願意留下任何書面證明。我很清楚這種承諾能達到的效果，面對散漫的官僚體系寫投訴信實在毫無意義，也只好放棄這項計畫。

我再次現身大阪商船會社的辦公處，痛罵他們不負責任，把上下船事務全交給現場的苦力處理，罵得他們只能羞愧地站著聽話。他們說他們也不懂那位船長為什麼不停船，更何況昨天辦公處處長還上船找他；他今天人也沒回來。

聽到這裡，我突然明白了一切。那位處長顯然是在卑南這裡閒得發慌，想要換換心情，於是便和船長約好去基隆小旅遊，但他其實根本沒有請假。

要實現這個心願一點也不難，只要船長說聲風浪過大無法上下船就行了；這種情況確實經常發生，但顯然這一天不能拿這點當作藉口。

但怨天尤人也沒用，我還是得接受命運的安排，耐心等待有艘輪船大發慈悲把我從卑南接走。下一艘輪船預定從基隆出發，繞行全島一周後再回到原處。但我的護衛隊好幾天前就已出發，走海岸線經福爾摩沙南端回枋寮去了。我本來想要租一艘戎克船直接搭去基隆，但仔細考慮之後覺得實在太不切實際，於是打消了這個念頭。還是只能謙卑而堅忍地靜候解脫的那一天到來。

　然後船就來了——但在此之前，我還得在這個荒涼陰森、滿是灰塵的鬼地方待上 9 天。

　聖經有言：「以眼還眼，以牙還牙。」為了忠於這項原則，我邀請那些日本人到卑南的「Dressel」餐廳用餐；他們曾在那裡請我吃過一頓飯。除了大城市的幾間好飯店以外，日本旅店喜歡將所有盛在盤子裡、連同刀叉一起送上來的豬飼料稱為「歐式餐點」（European food）。這頓回禮宴上的菜色和兩天前的一模一樣——恐怕永遠不會有新的菜色，頂多會換換上菜的順序。那一晚的飲食災難首先從香蕉開始，緊接著是長得很像洗碗水的雞湯，再來是有油脂凝固在上面的冰冷煎蛋捲，還有更多——何苦為讀者描繪這些可怕的美食噩夢呢！

　日本人——我不是說那些半輩子住在歐洲，或是在東京與歐洲上流人士密切來往的日本人——私底下吃西餐，總是和吃和食一樣習慣冷食。也會依循日本的用餐習俗一次上好幾盤菜，好讓他們可以這邊吃一口、那邊來一口。他們這樣吃得很開心，還能享受「西餐館」的特殊風情。

　我的日本客人在談話中盛讚卑南女子恪守婦德，遠比日本婦女更來得貞潔。假如一名卑南女子做了一件傷風敗俗的醜事——這種情況幾乎從來不會發生——她會被娘家的親戚用最可怕的方式狠狠虐待，細節我就不多提了。但誘姦者也要付出代

價；頭目會要求他拿出大量財產，賠償那位被戴綠帽的丈夫損失。

這場餐敘沒有持續太久。由於我前一晚為了等輪船幾乎沒睡到什麼覺，我現在只想好好休息。但我回到住處的庭院時，卻眼見美麗的五月春夜環繞，忍不住駐足欣賞這片夜色。微風靜靜地吹拂大地，溫柔地撫過我的鬢角；銀灰色的雲朵如鳥群般筆直地劃過天際。屋子上的青竹颯颯地輕柔搖擺，竹葉的黑影在泥地上來回地倏忽顫動。前埕、蘆葦屋頂和竹牆在金黃色的月色下，散發魔幻的光彩。牛車的呻吟從遠方傳來，在靜寂的夜晚久久迴盪，直到抵達目的地方才停歇。

身在這個離鄉背井、遠離世俗的所在，一種奇特的感受攫住了我：假如我因緣際會必須在這裡討生活，會是一幅什麼樣的光景？但是我左思右想，還是覺得這種生活實在沒什麼吸引力。

但從前真的曾有一個人，因為命運的安排漂流到東海岸，並快樂地生活在蕃人之間，樂不思蜀，從此不願再回到文明的羽翼之下。這位怪人名叫唐・耶羅尼莫・巴切柯（Don Hieronymo Pacheco）[97]；1771 年，他與熱愛冒險的匈牙利貴

97　又譯伯支克。除貝紐夫斯基回憶錄中的記載以外，生平來歷不詳。

族、波蘭伯爵貝紐夫斯基（Benyowsky）[98] 在這裡相遇。

貝紐夫斯基本人來到臺灣的方式也非比尋常。他在 1769 年的波蘭起義中英勇地為民族自由而戰，卻不幸負傷，身上多達 17 處傷口。傷重的他被俄軍俘虜送往托博爾斯克（Tobolsk），接著又被運至堪察加半島（Kamschatka）。由於他出身高貴，又有非凡的精神和體格，他不只迅速地成為當地流放者的領袖，甚至贏得了行政長官千金、美麗的阿塔娜西亞（Asphanasia）的芳心，讓她徹底臣服於這位年僅 29 歲的年輕伯爵。在阿塔娜西亞的協助下，他成功於 1771 年復活節策畫了一場起義，許多人因此喪命，連行政長官也不幸遇害。那些流放者強占了兩艘俄國護衛艦 —— 「聖彼得號」（St. Peter）和「聖保羅號」（St. Paul）—— 並在貝紐夫斯基的領導下，於 1771 年 5 月 11 日展開他們的航程。他們通過白令海、途經庫里爾群島和日本，最後於 8 月在卑南以北約 50 英里的地方登岸。但迎接他們的卻是蕃人的反覆襲擊。這迫使他們拔錨而去，沿著海岸往更北的方向移動。這次他們的運氣好多了。才剛找到一個好地方下錨落帆，就有一大群本地人出

98　莫利茲‧貝紐夫斯基（Benyovszky Móric, 1746-1786），出生於匈牙利的探險家，著有《貝紐夫斯基伯爵回憶錄與遊記》（*Memoirs and Travels of Mauritius Augustus Count de Benyowsky*）。

現，滿懷善意地帶來水果和禽肉作為見面禮。領頭的是一個男人——根據文字記述，他的打扮非常可笑，穿著好似輕歌劇演員的戲服：金銀邊帽、長軍刀和長筒織襪。他自稱唐・耶羅尼莫・巴切柯，曾經是最近很出名的馬尼拉甲米地（Cavite）港的指揮官。

巴切柯跟那些來人保證，他在福爾摩沙過得幸福自在。在馬尼拉的時候，他發現妻子和一名道明會修士通姦，於是殺害了那名修士，並為了躲避那些假道士的復仇而遠走他鄉；因緣際會下，他的划艇停靠在這片海岸。如今唐・耶羅尼莫已經在這裡度過了 7 年時光，贏得許多有力部落的信任，並在蕃人之間享有極高聲望。他很滿足於與蕃人妻子和混血小孩的蕃地生活，因此堅定地回絕了貝紐夫斯基[99]的提議，選擇繼續留在當地，不與他們一同返回歐洲。

99　作者注：關於貝紐夫斯基的往後遭遇，尚有以下這段記述：有鑑於福爾摩沙島的豐饒和美麗，以及幾場戰事下來贏得的聲譽，貝紐夫斯基的同行者們不願離開這座島嶼；費了好一番功夫，他才說服他們動身離開。他向他們表示，他希望帶更多的部隊過來，而且以他的人脈，很容易便能讓某個歐洲列強對福爾摩沙產生興趣。然而回到歐洲後，他卻暫時忘卻了他的福爾摩沙殖民計畫，轉而接受艾吉永公爵（Herzog von Aiguillon）的提議，以法王路易十四的名義前去馬達加斯加。要等到 3 年後與島上的法國人鬧翻回到歐洲（1782 年），他才重拾對福爾摩沙殖民計畫的熱情。由於遊說神聖羅馬帝國皇帝約瑟夫二世未果，他

刀尖掛著漢人髮辮的卑南人。

卑南人的銀皮菸斗。

轉往倫敦發展，並在接下來的幾年間四處奔波，希望與某個歐洲強權簽下貿易合約，並借助與該國的聯盟關係，實現他的遠大計畫。但他的努力始終得不到好的結果。眼見希望破滅，這個精力無窮、野心勃勃的男人於是再度將目光投向馬達加斯加。他率領武裝部隊攻打該島，最後於1786 年一場與法國人的武裝衝突中戰死沙場。

　　為了排遣這段無奈的等待時光，接下來的幾天我經常造訪撫墾署。有一天，卑南族的頭目們來撫墾署領月薪，順便接受一番訓誡；另一天是阿美族的頭目們；第三天是排灣族的頭目來了。我自己則是努力蒐集蕃人的武器、頭巾和其他物品，期間經常遭遇到各種困難。我費盡唇舌，才把一把掛著漂亮漢人首級的蕃刀弄到手；那把蕃刀的主人顯然經歷了一番天人交戰，直到我願意付出相當高的價格，才決定把他最自豪的寶藏轉讓給我。他用嫌惡地神情退還我給他的紙幣，他說他不收這種東西，只有銀子對他來說才有道德價值。從我們的觀念看來，這種驕傲不是很精明，因為銀圓的價值比紙幣少 3 錢。但這件事對他來說不怎麼重要；蕃人自有他們的證券行情，並相信自己比任何歐洲金融業者的詭計更來得高貴。

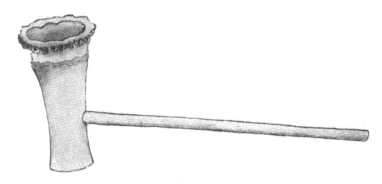

竹筒菸斗。

　　除此之外，為了充實我的相片收藏，我也多次仰仗陳達達女士的居中牽線，得以在某天將卑南最美麗的 2 位姑娘 —— Lana 和 Iwa，她們成天在我住處外的井邊打水 —— 捕入我的攝影之網，還從她們那邊弄到了一把漂亮的銀皮菸斗。不過才剛拍完照，這 2 位天真無害的小孩便堅持地說，她們想看看拍出來的東西到底長什麼樣子，但由於我無法滿足她們的要求，她們於是面帶慍色地退開來，並用擔憂的神情表示，我對她們施了法術，她們肯定要生病了。

　　卑南是許多不同部族的聚集地，族人們會來當地的撫墾署辦事，或是從事以物易物的交易；就這方面而言，是個滿有趣的地方。我因此見識到了各式各樣的人物和服飾。這裡的人有很多獨創的頭飾，像是卑南的蕃人就有一種用鹿皮做的對折式頭飾，一半像平板屋頂罩在頭上，另一半則垂至頸項遮住後腦。

　　還有一個蕃人外觀十分新鮮；他穿著毛皮走來走去，腳踝上綁有額帶式的彩色毛皮帶。

　　整體而言，蕃人會根據氣溫調整自己的穿著；暖天時 —— 一年中大部分的日子都是暖天 —— 他們幾乎赤身裸體。那些來自太麻里山區的排灣族人，大多戴著珠寶、琉璃珠、通孔銀幣、紅漿果、貝殼和紅玉髓鍊，看起來相當野蠻、殘暴而可怕。

卑南少女 Lana 和 Iwa。

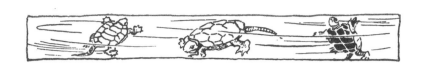

卑南蕃人。

　　在卑南一帶，一年兩度的 Barishi（玉米收穫）祭是最熱
鬧的時期；但在撫墾署的指定日時，街道上也會擠滿蕃人，用
藤條和漢人小販交換捲菸、皮毛、穀物、鹽、布料、彩帶、鈕
扣、火藥等各類商品。

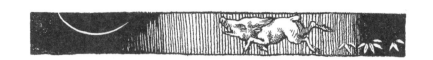

　　漢蕃之間的商業往來，促進了雙方的聯姻；定居卑南平原的蕃人，十分樂意將自己的女兒許配給漢商。漢人會在徵得部落頭目的同意後，和家長購買蕃女，價碼通常是一頭水牛、一把步槍、20銀圓和三燒酒。由於這種婚姻會讓蕃人和漢人之間的關係更加緊密，日本人近來致力於防範這種行為；他們更樂意日商能看上蕃人女性，因為這對生意有正面幫助，也能建立與部落的親密關係。

　　每天一大早，附近的蕃人就會來找我，背包裡裝著小黃瓜、雞蛋、水果、香蕉和鳳梨，做為我的家計之用；小林會用他那可疑的廚藝料理這些食材。我最重要的存糧——蘇打餅——吃完了，讓我痛心欲絕；我把它當作麵包的替代品，只好用大麥製的中式通心粉填補這個空缺。我基本上靠吃牛排維生；但有一天為了換換口味，我請小林到屠宰場買一塊牛腦或牛尾回來。只不過他很快便兩手空空地回來告訴我，整顆牛頭連同牛舌、牛肝、牛尾和所有內臟，已經全都送給負責宰牛的蕃人們了。由於日本屠夫認為宰殺水牛或瘤牛的粗活太低賤，而且與他的宗教觀互相牴觸，因此卑南附近的頭目會輪流負責宰牛的工作。蕃人很樂於從事這份工作，而且宰殺完還能得到上述的牛肉部位作為豐厚報酬——當然，豐厚是從歐洲人的角度來看，日本人會將這些部位全部丟棄，或是作為耕種用的肥

料；在橫濱以及其他歐洲人聚集的地方，它們會以最低廉的價格售出。不過在卑南，只要花個 5、6 錢（10 至 12 芬尼）就能買到貨真價實的水牛肉，而且分量多到連大胃王也幾乎無法一口氣吃完。考量到整頭水牛只值 15 圓，也不難理解牛肉為何會這麼便宜了。

幾乎每天都是風雨交加的日子，完全不見輪船的蹤影。儘管我多次去辦事處詢問，卻只得到這樣的消息：他們不清楚那艘早已從基隆出發的輪船的動向，但不能排除它可能已在夜間經過卑南，繼續往南航去。儘管這裡的牛肉非常實惠，想到必須在此坐困愁城，甚至繼續等上好幾個月，就讓我非常鬱悶；我甚至認真考慮跑去安平，因為那裡更有可能搭上每週從廈門（中國本土）來的輪船前往基隆。但其他人都勸我打消這個念頭，因為輪船隨時都可能出現，拯救我脫離苦海。

後來我得知，這艘輪船應該是在蘇澳和卑南之間的海上徘徊，因為據一封電報的回報內容，它早在 5、6 天前便已離開蘇澳；而第二封來自車城（Shajio）—— 車城是一座位於西南岸的海港 —— 的電報則指出，船尚未抵達當地。因此可能性只有兩個：船要不是在火燒島避難，不然就是已經石沉大海了。

我因此只得耐心等待進一步的消息，去草原散步，排遣自己不耐煩的心情。有天上午我去散步的時候，遇到一批正在練

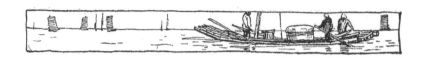

習射擊的護鄉兵和日本部隊。我站在一段距離外看他們訓練。那位騎馬的少校（Major）注意到我的存在，像獵犬一樣多次用鼻子嗅聞空氣，然後和幾名軍官竊竊私語，同時不停地朝我這邊瞥來。我馬上猜到這是怎麼一回事，並跟我的日語通譯說：「我敢打賭，那些軍官一定又懷疑我是一名俄國間諜。」

沒過多久，果然有一名軍官朝我們跑來，並向那位通譯探問像是我是誰、我從哪裡來、我在這裡做什麼等各種問題。問完後他便跑回去向指揮官報告。指揮官聽完報告後，便直接騎著馬來找我。他的第一個問題是：「你會說法文嗎？」；聽到我回答會，他顯然高興了起來，並邀請我和他一起去軍官俱樂部。軍官俱樂部位於一個架高的、有木柵欄環繞的營區裡，是一棟與地面等高、亭閣式的建築，門口有好幾階臺階；到了俱樂部以後，有人在歐式裝潢的接待室裡遞給我一本訪客登記簿簽名──我是第一位歐洲訪客。

跟其他軍官不同，這位指揮官是個見過世面的人；他在德國和法國各待過一年，法文說得非常好。為了重溫他在德國的回憶，尤其是他當年在符騰堡參加的那次皇帝演習（Kaisermanöver），他請人拿來名片、軍官宴（Liebesmahl）邀請函、地形圖等一疊紙張，並向我探問許多名人軼事。談話十分熱烈，我們喝乾了各式各樣的瓶裝啤酒，還吃到了金

柑（Kinkanfrücht）—— 金柑看起來像是李子大小的柳橙。但其他軍官似乎還是不相信我心存善念，因此仍然在質問我的通譯。指揮官則是友善地邀請我參觀營區，而我也趁機觀看了營區裡的所有設施，甚至包括一間籠子般的陰暗牢房；牢裡關著一個可憐的小子，他在操練時睡著了 —— 這種不幸的事件會發生，實在是不難想像。軍官和士兵住的營房 —— 前者的寢室位於士兵寢室之間 —— 十分通風，是以木材和竹子建成的；床鋪之間隔著席子，但面向中央過道的那一側是開放的。每一個隔間平均睡 8 個人，寢具則包括一張毯子和一顆滾筒狀的枕頭。除了幾位發燒臥床的軍人以外，每個人都以最挺拔的姿勢對前來巡視的指揮官敬禮；這裡的軍紀顯然非常嚴明。一直有重病患者從營區被送去醫院。這裡從來不缺發燒的病患；如同先前說過的，平均起來隨時都有 4 分之 1 的軍人在發高燒。

　　廚房是一棟獨立建築，屋裡有 7 個釘在牆上的鍋子，用來煮部隊的伙食。今天的伙食是米飯佐牛肉塊和豆子。指揮官讓我試吃幾口；我舀了兩湯匙，真是好吃極了；我已經好久沒有嘗到這麼美味的食物了，真希望當初安排好每天請人送部隊餐來給我。我的通譯向我保證，辦務署職員的伙食跟部隊餐比起來，簡直不可同日而語；儘管這些日本兵駐守卑南不值得羨慕，但至少飲食上沒什麼好抱怨的。

　　入夜後，我在指揮官的邀請下再度光臨那間陰魂不散的茶館。但這次餐會有 2 名藝妓加入，增添了一些光彩；她們看起來有點落魄潦倒，只有身上美麗的服飾值得稱許。指揮官還請人取來他珍藏的歐洲文物──一副立體鏡和一個音樂盒；簡言之，他把壓箱寶全搬出來了。

　　那些藝妓唱起歌來。她們發出各種怪腔怪調，讓我懷念起牛車的吱嘎聲；有位藝妓在三味線的伴奏下靜靜地跳了好幾支舞，舞姿嫵媚而優雅。

　　杯觥交錯，我們喝著清酒，互相勸酒，氣氛酣暢淋漓。幾位長期替日本政府在中國出機密任務的日本人唱了幾首中國歌謠，唱得好極了。就算是天賦異稟的歐洲歌手，恐怕也很難駕馭這些運用華麗花腔的歌曲。

　　我興奮地發表了一段關於日本的談話，博得客人們的滿堂采。我們接著決定，每個人要輪流來一段才藝表演。有人表演魔術，有人演唱日本或中國歌曲，我則獻唱了〈守衛萊茵〉（Die Wacht am Rhein），想必是第一個在東福爾摩沙演唱這個曲調的人。指揮官壓軸，跳了一段來自故鄉薩摩的相撲舞（Sumatori，意指摔角）。

　　回程路上，指揮官帶領我們視察蕃人營房；他們已經沉沉入睡，做著砍漢人辮子的美夢。這些本來睡死的裸男子彈跳起

身、挺直站立，彷彿化為鹽柱的羅德之妻。我們穿過有裸男側立在旁的走道，再度回到戶外，而我忍不住感謝造物主——那些蕃人士兵散發出來的壓迫感，那怕是最英勇的敵人也招架不住。

　　隔天早上起床時，陰暗的陽光從雲隙間照射下來，而我的清酒宿醉也痛得不得了。風浪咆哮競逐。我才剛開始透過閱讀，轉移我對這個糟糕處境的注意力，就有 2 名蕃人走進我的小屋，交給我一張請帖，是一位昨晚宴會上的日本紳士送來的。我不知道他的名字，而待在這裡的這段期間，也從未從旁人口中探得他的任何消息。

每個人對此都支吾其辭。他們說他很有錢，而那位貌似和他交情很好的指揮官則跟我保證，他是一位派駐卑南的戰地記者。

　　2 年半以前確實如此；但在那之後就不再有報導戰地新聞的需要了；這裡也沒辦法經商，因為除了菸草、芝麻籽、漢麻和蘆葦以外，

謎樣的日本人。

沒有任何出口品。自願定居在這個淒涼的卑南——尤其還是個有錢人——聽起來真是個好主意，以至於我告訴自己，這個神祕男子要不是笨蛋，不然就是一名賢者，超出我的理解範圍。

聊勝於無，我逐漸對這個男人產生了興趣；不知為何他的中文說得極好，我於是懷疑他是一名隱姓埋名的日本「樞密顧問」（Geheimrat），藏身在這個世界的角落。卑南曾經不只一次成為這些日本機要人員的藏身處；由於中國在日本以及福爾摩沙各大城市都安插了眼線，從卑南可以祕密而不受管制地將人員偷渡到中國。

這位先生花了幾百圓，在城外的草原上興建了一座品味極佳的小屋，連同幾位蕃人傭僕一起住在那裡。他的家是一間小巧玲瓏的房間，再加上一間傭人房。他的房間兩側裝有拉門，牆上開著一面雅致的圓形格子窗，窗格是由古日本箭矢交疊而成。床之間（Takonoma）——床之間是一種牆上的凹室，日本人會在裡頭擺設掛物（畫軸）、佛像、精巧的兵器、華美的花瓶或銅器——裡放著幾件藝術品。門前則有一座直徑幾公尺的小水池，池裡有鵝鴨悠遊。一隻鹿在和 2 隻用鏈條拴住的猴子玩耍；斑斕的野鴿在一個大竹籠裡咕咕鳴叫。小屋的四周還充滿其他各式各樣的動物，以及蕃人帶來的各類器械。

那位神祕的陌生人待我十分友善；在他的強烈請求之下，

我多次到他家作客，他在那裡過得非常不愉快。長時間生活在這種地方，正常人大概都會無聊到死，尤其是 5 到 8 月的雨季期間，要不是下著傾盆大雨，要不就是熱到出不了門。閱讀或許是這種流放生活唯一的慰藉，但我在他家裡沒看到半本書，只有放在角落的幾套遊戲，供他打發時間。另一方面，我總是會在竹籬笆環繞的庭院裡看到蕃人，其中包括布農族人（Manowanstamm）[100]。他跟我說，布農族住在新開園（Shinkayan，卑南西北方）附近的陡峭山區。為了封鎖他們的蕃社，他們會在山坡上布下削尖的毒竹竿；也跟卑南一帶的高山民族一樣，習慣用套索獵殺野生水牛，並豢養犢牛。我還在他那裡遇到來自里壠（Rika）——一個距離卑南約 8 英里的村落——的人，他們都有甲狀腺腫大的症狀。據他所說，幾乎全村的人都患有這種疾病，但他無法指出明確的病因。

這些新的交際往來，重新點燃了我認識其他蕃族的願望。如果可能的話，我很想去訪查打拉摩克族（Diaramocks），他們住在卑南平原的西北方，素有「蕃中之蕃」的名聲。在福爾

---

[100]「Manowan」為阿美族語，是今日北部和西部阿美族對布農族的稱呼；南部阿美稱布農族為「Iwatan」，東部阿美則兩者通用。參見陳式寧，〈民歌中的生活歷史：以都歷阿美族人吳之義的民歌為例〉，國立臺東大學兒童文學研究所碩士論文，2007，頁 188。

摩沙中國海關任職多年的泰勒先生 [101]，曾寫過一段排灣族頭目卓杞篤回訪打拉摩克族頭目的奇異經歷。

卓杞篤沒有結伴，獨自一人出現，並受到當地人的隆重接待，在那裡認識了頭目一家人。他特別喜歡頭目的三子，一個俊俏有力的小男孩。他才剛表示對那位男孩的好感，便驚恐地看見頭目劃破男孩的喉嚨，開始開腸破肚。卓杞篤深受震撼，問他為什麼這麼做，那位和藹的父親淡定地回覆說，為了感謝卓杞篤光臨部落，他要獻上最好的東西作為回禮；他相信卓杞篤肯定會發現童子肉和幼豬肉一樣美味。那位排灣族首領絕非省油的燈，但也受不了這些蕃人的野蠻，於是逮住第一個機會趕快開溜，翻過重重山嶺，而且打死也不願再回想起這趟打拉摩克族之行。

打拉摩克族的近鄰 —— 知本族 —— 也怕他們怕得半死。不論是知本族，或是更早的中國軍隊，都不曾成功率眾深入其領地，這有部分是因為當地的山區地形破碎難行，連那些平原居民的健腳也無法突破。打拉摩克族的膚色黝黑，從不理髮，頭

---

101 全名為 George Taylor（?-?）。他來自英國，曾任職於中國海關總稅務司，與南臺灣的排灣族密切交往，並留下許多相關著述。作品選錄於費德廉、羅效德合編之《看見十九世紀臺灣：十四位西方旅行者的福爾摩沙故事》（2006：如果出版社）。

髮長及背部。他們跟野獸幾乎沒有兩樣，百無禁忌，只要有一絲理由就會隨意殺人，就連婦孺也不例外，甚至是自己的血脈。他們埋伏在小徑上突襲並殺害漢籍旅人，接著大啖人肉。由於打拉摩克族完全不與附近部族來往，排拒所有的外來接觸和聯盟，我們對於打拉摩克族的文化幾乎一無所知。有人猜測他們是福爾摩沙最初的原住民——僅僅基於上述原因，這種闕漏也是一樁令人惋惜的憾事。

鯉魚山是卑南平原唯一的山頭，和打拉摩克領地的山一樣，也是由巨礫和碎石構成。鯉魚山上有一處山崖，上面有三角或四角形的岩洞，我起初猜想有可能是人工的，而且過去曾有人住在裡面。有一次去山上散步，我努力穿過山坡上的灌木叢，盡可能地逼近那面山壁，想要確認這些山洞究竟是什麼來頭。但走近一看，才發現整座山都是鬆動的岩石，而那些山洞是雨水和海風所形成的。

卑南沒有一處山壁是穩固的；挖墳墓不管挖得多深，都只會碰到岩屑、碎石和沙土。我有次看著當地人挖鑿深井，也注意到山壁上沒有任何扎實的地方。有人推測卑南平原過去可能是一座受保護的海灣，是由碎石和岩屑堆積、逐漸高過海平面後才成形的；根據我的所見，這種說法完全正確。

儘管我很想喜歡上卑南，但即使深入了解還是培養不出任

何感情。因為這裡的小屋可憐又骯髒，蘆葦屋頂早已腐朽、被風雨吹散，幾根桿子撐住歪斜的牆壁，隨時都有可能整棟倒塌；街道總是布滿厚厚一層沙土，隨時都要跋涉而行，也讓我無時無刻不感到可悲。

這裡的風景則是另一回事。儘管豔陽高照的時候毫無魅力可言，但只要凜冽的烏雲布滿天際，或是月光照亮多雲的蒼穹——尤其是暴風雨吹響它狂野的曲調時——這片原野就會顯露出一種獨特而脫俗的美感。每當我往內陸的方向漫步，走在地勢如浪湧般輕柔起伏、長著與人齊高的灌木的草原上，就會感受到一股敘事詩式的恐怖情調。地平線上浮現遠方的山脈，身後則是翻騰咆哮的漆黑大海。徒步或騎水牛的蕃人不時現蹤，牛車發出綿延不絕的吱嘎聲，空氣也染上了哀愁的幽思。濃濃的愁情會湧上我的心頭，讓我不禁思念起遠方的親友與愛人。

有次散步途中，我訝異地與一位佛教僧侶相遇，他身穿隨風起舞的袈裟，垂至胸前的亮紫色披肩，右手上配戴著一串念珠。他莊重的儀表，與周圍的自然環境構成美妙的和諧。我對這個人產生了熱烈的興趣，於是回到家後便立刻請通譯去探問他的消息，並得知他來自京都的西本願寺（Nishi Hongwanje-Kloster），在附近的一條巷子裡主持一間小寺院。

我即刻動身出門，很快地穿過一座荒涼的庭院，來到一間

有蘆葦屋頂的房子。這棟屋子比其他的屋子高出一截，像是一間側邊有簡易臥房的小廳堂。寺院的大門敞開，門後的牆上有一張佛教祭壇，祭壇上放著一座香爐、一面鐘、好幾個插著仿造蓮花的花瓶，以及其他法具，上頭還掛著一張繪有佛像的掛物。「南無阿彌陀佛」的誦經聲在木牆之間迴盪。這間寺院裡除我和他以外，沒有其他人存在。我不想打擾他與神明的對話，於是走向附近的草原，沉浸在燃燒的落日美景之中。過了大約 1 個小時之後 —— 天色這時已經暗了下來 —— 我走回那間小佛寺。門房聽見我的敲門聲來開門，我遞上名片請他轉交給那位僧侶。不久後，我便被領至這位名叫 Mato Tachibana 的年輕僧侶的臥房。他見到我非常吃驚，我便向他解釋，自己十分尊敬他所屬的教派，也曾經在京都的西本願寺待過幾天，仔細欣賞狩野派[102] 大師的裝飾畫名作，以及左甚五郎[103] 絕妙寫實的雕刻作品。

　　那位僧侶顯然對我的話語和造訪感到很開心，和我分享了他來到福爾摩沙之後的苦難遭遇。早在 1895 年末，西本願

---

102 狩野派是日本美術史上的重要畫派，從室町時代起主導日本畫壇 400 餘年，以障壁畫、屏風畫聞名。

103 左甚五郎（?-?），日本雕刻名匠，活躍於 16 世紀後半葉的江戶初期，但是否真有其人仍存在許多爭議。

寺便和隸屬同一宗派的東本願寺一樣，派遣了 18 名僧侶到島嶼的北部和西部弘揚佛法，並成功讓超過 3,000 名漢人皈依佛教，成果相當不錯。他們在臺灣府的成績尤其豐碩。許多皈依者後來都在日本政府裡擔任公職，因為他們能透過改宗獲得日本僧侶的認可，證明他們是良好的日本臣民。至於這當中有多少人是基於宗教因素、多少是基於物質考量才改信佛教的，就不得而知了。

1897 年 7 月底，這位親切的僧侶被派遣到福爾摩沙的東岸，成為首位於這片不毛之地宣揚佛法的人。但才剛到不久，這位可憐蟲就發起高燒、奄奄一息。後來他身體康復了一點，便拿出 500 元蓋了這座小寺及臥房，期間遭遇了種種不順遂，像是木匠捲走預支的款項潛逃，以及諸如此類的各種衰事。來到這裡弘法至今，可說是苦多樂少。為了弘法，他首先請來一位漢人通譯教他中文。等到學得差不多了，他便拜託那位通譯找一批漢人來寺院聽他布道。但這件事說來容易，做起來可不簡單，因為那些漢人苦力告訴他，要付錢他們才肯聽。說服了半天，才有幾位漢人攤商勉為其難地無償聽這位和尚布道；但這場布道會效果並不理想，因為那些聽眾完全不為其言所動。他將這次失敗歸咎於他的中文太差，於是重新開始上起中文課。在我跟他相處的那段期間，我感到他對成功的信心不增

反減，他認為東岸的漢人素質比西岸的更差，而且更加冥頑不靈。即便如此，這位仁兄還是固定每月1號和15號舉辦佛事，但他無奈地坦言，每次來的聽眾勉強只有3人，最多也不過5人。我安慰這位正直的人說，日本的基督教傳教士也面臨同樣的遭遇，那位派駐橫濱的德國牧師沒有比他好過，因為每次做禮拜，幾乎都只有他、管風琴師和一位德國鞋匠3個人參加。而且那位鞋匠最近還移居膠州，只剩下牧師和管風琴師兩人相依為命。

這位弘法者獲得指揮官的批准，每週五在兵營裡講經 —— 這是他最主要的活動 —— 據說有很多士兵會去聽。

那位經驗不足、不切實際，卻頗為聰慧的僧侶，多次在我訪問時請我解釋某些他看不懂的基督教教理，比方說「聖母始胎無染原罪」、「三位一體的奧祕」等等。但我很遺憾地向他坦言，我也和他一樣不了解這些教理，而他顯然很滿意這個答覆。還有好幾次他跟我說，他很驚訝基督教傳教士竟能在某些福爾摩沙蕃族中站穩腳步；比起佛教僧侶，也許他們「更勝一籌」。他也計畫近期去蕃社走一趟，看看長老教會的4間宣教所；甘為霖先生原本希望學習蕃語，帶幾位同僚在東福爾摩沙傳教 —— 他判斷隻身前往的成效肯定有限 —— 卻被這幾間宣教所的人用各種託辭拒於門外。如果自己所屬的教派拒絕提供他

亟需的協助，他就準備打道回府，回到他位於日本東北的故鄉出雲省，他可以在自己的寺院裡禮拜佛陀，後果自負。

佛教的教理如此高深，恐怕很難讓那些蕃人領悟箇中道理，面對我的這種擔憂，他說由於他不懂蕃語，也沒有佛畫，因此對他來說確實是件不可能的任務。但這點不成問題，因為他目前只打算教他們一些佛教儀式；等到他們以後日文學好了，才會開始考慮如何讓他們親近佛理。但就我看來，讓蕃人模仿佛教的表面儀式，一邊打鼓一邊嘶吼「南無阿彌陀佛」——那怕是一口氣念上幾千遍——也不會有什麼功效；這種漫不經心的兒戲怎麼可能提升他們的性靈！唯有那些學養豐富、德行崇高，面對逆境仍熱情不減的人，才能在蕃社當中獲得成功；在自由競爭的條件下，那些我所見過的僧侶——佛教僧侶大多是這種資質——無法對馬偕或甘為霖這類宗教上更為傑出的人構成威脅。佛教僧侶缺乏基督教傳教士擁有的強大動力，也就是宗教狂熱；宗教狂熱能讓他們在其他人已被逆境消磨殆盡時，依然不屈不撓。

過去曾經有段時間——日本人肯定不願重新經歷一次——日本的僧侶不像現在這麼安分知足，而是如同今天某些歐洲文明國家的教士一樣好戰戀權、冥頑不靈，是國家的頭號公敵、進步發展的最大阻礙。當時，那位精力旺盛的織田信長將軍以

烈火和刀劍，擊敗了那些動搖國本的教士，並終結了他們的高傲自負；那些日子所灑下的鮮血造福了這個國家，因為從那時起——如今已經超過 300 年了——日本不曾再遭受僧人的干政。但假如日本政府今日為了拉攏漢人，允許僧團在福爾摩沙設立學校，那將會默默地讓僧團成為好鬥的盟友，成為踏上滑坡的第一步。若是日本不夠謹慎，沒有將僧人膨脹的權勢欲扼殺於搖籃之中，無疑會構成一項風險。希望日本不會在這件事上喪失他們敏銳的遠見，這種能力正是他們至今為歐洲民族稱羨的主要原因。

造訪僧侶幾天後的一個上午——當時的我已經不再去想離開的事，將自己視為一位精神上的「榮譽卑南人」——我聽見輪船汽笛的信號聲。幾乎同一時間，有幾個人跑來向我們通報道，有艘輪船正停泊在錨泊地。我火速地躍起，幾分鐘內便和隨從們前往海灘，還真的在海灘上望見那艘等待已久的船艦。

為了將郵件和輪船上的乘客送上岸，隨即有人從輪船的甲板上放下小艇。小艇在洶湧翻滾的浪潮中試圖登陸，過程險象環生；一道浪頭打來，一艘滿載乘客的小艇沒入水中，船上的人全都濕透了。數十個人站在深及頸高的海水裡，奮力地用繩索將危在旦夕的小艇拖進淺水的航道，以免它被下一個浪頭完全淹沒。上船的經過也一樣驚險；能夠渾身濕透、卻平安無事

地登上「江之島丸號」，真是感謝上天。

這艘 1890 年建於弗倫斯堡（Flensburg）的輪船，船員都是日本籍：上至船長，下至見習水手，全是道道地地的東亞人。江之島丸號本身唯一的優點是，它的客艙位於甲板上，上甲板還有一間小交誼廳；除此以外，實在愧對「丸」的稱號，毫無亮點可言；浴室無法使用，杯瓶、刀叉、燈具、桌布、餐巾──簡言之，所有日本人用不慣的外來物品──全都髒兮兮的，破損不堪，讓人倒盡胃口。船上像是骯髒的單身漢宿舍，沒有人監督那些年輕的服務生，也沒有人知道怎麼在船上維持秩序。這顯然是缺乏督導的結果。

儘管種種不便，我還是很高興能上船，因為終於有辦法離開卑南了。

驚險的上下船工作持續了快一整天的時間。終於啟程時，海岸似乎已如屍體般沉入僵直的睡夢；只有野蠻的打拉摩克族人點燃的夜火，在遠方逐漸黯淡的山頭上熊熊燃燒。我們朝福爾摩沙的南岬航行，上午 4 點時便已停泊在兩座丘陵之間、不受東北季風侵擾的南灣[104]。

---

104 作者注：南灣是這座海灣的日文名（「nan」＝「南方」〔Süden〕，「wan」＝「胸」〔Busen〕），漢人稱其為「Kuei-hang」。

　　最南端的高地被日本人稱為鵝鑾鼻（Garanpin），高地上有一座亮白的新燈塔，[105] 以及鄰近的一棟宏偉的住宅。每月沿岸繞行全島兩次的輪船，偶爾才會為了燈塔的工作人員停泊此地。這次因為要載送工人、工地主人和各種建材上岸，我們停泊在港灣當中。

　　南岬一帶的蕃人風評很差 —— 尤其是龜仔用社（Koalut）和牡丹社（Butang）的人 —— 但近 20 年來，他們的領地四周設置了許多哨站，多少降低了他們來到岸邊的頻率。不久之前，假如有船難者漂流到這片海岸上，都難逃蕃人的無情謀殺；這些不知疲倦的出草者，歷來都是中國戎克船的夢魘。許多被當作颱風受難者哀悼的船客，是在漂流上岸後才慘遭毒手。像是 1867 年春季在南岸觸礁的美國帆船「羅妹號」，原本全世界都以為船沉了；但事情的真相是，船長和全體船員搭上小艇在東南岸成功登陸，卻不幸地闖入龜仔用社的領地，幾乎全員遭到蕃人屠殺，只有一位躲在岩石後方的漢人水手逃過一劫。這位得救者驚險地逃到漢人的據點，在那裡通報這起駭人聽聞的事件。[106]

105　作者注：舊的燈塔在兩年前遭叛亂分子所摧毀。

106　作者注：為了懲罰犯人，美國隨後出動了 2 艘軍艦，艦上有 180 名水兵；但這樣的兵力顯然不夠，美軍在承受多次損失後被迫撤退。後來美

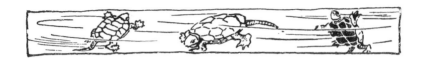

　　隔天一早，日出剛過不久，我們看見遠方的 Botel Tabago 島 [107]。這個島名據說是葡萄牙人取的，因為島的形狀很像一個中式菸草瓶 [108]。早在 1897 年 3 月，日本便已接收這座島嶼，但直到現在還沒有納入管轄。島上的居民源自阿美族，這點從他們的語言和長相都能得到證實。他們的划舟外觀很奇特，有高高揚起的尖端，刻著美麗的雕飾，並由 30 至 40 人划動，無論造型或裝飾上都像極了新喀里多尼亞人（Neukaledonier）[109]的船隻。由於該島經常遭受颱風侵襲，島上的聚落大多建在挖開的坡地上，深穴裡的小屋周圍建有鬆散的石護牆。這裡的居民也不歡迎那些有時來做交易的漢人，有些甚至在這裡丟了小命。

　　國嘗試以和平手段對付這些蕃人，派遣時任美國駐廈門領事的李仙得，與先前提過的蕃人聯盟大頭目卓杞篤簽署合約，其內容保障在福爾摩沙海岸遇難的歐洲和美國船員安危，因為他們不像漢人對蕃人心懷不軌。據說直到卓杞篤死前，南方部族都信守該合約的內容。但當漢人模仿美國人，派出一位將軍想和蕃人簽訂相似的合約時，卓杞篤卻驕傲地拒絕了對方的示好，並明確地表現出對可恨漢人的敵意。

107　即蘭嶼。

108　此處應指中式鼻煙壺。鼻煙約於 17 世紀從西方傳入中國，風行於明清年間。因中國氣候較為潮濕，西式鼻煙盒容易讓菸草受潮，於是在中國出現密封不透氣的鼻煙壺，屬於上流社會的奢侈品。

109　新喀里多尼亞群島位於太平洋西南部，1853 年成為法屬殖民地，現為法國的特別集體。

Botel Tabago 島上的村落。

最近有位日本人去 Botel Tabago 經營農園，種植稻米、菸草和甘蔗，收成聽說相當不錯。

至於傳聞中葡萄牙海盜埋藏在那裡的寶藏，還沒有人有任何發現；或許它只存在於那些貪婪漢人的幻想之中。葡萄牙人在島上唯一留下的，只有那些毛色十分絢麗的俊美山羊。

Botel Tabago 隨即隱沒在雲霧之中；細雨落在我們的頭上，但太陽後來還是洋洋得意地探出頭來。上午 10 點半我們繞行過西南岬，那裡住著性格溫和、幾乎已全然漢化的 Limwan 人，如今他們也定居在恆春平原。不久之後，一條山脈現身

Botel Tabago 人。

Botel Tabago 人。

Botel Tabago 上的聚落。

在沙丘的背後，高度約 800 至 900 公尺，緩緩地朝向西岸傾斜。接著我們沿著海岸上行至恆春。1896 年 10 月，在恆春以北約 25 英里處爆發了一場激烈的戰鬥；當地的牡丹部落因為相信電線會將惡靈困在他們的森林裡，不願讓日本人在領地內架設電報線。他們於是暗中行動，屠殺了 Pombu、Azubon 和 Maripa 的日本人，隨後遭到對方的流血報復。

中午時，我們駛入瑯嶠灣（Liang-kiau-Bai），往內陸的方向可見車城庄的屋頂於林隙間若隱若現。我們的船艦為當地的衛戍部隊帶來一定數量的憲兵和數名軍官。我們停泊在離岸邊 15 分鐘遠的海域，海面平滑如鏡；船邊圍繞著飛魚和 5 英尺長的巨大海龜；海龜深受蕃人喜愛，是一種相對容易捕獲的野獸。

1874 年 5 月，日本派出約 3,500 名士兵來到這片海灣，親自追討賠償；一艘日船先前在福爾摩沙南岸遇難，44 名船員慘遭牡丹人殺害，但中國政府拒絕向日本賠罪。牡丹人深信日軍無法攻克他們建於陡峭山坡的家屋，將日軍引入他們平時使用的冷僻山徑，並派人留守後路。但日軍卻在客家嚮導的指引下，循著丘陵上的祕徑前進，而牡丹人則震驚地發現，背後防守嚴密的聚落突然陷入一片火海。意識到自己毫無勝算，他們只好無條件地臣服於強敵之下。

　中國政府這時卻開始擔心日本霸占福爾摩沙不走，於是宣布他們今後會把南部和東部的蕃族納入治下，並賠償日本 50 萬銀兩，[110] 促使日本撤出福爾摩沙。順帶一提，日本從那時開始便不再企圖進駐福爾摩沙，而是將熱情投向征服離日本更近、重要性似乎也更高的朝鮮。直到上次戰爭後，無法如願取得北中國的領地，他們才勉為其難地接受這個面積更小、卻更難下嚥的菜餚。

　我們預計在車城停泊 1 個小時；我原本很確定能夠趕上幾天後從基隆前往日本的輪船。但如今我們卻漫無目的地攤在這裡，而就算船開動了，也只會像柏林街頭的次等出租車一樣，拖著慢吞吞的步伐前行。我似乎免不了要枯坐在基隆，等待 8 到 10 天後的下一班輪船。這個前景已經相當糟糕，而雪上加霜的是，我那位 2 天前就開始頭痛和全身無力的日文通譯，也因瘧疾發起高燒，意識不清地在客艙的床鋪上說著囈語。這還不夠。我忠實的漢人小林儘管長年適應北福爾摩沙的氣候，卻被島嶼東部的氣候重重擊倒，像一隻被打扁的蒼蠅躺在中甲板的通艙，無法為我效力。

　珍珠灰的海面光滑似鏡，宛如水銀般的重液。綠意環繞的

110　作者注：1 銀兩當時約相當於 6.75 馬克，但如今市值已差不多腰斬了。

海岸線上空飄盪著白色和灰色的浮雲，色調細膩，變化無窮。這片美景消弭了我的怒氣，我也逐漸接受自己可能錯過開往日本的輪船，況且我已經跟該死的大阪商船會社吵了這麼久，幾乎沒有什麼其他可吵的了。

隔天早上濃霧瀰漫，我們 6 點前就在打狗的錨泊地下錨。天色一下子亮了。金黃圓亮的太陽，將霧靄短暫染上靛紫的色彩，很快地便消散天光之下。薩拉森頭陡峭的山壁矗立在海面之上，令人目眩；我們通過優美的石頭拱門駛進高雄港，我也再次將這片如詩如畫的絕妙美景銘記在心。

由於我們隔天上午 10 點才出發，我有不少閒暇就著明亮的月光，在甲板上欣賞這條充滿情趣的海岸線。

我的 2 位旅伴實在病得不輕，我輪流餵他們奎寧和肉湯。為了滋補身體，我遞給我的小林一匙肉湯，卻遭遇他的抵抗；我再度喚起了他對「牛肉食品」的反感。「No Sir, belong beef」，他呻吟道，並厭惡地轉身背對我，辮子悲傷地落在背上，頭髮似乎因發燒變得更長了。

我們於下午 2 點半抵達安平的錨泊地。我與住在當地的歐洲仕紳共度了一個愉快的夜晚 —— 他們對東福爾摩沙的情況深感興趣 —— 並於 11 點搭乘雙體船回到船上。儘管從現代觀點來看，福爾摩沙的大小並不算大 —— 全島縱長不到 380 公里，

最寬處不及 150 公里 —— 但由於旅行曠日廢時，而且往往危機四伏，那些住在島嶼北部或西南部的人，幾乎都不知道東部的狀況。

我們在安平的錨泊地起錨時，已經過了午夜。純粹的夏日溫暖充滿沒有沉甸甸霧水的輕盈空氣。我們於上午 8 點抵達澎湖群島，駛進媽宮港內。由於本島據說爆發鼠疫，想上岸的人必須先經過健康檢查。在這樣的情況下，由於我已經見識過媽宮所有的名勝，而且船停靠 2 小時就要繼續啟程，我選擇待在船上。等了數小時，那光禿禿、沒有植被的澎湖群島才完全隱沒於我們的視線之外。儘管大海平靜而美妙地閃耀，明鏡般的水面毫無波紋，但這艘機械船卻像一頭老山羊似地顛個不停；甲板上的交誼廳裡完全不能寫作。我很慶幸這次沒有遭遇到暴風雨 —— 暴風雨在這片海域十分常見 —— 不必在這艘討人厭的船上風雨飄搖。

晚上 10 點，我們籠罩在一片濃濃的霧海，能見度不足五步。整個晚上直到隔天上午，沙啞的汽笛聲詭譎地鳴響著；為了避免撞上灘頭或礁石，我們也改變了航道，於是耽誤了 4 個小時，直到下午 2 點才到達基隆。碧海藍天，碧綠的港灣沐浴在美妙的陽光之下，形成一幅難得的美景。

前往日本的大型輪船「臺南州」（Tainanchu）已經準備

出航，在那裡呼呼地冒著煙。我趕忙上岸兌換我的船票。大稻埕的德國領事館祕書幫了我大忙 —— 他是德國領事萊因斯朵夫先生派來的，還很好心地為我帶著這段期間寄來給我的信件。我倉促地和我忠實的小林道別，他則決定去探望自己 7 年不見的 2 位妻子。聽見這個消息，我熱情地和他握手，並祝福他去福州見家人時，不會發現人丁在 7 年間又增加了；他狡黠地燦笑，舷梯也在這時拉起來了。沒多久我們便遠離港口，將基隆嶼拋在身後，航向大海。

在宏偉簇新的豪華輪船上，我用華麗的大理石浴缸洗了一場久違的澡，一切恍若夢境。我們在黃昏的紅光中緩緩駛離海岸，我也與沉落的太陽一起，揮別了福爾摩沙漸漸隱沒的岸頭。

Botel Tabago 的划舟。

七、返鄉與回顧

離別時分，我在這座島上的一切經歷和感受，快速地接連浮現在我心頭；返鄉的船程上，我熱切地思索著福爾摩沙未來的命運。

日本統治最初幾年的過失和挫敗，讓人們普遍認為擁有福爾摩沙只會為日本帶來不幸。但沒有人能夠預見未來。就連最有殖民經驗的國家 —— 英國 —— 也明白，殖民地通常要待第二或第三代時才會有所斬獲，第一代則必須用他們的心血灌溉這塊土地。上述經驗能否在福爾摩沙獲得證實，日本為該島付出的巨大犧牲能否帶來預期的成果，這一部分取決於命運的安排，另一部分則取決於日本本身能夠掌握的多項因素。

截至目前，日本在福爾摩沙投入了不符比例的大量資金，卻少有回收。這種局面或許會在短期內有所變化，因為根據最新報導指出，兒玉總督正在計畫改革稅制。這個決定非常合理。預計推行的鹽業專賣制度，每年或能帶來 640,000 圓的收益；米稅的繳納方式也將從農產品改為銀圓，有望為國庫創造

可觀的盈餘。除此之外，樟腦業亦將納入專賣制度[111]；進出福爾摩沙港口的戎克船和輪船若非本國籍，將會被課以重稅。而走私也會遭到嚴格取締，盡可能遏止不法行為。

但最關鍵的無非是針對土地的改革。

有鑑於中國統治時期的土地測量極不完善，日本新成立的土地委員會如今已在臺北縣展開工作。委員會預計在3年後出版一份1：1,200的輿圖。製圖工作的總花費超過300萬圓，由國家出資。這些輿圖將能更準確地提供土質、山地、農地、林地等相關資訊，並標示所有國有和私有地。目前福爾摩沙只有名為「魚鱗冊」（Gyorin-satsu）[112]的土地登記簿冊，以及地主持有的土地權狀（「Jotan」）；但前者已經在革命期間完全丟失，後者的情況也好不到哪去，以至於各地的土地產權一團混亂。新的土地測量將有助於改善這種弊病，也將過去難以進入的蕃地納入範圍之內。輿圖完成後，必定會引發蕃族和地主間的地界爭議。

福爾摩沙至今只有農民需要繳稅，但今後這種情形將會有所變化：未賦稅的屋主和業主須分別繳納房屋稅和營業稅，農

---

111 作者注：樟腦專賣制度已於1899年7月1日實施。
112 即田地的業權範圍圖，為明、清兩代官方徵收地丁錢糧所使用的地籍清冊。（資料來源：國立臺灣圖書館）

民則須另外繳納附加稅。而其他各類商品的免稅條件也將縮減或是完全取消。至於那些固執的漢人是否會大方接受這些租稅負擔，不會大找日本人麻煩，那就不得而知了。

福爾摩沙擁有豐富的天然產物，只是某些產物 —— 如樟腦 —— 從前被大幅高估，如今貶值得很嚴重。但島上還有許多極為肥沃的荒地尚未開墾，一旦經營起來，這座島的價值必定能無限上揚，更別提這裡的森林資源。而在尚未調查、至今仍難以深入的島嶼內陸，也可能蘊藏著可觀的礦產資源。

要開採福爾摩沙上述的所有財富，必須仰賴工業公司，輔以各種現代工具，尤其是絕佳的道路、河川整治、港口建設和 —— 鐵路[113]。儘管費盡心力，反覆嘗試，至今所有的鐵路建案都以失敗告終；日本若不提供大量的特許權，恐怕很難吸引外商承包這項建案。

日本致力推動的這些文化工作，需要不只數百萬、而是數千萬的預算；但日本的經濟實力不足，沒有那麼多錢可以運用；倘若沒有外資引入，並設法克服盲目排拒外國勢力的沙文主義，新日本的建設恐怕難以如日本預期中的那般迅速進展。

---

113 作者注：根據最新報導，日本議會歷經漫長辯論後，終於核准了總計250萬圓的鐵路預算。打狗至臺南的路線預計會先通車，通往南岬的路線則正在籌劃階段。

　　儘管如此，在這個雄心勃勃的文明國家治理下，這片荒蕪之地每年都在經歷巨大的改變；未來幾年走訪福爾摩沙的旅人，在那些今日仍沒有道路或旅店，必須跋山涉水，還可能被叛賊或蕃人襲擊的地區，將會見到舒適的街道、橋梁、充分的治安──目前即使首都臺北也動盪不安──甚至是幾間優質的宿屋。

　　最後，立意良善的日本政府能否學會去蕪存菁，找出利國利民的有力手段，將會是新日本能否順遂發展的關鍵所在。

　　就此一事，願福星如往昔般繼續指引日本，天祐日本及其殖民地！

八、蕃語詞彙對照表

中文	德文	力里社	太麻里	卑南社	卑南地區馬蘭社的阿美語
房子	Haus	unbak	unbak	ruma	ruma
樹	Baum	rashiu	ashiu	ka-ui	kiran
河	Fluss	banna	panna	naikanadaran	nanun
水	Wasser	jiaru	jiarum	nai	nanun
田野	Feld	rijiu	rijiu	pankapock	aripai
空氣	Luft	gawuiban	raruburiban	ragitt	kakaran
太陽	Sonne	karan	garan	gada-o	chiraru
月亮	Mond	quiliya	quiliasi	buran	uwaris
星星	Stern	michokan	michokan	teor	u-ois
夜晚	Nacht	monggi	masurum	armun	baraya
白天	Tag	chikatannukara	mokatada-u	idenan	armiar
石頭	Stein	kachirai	kachirai	barasa	bakuro
魚	Fisch	chikkan	chirau	kūran	būten
女人	Frau	majian	babayan	babayan	babayan
兒子	Sohn	kadolian	kakunoan	marsu	kammangae
山	Berg	garu	gado	rinnan	tokus
父親	Vater	kamma	amma	ama	ama

中文	德文	力里社	太麻里	卑南社	卑南地區馬蘭社的阿美語
母親	Mutter	kinna	inna	ina	ina
花	Blume	bujiangan	chapoi	apott	waro
刀	Schwert	tsakujiap	tait	tarau	bunnushi
火	Feuer	sappoi	sappoi	apoe	namaro
菸草	Tabak	tamaku	tamaku	tamaku	tamako
鹽	Salz	kateya	kateya	ayamu	chīna
馬鈴薯	Kartoffel	massa	massa	boil	kon-a
狗	Hund	batu	batu	sowan	go-aso
豬	Schwein	lili	kachian	riyon	riyon
一	Eins	itta	itta	sasaya	chitsusai
二	Zwei	rusa	rusa	roraya	tosa
三	Drei	juru	juru	titoro-a	toro
四	Vier	sippa	sippa	papata	spatsu
五	Fünf	lima	lima	rorata	rima
六	Sechs	olun	olun	nanuma	umum
七	Sieben	pitsu	pitsu	petopeto-a	pī-to
八	Acht	haru	aru	warowarona	waro
九	Neun	siwa	siwa	yuwayuwaya	shina
十	Zehn	toporo	poro	mokutap	poro
早安	Guten Morgen	unjama	undiama	sumabaru	kumanaitokisho
謝謝	Danke	aiyagamun	aiyagamun	meguratakano	pararo
我是你的朋友	Ich bin dein Freund	makari	makari	ariyan	u-iran
敵人	Feind	pakakoju	pakakoju	buwarawo	tatetamura-o
頭	Kopf	-	koro	tagoro	wungo

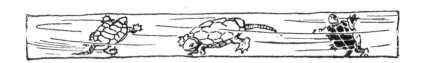

中文	德文	力里社	太麻里	卑南社	卑南地區馬蘭社的阿美語
鬍子	Bart	-	mishikishi	gisigisi	gisigisi
臉頰	Backe	-	kuimi	imēr	o-ogaku
肚子	Bauch	-	liukiu	teari	riko
胸部	Brust	-	baru	daguran	baruhan
手	Hand	-	lime	assuru	kayamu
腳	Fuss	-	ura	kokoru	o-o
脖子	Hals	-	like	aniun	buongo
眼	Auge	-	macha	nata	mata
鼻	Nase	-	udushi	teguran	musso
口	Mund	-	agayi	indan	manyusu
下巴	Kinn	-	awishi	temirut	garuhi
耳	Ohr	-	hariga	tagira	tariga
頭髮	Haar	-	kowaji	arpo	burisu

附錄
阿道夫・費實《福爾摩沙踏查》（1900）相片及影像索引

費德廉（Douglas Fix）、音恩雅（Ian Keller）
美國奧勒岡州里德學院（Reed College）

出處：Fischer, Adolf. *Streifzüge durch Formosa* [Wanderings through Formosa]. Mit einer Karte und über hundert Abbildungen nach Naturaufnahmen des Verfassers. Buchschmuck von dem Japanischen Künstler Eisaku Wada [With a map and over a hundred illustrations based on the author's nature photographs. Book decoration by the Japanese artist Eisaku Wada]. Berlin: B. Behr's Verlag (E. Bock), 1900. Note: Available on Internet Archive: https://archive.org/details/fischer-streifzuge-durch-formosa.-full-view/page/26/mode/2up

相片（80）及其他影像（26）：

群島03
1898・福爾摩沙踏查
德國旅人阿道夫・費實的臺灣漫遊手記

2024年1月初版　　　　　　　　　　　　　定價：新臺幣490元
有著作權・翻印必究
Printed in Taiwan.

著　　　者	Adolf Fischer	
策　　　劃	財團法人台灣研究基金會	
譯　　　者	張　　　新	
導　　　讀	林　欣　宜	
	莫　克　莉	
叢書主編	王　盈　婷	
校　　　對	馬　文　穎	
內文排版	張　靜　怡	
封面設計	兒　　　日	

出　版　者	聯經出版事業股份有限公司	
地　　　址	新北市汐止區大同路一段369號1樓	
叢書主編電話	(02)86925588轉5316	
台北聯經書房	台北市新生南路三段94號	
電　　　話	(02)23620308	
郵政劃撥帳戶	第0100559-3號	
郵撥電話	(02)23620308	
印　刷　者	文聯彩色製版印刷有限公司	
總　經　銷	聯合發行股份有限公司	
發　行　所	新北市新店區寶橋路235巷6弄6號2樓	
電　　　話	(02)29178022	

副總編輯	陳　逸　華
總編輯	涂　豐　恩
總經理	陳　芝　宇
社　長	羅　國　俊
發行人	林　載　爵

行政院新聞局出版事業登記證局版臺業字第0130號

本書如有缺頁，破損，倒裝請寄回台北聯經書房更換。　ISBN 978-957-08-7184-5 (平裝)
聯經網址：www.linkingbooks.com.tw
電子信箱：linking@udngroup.com

國家圖書館出版品預行編目資料

1898・福爾摩沙踏查：德國旅人阿道夫・費實的臺灣漫遊手記
/Adolf Fischer著．財團法人台灣研究基金會策劃．張新譯．林欣宜、莫克莉導讀．
初版．新北市．聯經．2024年1月．432面．14.8×21公分（群島03）
譯自：Streifzüge durch Formosa.
ISBN 978-957-08-7184-5（平裝）

1.CST：臺灣遊記

733.69   112018976